U0898986

[英国] 戴维 · M.格温 著　王忠孝 译

罗马共和国

牛津通识读本 ·

The Roman Republic

A Very Short Introduction

译林出版社

图书在版编目（CIP）数据

罗马共和国 /（英）戴维 · M. 格温（David M. Gwynn）著；王忠孝译. —南京：译林出版社，2018.6（2021.12重印）
（牛津通识读本）
书名原文：The Roman Republic: A Very Short Introduction
ISBN 978-7-5447-7156-6

Ⅰ.①罗… Ⅱ.①戴… ②王… Ⅲ.①罗马共和国 - 历史 Ⅳ.①K126

中国版本图书馆 CIP 数据核字（2017）第 274043 号

著作权合同登记号 图字：10-2012-485 号

罗马共和国 ［英国］戴维 · M. 格温 / 著 王忠孝 / 译

责任编辑 何本国
特约编辑 许 丹
装帧设计 景秋萍
校 对 梅 娟
责任印制 董 虎

原文出版 Oxford University Press, 2012
出版发行 译林出版社
地 址 南京市湖南路 1 号 A 楼
邮 箱 yilin@yilin.com
网 址 www.yilin.com
市场热线 025-86633278
排 版 南京展望文化发展有限公司
印 刷 江苏凤凰通达印刷有限公司
开 本 635 毫米 × 889 毫米 1/16
印 张 20
插 页 4
版 次 2018 年 6 月第 1 版
印 次 2021 年 12 月第 5 次印刷
书 号 ISBN 978-7-5447-7156-6
定 价 39.00 元

序　言

晏绍祥

与古代希腊历史不同，罗马共和国从未从西方人的视野中完全消失，即便在所谓西欧中世纪最低潮时期，萨鲁斯特的两部历史著作、西塞罗关于修辞学的论述，也仍有一定程度的流传。文艺复兴时期欧洲人首先复兴的，是古代罗马的文化。此后一直到19世纪，西方对罗马共和国的兴趣都较古代希腊城邦更大一些。马基雅维里借讨论李维的历史著作表达自己的政治思想；哈林顿的《大洋国》中，多有罗马共和国的影子；孟德斯鸠不仅写过专著《罗马盛衰原因论》，在其主要著作《论法的精神》中，也有接近三分之一的篇幅讨论罗马法；卢梭的《社会契约论》中的理想国家，不乏罗马共和国的制度；美国的国父们制定宪法、创建自己国家的政治体制时，也广泛采用了罗马共和国的先例——参议院（Senate）与罗马共和国的元老院同名，众议院（Assembly）借用了当时对古代公民大会的称呼，国会山的原名詹金斯（Jenkins）则被改成了最初组成罗马七丘之一的卡匹托尔。此外，在为批准美国宪法进行的辩论中，许多人借用普布利乌斯、辛辛那图斯、布鲁图斯等作为自己的笔名；法国大革命时期，国民公会的大厅里摆着罗马共和国英雄们的雕像；许多人取名也经常借用古代的人名，其中加图和布鲁图斯极为常见；一些人如罗兰夫人和德穆兰等甚至宣称，他们正是因为阅读了古典时期的作品，才成为法国的革命者和共和派。即使到了19世纪，即西方文化上所谓希腊主义的时代，人们对罗马共和国也仍抱有浓厚的兴趣，不管是德国的蒙森和伊纳，还是英国的海特兰和朗，抑或是法国的皇帝拿破仑三世和他的教育大臣杜里伊，当然不要忘了还有意大利人德桑克提斯和费列罗等，这些人都曾在罗马共和国史研究中一试身手。

进入20世纪以后，随着学术的发展和研究的专门化，个人专著逐渐成为潮流，通史性著述虽不断涌现，但与专题著作比较，好像微不足道了，它们主要作为大学教科书出现。笔者上世纪80年代读硕士时，仍需要阅读由卡瑞撰写、斯库拉德修订的《罗马史》。该书初版于1935年，此后不断重印，直到现在仍有相当影响。但该书有关共和国时代的叙述，带有明显的那个时代的痕迹，典型表现之一，是用防御性帝国主义解释罗马的扩张，这在一定程度上肯定了罗马帝国给地中海世界带来的和平。另一种值得提及的有关共和国通史的著作，是克劳福德为丰坦纳古代史丛书撰写的《罗马共和国》。该书篇幅不大，较多地吸收了第二次世界大战后的新成果，对共和国历史上的许多具体问题都提出了自己的看法。遗憾的是两书至今都无中文版本，后一种也未必非常适合初学者。布林格曼的《罗马共和国史》（刘智译，华东师范大学出版社，2014年版）在某些方面突破了传统的学术框架，对共和国历史的叙述比较系统，但在某些基本问题上，例如有关罗马扩张和共和国向帝国过渡的问题，该书的观点可能过于持重，革新精神略嫌不足。因此，由英国学者格温撰写、复旦大学王忠孝博士翻译的《罗马共和国》，对中国读者而言，具有非常积极的意义。

本书作者戴维·M.格温的主要研究领域是后期罗马帝国，尤其是基督教史。他的第一部著作是在博士论文基础上修改完成的《优西比乌斯派：亚历山大的阿塔纳修与“阿利安派”争论的构建》，后陆续出版《亚历山大的阿塔纳修：神学家、苦行者和教父》《晚期罗马帝国基督教资料集》和《哥特人：失落的文明》，主编论文集《A. H. M.琼斯与晚期罗马帝国》，成果可谓丰硕。这部《罗马共和国》系牛津大学出版社2012年推出的“牛津通识读本”的一种，也是作者最近的著作之一。对于这套丛书，国内读者应当有一定了解。早在2007年，国内已经引进并翻译这套丛书中的若干种，陆续出版了《古代战争与西方战争文化》《罗马帝国简史》《众说苏格拉底》和《解读柏拉图》等，并且采用中英文对照的形式。当时笔者就疑惑，既然《罗马帝国简史》已经引进，缘何不同时出版《罗马共和国》。现在看来，《罗马共和国》当时还在孕育之中。

“牛津通识读本”期待的读者是有一定文化修养的社会大众，邀请的作者都是学界相对年轻的一辈，如《古代战争与西方战争文化》的作者是西德博特姆，《罗马帝国简史》的作者是凯利，《众说苏格拉底》的作者是泰勒。恕笔者孤陋，他们中的不少人此前似乎声名不彰。但是，这里我们必须承认牛津大学出版社独特的眼光，因为经过几年的发展，这些作者中的部分人已经成为相关领域的佼佼者。本书的作者也不例外，他生于1975年，与当年爱尔兰著名古史学家伯里一样，少年成名，博士论文出版时，年仅32岁。现在他也仅40出头，已经出版5部著作，并发表论文数十篇，现任伦敦大学皇家霍洛威学院历史系古代和古典晚期历史高级讲师，主讲的课程既有晚期罗马帝国和基督教史，也触及罗马共和国。这部《罗马共和国》短小精悍，原文仅147页，但尽可能地吸收了学界最新的研究成果，并提出了一些颇有启发性的看法。具体说来，该书具有下述优点。

首先，内容选择精到。由于篇幅的限制，共和国历史很容易被写成压缩饼干，即所有事情都会提到，但叙述浮光掠影，犹如政治军事史大纲，甚至成为扩展版的大事年表。格温不求面面俱到，仅挑选几个主要问题进行讨论。第一章从历史文献和考古两个方面讨论罗马的起源，虽然叙述的是罗马历史学家流传给今天的故事，但注意与考古史料对勘，有助于读者的比较和判断。第二章概述共和国政制发展的历史和一般特点，尤其注意阐释共和国制度与罗马扩张之间的关系。这里明显能够看到古希腊历史学家波利比阿和罗马哲学家西塞罗的影响。第三章则触及罗马历史的社会层面，尤其是家庭构造及其与宗教之间的联系，从另一个侧面揭示了影响共和国历史发展的力量。第四、第五章为第二、第三章的自然发展：罗马政治生活与社会结构的竞争特性，是罗马对外扩张的重要动力，促使罗马人建立一统地中海的庞大帝国。虽然第六章主题转换，讨论共和国的衰落问题，但实际上仍是前两章的有机发展：罗马的扩张与疆域的扩大造成的问题，让共和国制度不堪重负，典型的是从第二次布匿战争以来军人势力的上升，造成了军阀的强势。罗马的社会问题和精英阶级的顽固，推动军阀与贫民走向联合，最终导致了共和国的倾覆。第七章讨论共和国后期的文化，虽然作者强调的是罗马文化某些独特的方面，但它在某种程度上也是罗马扩张在文化领域转换而成的文字与图像。最后以共和国的遗产收尾，阐述共和国传统对中世纪和近代西方历史发展的影响。作为一部共和国的通史，格温似乎省略了太多东西，如罗马历次战争的具体进程，早期罗马平民与贵族的冲突，前三头与后三头之间那些勾心斗角、波谲云诡的关系，甚至决定屋大维与安东尼命运的亚克兴战役，所有这些或根本不提，或一带而过。但回头仔细琢磨，罗马共和国历史上最为重要的问题，如罗马帝国主义的动力、共和国崛起的制度与社会因素、罗马文化与帝国统治的关系，当然还有共和国崩溃的原因与进程，都得到了不同程度的回答。作为一部简明扼要的共和国历史，该书的整体布局是成功的。

其次，具有前沿性。作为一种大众读物，前沿性似乎并非必需。但牛津大学出版社的这套丛书因为主要出自年轻新锐之手，多能体现学术界近年的研究成果。对于罗马共和国的历史，19世纪以来讨论最多，也是争论最激烈的问题主要有三个：早期罗马历史是否可信？共和国扩张的动力及其与罗马政制之间存在怎样的关系？共和国为何会垮台？对这三个根本性的问题，格温都有自己独特的答案。第一个问题古老却常新，18世纪后期法国学界有过一场激烈的讨论，但直到1989年《剑桥古代史》第2版第7卷第2分册出版，早期罗马历史是否可信也未得到圆满解决。康奈尔的近作《罗马的发端》似乎对这个问题做了较为稳妥的处理，在极端怀疑派和信古派（姑且如此称呼）之间大体采取了中间路线，对不同问题区别对待，赢得了不少学者的认可。格温无意卷入这场历史悠久的争论，而是铺陈考古和文献两个方面的材料，一方面指出文献的不可靠，另一方面肯定了文献与考古文物之间的互证，给读者提供了一个相对确定的答案。至于罗马扩张的动力问题，19世纪的西方学者，包括蒙森在内，深受近代民族国家理念的影响，把罗马的扩张看作统一地中海的必然进程。还有一些学者，则把罗马的扩张作为被动扩张的结果。但这样的论调，在威廉·哈里斯的《公元前320至前70年罗马共和国的战争与帝国主义》一书出版后被反转。哈里斯证明，罗马的社会结构、政治生活的特性，都刺激了罗马的对外扩张，因此罗马帝国主义的动力不是外部挑衅，而是内部驱动。该书出版后在学界引起轰动，也从根本上扭转了对罗马共和国扩张的研究走向。格温明显受到了这股潮流的影响，将罗马扩张的动机归于精英阶级的价值观和共和国富有竞争性的政治。而共和国的垮台，很大程度上源自罗马政治自身的竞争特性，以及公元前3世纪以来共和国精英阶级领袖们相互竞争的失控。用格温自己的话说，"从真正意义上说，罗马共和国是自身成功的一个牺牲品。共和政制不断进化，是为了满足一个小型意大利城邦发展的需要。作为一个政治制度，共和政制是一项卓越的成就。它稳定而不失灵活，并能在集体和个人统治之间保持谨慎的平衡。但这个制度却从未为管理一个帝国做好准备。对外扩张给罗马共和国的政治结构和元老精英阶层的集体权威带来源源不断的压力，这种压力同样让罗马的社会和经济结构不堪重负"（第74页）。这最终压垮了罗马共和国。

最后，这本小书读来轻松自如，没有一般学术著述常有的艰涩语言和繁琐考据。任何一部成功的历史作品，都须是严谨科学研究的结果，建立于坚实的史料基础之上，但同时它也应当是一部优秀的艺术作品。两者的有机结合，需要作者具备精深的研究基础和良好的语言功底，二者缺一不可。在19世纪的古史学家中，蒙森是少有的兼具两种长处的文章高手。他的《罗马史》资料丰富、说理透彻，同时语言明快、叙事流畅，甫一出版，立刻畅销，并被译成多种欧洲文字（现在也有了中文译本），至今仍是学者们认识罗马共和国历史的重要参考。在20世纪，能够与蒙森比肩的或许是塞姆，其《罗马革命》史料丰富、考证精到，且叙事流畅、行文如流水，至今仍是研究罗马共和国史必读的著作。格温的长项是晚期罗马帝国，但作者对罗马共和国的历史显然也有足够的研究，对共和国时代的历史掌故，在书中是信手拈来。在论述问题和阐发见解时，则使用准确和生动的语言。这里仅举一例说明。在分析罗马成功征服意大利的原因时，作者写道："元老院的集体领导制既提供了稳定的环境，又疏导了贵族的野心。公民大会和选举给了罗马公民一个发声的渠道，而农业经济又为罗马军队提供了人力支持。罗马的同盟网络从周边的拉丁民族一直延展到大希腊地区的城市。这让罗马的资源储备更为雄厚，进而实现了对意大利中部和南部的控制。"（第47页）简短的几句话，不仅概括了罗马政制对扩张成败的影响，也体现了罗马扩张的策略——充分运用同盟者的人力物力，而且交代了战争的结果——一统意大利。第22—23页有关罗马政制一般特点的归纳，第105—106页关于共和国文化成就与奥古斯都黄金时代之间关系的判断，都是寥寥数语就让共和国文化的影响跃然纸上。当然，作为一部译作，它也充分体现了译者王忠孝博士对罗马历史的把握和良好的中英文转换能力。总体上说，译文平实而不失典雅，准确而不艰深，很好地传达了原作的风格。

罗马共和国已经灭亡两千多年，但正如格温指出的，它的传统从不曾在西方世界消失。甚至在古典学早已不是显学的当代世界，古典的先例仍总是不断被人提起。当美国借口萨达姆藏有大规模杀伤性武器发动伊拉克战争时，西方世界马上想起了凯撒渡过卢比孔河的典故；当美国总统借反恐扩大自己的权势时，参议员伯德及时提醒参议院，正是因为罗马元老院把钱袋子交给了凯撒，才导致了共和国的灭亡；本世纪初美国的一家独大与帝国趋势，也让不少美国人想起共和国后期的罗马，担心帝国的压力是否会有一天让他们失去曾经拥有的自由，并摧毁祖先们珍视的权利。对于正面向世界开放的中国来说，了解罗马共和国的历史，既是认识这个古老国家历史与文明的需要，也有助于我们理解西方文化与传统；它所提供的经验和教训，在我们的政治和社会生活中，仍不是全无教益。这本小书的出版，固然不可能一夜之间改变国人对罗马的认识，但它至少为我们了解这个伟大的古国打开了一扇小小的窗户，同时也让我们见到，即便在罗马共和国史这样古老的领域，今人与古人的对话也从未停止过，并且将继续下去。

目录

引　言

罗马共和国的崛起和衰亡在西方文明史中占据着特殊的地位。从最初坐落于台伯河畔七丘之上的一座毫不起眼的小城，罗马逐渐成长为古代地中海世界的霸主。在元老院贵族的领导下，共和国军队打败了迦太基以及由亚历山大大帝的继承人所统治的王国，最终将东西方诸民族囊括在罗马治下。然而，罗马共和国的成功也是其悲剧所在。导致罗马扩张的那些力量，以及扩张带来的回报引发了社会、经济和政治危机，使共和国在内战的泥沼中越陷越深。在维持一个庞大帝国的重压之下，罗马共和国的政体失灵了。最终，大权落入奥古斯都手中，他成为罗马的首位皇帝。

对后世而言，罗马共和国提供了一个范例，一个获取激励的源头，以及一个警世性的故事。古罗马神话、文学和艺术，以及共和国历史上的那些英雄和恶棍始终激发着人们的想象。时至今日，小说、电影和电视剧一直以来都在利用罗马共和国的遗产大做文章，在历史的忠实度方面则千差万别。然而，罗马共和国

的历史可以像任何虚构之物一样扣人心弦。从高卢人攻陷罗马
城，汉尼拔攀越阿尔卑斯山，再到尤利乌斯·凯撒跨过卢比孔河
及其被刺身亡，共和国的历史上包含了一系列最具戏剧性的时
1 刻。而只有将其放在更大的历史背景下进行考察，这些事件和
事件的参与者才会变得鲜活生动。这也正是本书所致力达成的
目标。

第一章我们将拨开历史的迷雾去回顾罗马的起源。有关罗马人的传说为罗马建城、王政时代和共和国的建立绘制了一幅生动精彩的画面。不管这些传说是否真实可信，它们反映了罗马人对其过往历史的解读及其在共和国成立之初对世界的看法。第二章将继续讲述罗马共和国政治结构的不断完善，以及罗马在意大利半岛霸权的建立。独具特色的共和政体是罗马强盛的关键因素之一，也是引起后世钦佩的一个源泉。但罗马崛起的一个更主要原因来自罗马社会自身。这体现在罗马男性和女性各自扮演的角色及指导罗马人生活的那套社会和宗教准则上面。这是第三章将要探讨的主要内容。只有在考察了罗马人秉持的价值观和信仰之后，我们才能更好地理解罗马的兴衰巨变。

第四章和第五章主要关注罗马从意大利城邦向霸权帝国的转变。罗马和迦太基为争夺西部地中海的统治权进行的史诗般较量贯穿三次布匿战争始终。在此期间，即便像汉尼拔这样的天才也无法阻止迦太基人的毁灭。罗马的最终胜利又将罗马人带入复杂的希腊语东地中海世界。战胜亚历山大大帝后世诸帝国将罗马带到了新的高度，同时也将希腊文化的影响力传播至整个罗马社会。但罗马的扩张是有代价的。第六章将探究共和

国扩张导致的一系列后果，以及发生在公元前2世纪的那些危机，它标志着罗马共和国衰亡的开始。

罗马共和国的历史远非只有政治和英勇的罗马军团。第七
章的内容同罗马共和国时期的文学和艺术相关。它既包括普劳 2
图斯、卡图卢斯和西塞罗等人创作的文学作品，也有罗马各地的那些纪念物。同时，我们还可以从庞贝古城留存的遗迹里看到共和国时代的影子。然而，伴随着文化上达到顶峰，罗马共和国已时日无多。正如第八章所述，军事寡头的崛起将罗马卷入不断升级的内战中，盖乌斯·尤利乌斯·凯撒成为最后的胜利者。凯撒在公元前44年3月15日被刺身亡使暴力加剧，直至共和国烟消云散，被罗马帝国取代。凯撒的养子奥古斯都独揽了大权，成了皇帝。然而共和国的遗产却在此后延续下来。在第九章，我们看到罗马共和国的遗产贯穿漫长的历史时期，从罗马帝国至早期基督教教会时代，再到马基雅维里和莎士比亚时期的文艺复兴，进而在18世纪的美国独立运动及法国大革命中得到体现。时至今日，罗马共和国依然激发着我们的想象，令人着迷。
她遍及西方文化，为现代社会提供典范，敲响警钟。 3

第一章

历史的迷雾

根据传说，罗马历史起源于特洛伊城的陷落。当希腊士兵从木马中蜂拥而出，结束十年特洛伊战争之际，特洛伊王子埃涅阿斯将烟火弥漫下的城内最后一批幸存者聚集在一起。在他的带领下，特洛伊城的逃亡者们首先抵达了北非迦太基，从那里又到了意大利，最终在拉丁姆平原定居下来。然而，事实上，爱神维纳斯之子埃涅阿斯并非罗马城的真正建立者。但他的儿子尤鲁斯·阿斯卡尼乌斯成了拉丁城市阿尔巴·隆加的国王。他是尤利乌斯家族的祖先，后来的尤利乌斯·凯撒和罗马皇帝奥古斯都就出自这个家族。

尤鲁斯·阿斯卡尼乌斯的后裔统治了阿尔巴·隆加许多世代。此后一个名叫阿穆利乌斯的心怀不满的王子，废掉哥哥努米托尔，篡夺了王位。老国王的儿子悉数被杀，仍是处女之身的女儿瑞娅·西尔维娅则被迫献给灶神维斯塔，成为一名维斯塔祭司。然而，命运之神改变了接下去发生的一切。瑞娅因遭到强暴而产下一对双胞胎男婴，她认为孩子的父亲是战神马尔斯。

图1　铜铸母狼雕像（可能是伊特鲁里亚人原作），狼身下的婴孩由15世纪的一名教皇添加

阿穆利乌斯逼迫瑞娅将婴儿抛至台伯河边。然而，双胞胎兄弟罗慕路斯和雷穆斯靠着吮吸一头母狼的奶汁活了下来，并由一名国王的牧人收养长大。刚成年，兄弟俩就推翻了阿穆利乌斯的统治，恢复了祖父的王位。随后，罗慕路斯和雷穆斯回到台伯
4 河畔当年被遗弃的地方，在附近的帕拉丁山上建立了一个新的部落。然而，兄弟间的不和迅速升温以至白热化。两人都争着要当这个新兴城邦的国王，最后诉诸暴力，雷穆斯被杀。未来将一统地中海世界的罗马城邦就在这鲜血四溅的环境中诞生了。传统观点认为，公元前753年，罗慕路斯以自己的名字命名了他所建立的这座城市，因而成了罗马的第一任国王。

城邦创立伊始就面临着尖锐的社会危机。为了促进城市发展，罗慕路斯向所有投奔他的人抛出橄榄枝，这其中既有奴隶和逃

犯，也有土匪和强盗。然而，罗马缺乏足够数量的女性来繁衍后代，因此必须找到一个解决方案。罗马人举行了一场浩大的宴会，并邀请了周边部落参加，其中最强大的一支是萨宾族。在一个选定的时刻，罗马的男子们倾巢出动，掳走了他们能抓到的所有年轻的萨宾女性。当萨宾人做好准备发动反击之时，当年被掠走的妇女早已成为罗马人的妻子和母亲。她们挺身而出，隔开双方的兵戈，请求自己的父亲和丈夫达成和解。“劫掠萨宾妇女”为罗马的未来打下根基，并开始将罗马的影响力扩散至周边地区。

根据传统记载，共有七位国王成功统治了罗马近两个半世纪之久，罗慕路斯是第一位王。后来，罗慕路斯在一场暴风雨中神秘地消失了，据说他升入天堂成为奎里努斯神。他的继承人努马·庞皮利乌斯是一名萨宾人，被认为是罗马历法的制定者，并确立了罗马宗教中大部分古老的仪式。相比之下，第三位国王图鲁斯·霍斯提里乌斯是名军人。在其统治期间，祖先建立的阿尔巴·隆加城被罗马人隳坏一空，城中只有少数神庙幸存下来。第四位国王安库斯·马尔西乌斯是努马的孙子。像祖父一样，他的主要贡献也是对公共宗教的修订。同时，他也是一位军人。根据其在位期间订下的仪式，罗马可以以正当的理由参加战争，并打败了周边的拉丁民族。安库斯死后，大权落到卢修斯·塔克文尼乌斯·普利斯库斯手中。此人来自北部的伊特鲁里亚民族。在他统治期间，罗马城的面积，尤其是中心区域得到了拓展。紧邻罗马广场的卡匹托尔山上著名的朱庇特神殿也在他在位期间开始动工。到第六位国王塞尔维乌斯·图利乌斯统治时期，一些市政工程仍在兴建。塞尔维乌斯是塔克文的女婿。在其统治期间，他实施了人口普查，罗马的人口因此得到清点。

同时，塞尔维乌斯城墙的修建也让罗马城有了具体的边界。

罗马的第七位也是最后一位国王是卢修斯·塔克文尼乌
斯·苏佩布（高傲者塔克文）。他是塔克文尼乌斯·普利斯库
斯的儿子，塞尔维乌斯的女婿。塔克文推翻了塞尔维乌斯的统
治，攫取了王位。他是一个暴君，靠白色恐怖维持着统治。同
时，塔克文无视国王的咨询机构元老院的权威。塔克文的儿子
6 们和父亲性情相仿，正是他们的罪恶吹响了君主制灭亡的号角，
同时也拉开了共和国诞生的帷幕。在罗马城外举行的一次宴会
上，王子和宾客们吹嘘各自的妻子品行是如何出色。当他们回
到家中进行检验之时，王子们发现自己的妻子正享受着安逸奢
华的生活。与之相反，他们的朋友科拉提努斯的妻子卢克雷提
娅却是女性美德的典范。当抵达他家的时候，人们发现卢克雷
提娅正边持纺锤，边指挥家内仆人劳作。她的美貌引发了塔克
文小儿子塞克斯图斯·塔克文尼乌斯的欲望。塔克文秘密返回
屋中，在武力的胁迫下强奸了她。尽管是无辜的，但内疚促使卢
克雷提娅前往父亲和丈夫处请求宽恕。在二人面前，她将一把
匕首插入了自己的心脏以示清白。将匕首拔出的那名男子叫卢
修斯·尤尼乌斯·布鲁图斯，他就是后来刺杀尤利乌斯·凯撒
的那个著名凶手的祖先。布鲁图斯将罗马人召集在一起，流放
了塔克文和他的儿子们。公元前510年，罗马君主政体瓦解。国
王由两名通过选举产生的执政官取代，他们分别是科拉提努斯
和布鲁图斯。罗马共和国就此建立。

从神话到历史

这些古罗马传说背后隐藏的真相是什么呢？罗马共和国建

立前的文献资料早已杳然无存。特洛伊王子埃涅阿斯的故事因维吉尔（公元前70—前19）的《埃涅阿斯纪》而享有不朽盛名。不过这部史诗是在所谓的特洛伊城陷落一千多年后写成的。有关罗慕路斯以及后面几位国王的历史，我们所拥有的最有价值的资料出自和维吉尔生活于同一时期的另一位作家之手，同样和王政时代相隔甚远。历史学家李维（公元前59—公元17）创作了长达142卷的《建城以来史》，他以卢克雷提娅遭强暴和塔克文家族被驱逐这两个故事作为第一卷的结尾。维吉尔和李维见证了罗马共和国灭亡和首位皇帝奥古斯都（公元前31—公元14）的崛起。对王政衰落前的远古时代，很难说这些作品提供的
记载是准确无误的。 7

但我们并不能因此否认罗马传统记载的重要性。在生活于晚近时期的罗马人看来，早期罗马处在一个黄金时代。罗马社会的基本结构形成于这一时期，让罗马走向伟大的那些品质也在同一时期得以展现。重要的风俗和事件都和上古时代的那些国王有关，而古代英雄们为如何做一个真正的罗马人树立了榜样。卢克雷提娅的故事为罗马妇女在家内扮演的角色提供了一个标杆，并用生命维护了自身的荣誉。布鲁图斯将罗马从塔克文暴政下解放出来，这激励他的后代密谋策划了反抗凯撒独裁的行动。这些榜样并不只是口头上的理想，他们确实对罗马后代男女的行为产生了影响，同时反映出罗马人自身是如何看待他们的根源的。笼罩在远古迷雾中的这些故事对我们认识罗马共和国起到至关重要的作用，即便它们并不总能对探究罗马历史的起源提供帮助。

由于缺乏可靠的文字资料，研究早期罗马史的当代历史学家

们不得不转向其他形式的证据，将第一批罗马人的出现放在其所处的物质和文化环境下考察。罗马坐落在肥沃的拉丁姆平原的中心地带，该平原西临大海。意大利的地形由北部的阿尔卑斯山脉、波河河谷以及亚平宁山脊构成，后者如一根脊椎一样直插至意大利南部。亚平宁山更加陡峭，相比西海岸，其距东海岸更近一些，而意大利中部地区大部分肥沃的土地则偏居西侧。拉丁姆平原可以供养密集的农业人口，但要不时防备来自亚平宁山地民族的侵袭，其中在罗马早期历史上最知名的一支是萨莫奈人。

早在大约公元前1500到前1000年间，后来被称为拉丁人的印欧意大利民族便已移居到拉丁姆平原之上。对这批早期移民来说，罗马是一个天然的定居地。七座环绕起来的山丘能够提供防御性屏障，附近的台伯岛是跨过台伯河的最佳地点。拉丁
8 姆平原北部是伊特鲁里亚。到公元前900年左右，被叫作伊特鲁里亚的民族就已在这一地区生活。约公元前750年后，从希腊世界来的殖民者建造的一系列城邦出现在了拉丁姆以南地区，其中包括西西里的叙拉古和奈阿波利斯（“新城”那不勒斯），因此南部意大利得名“大希腊”（Magna Graecia）。位于意大利中西部地区的拉丁姆处在伊特鲁里亚和大希腊之间陆路沟通的天然交汇点上，为陆上沟通提供便利。文化上的互相交流对罗马早
9 期的发展产生了重要影响。

考古发掘显示，早在青铜时代（公元前1000年之前）罗马地区就有人类存在。帕拉丁山上第一个重要的定居地是于公元前8世纪青铜时代所建的一些木屋。这表明公元前753年这一传统的罗马建城日期或许比我们认为的更加准确。在公元前7世纪，帕拉丁山上的这些最初定居点和其他几座山丘上的定居

点联合起来，罗马出现了城市的雏形。我们只能从文献记载中找到导致这一重要发展的某些线索。有关罗马七王传说最为引人注目的一点是两个晚期国王的名字，卢修斯·塔克文尼乌斯·普利斯库斯和卢修斯·塔克文尼乌斯·苏佩布。他们并非拉丁人而是伊特鲁里亚人。从山丘上分散的定居点到罗马城的转变似乎是在伊特鲁里亚人统治时期完成的。

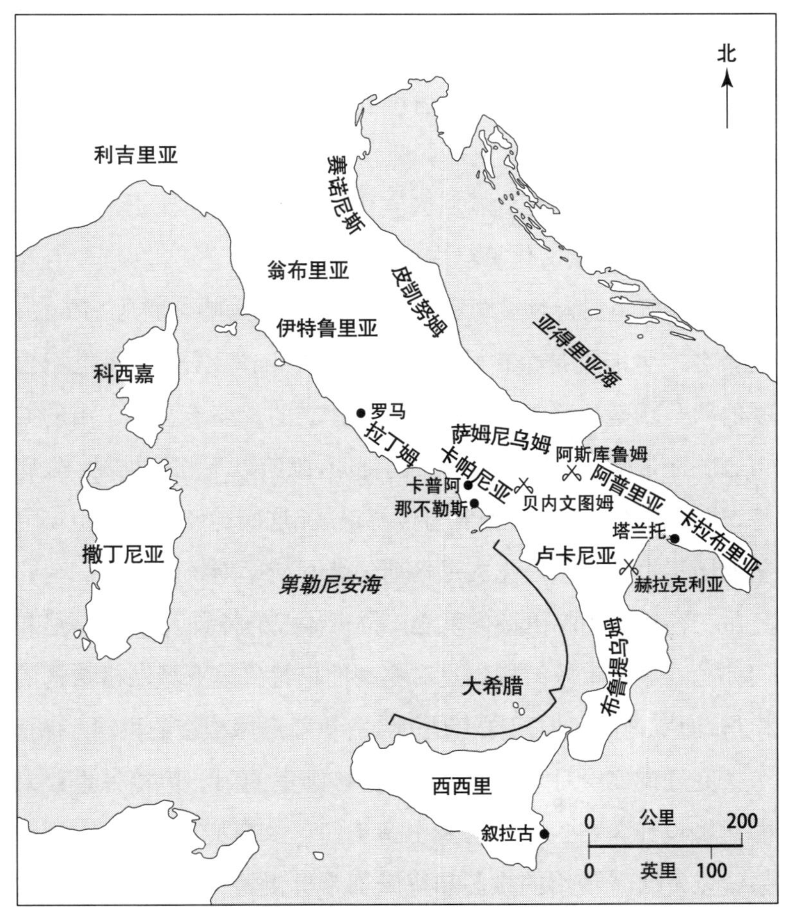

地图1　早期罗马和意大利

谁是伊特鲁里亚人？有关这一问题，学者们争论了数世纪之久。关于伊特鲁里亚人的起源并不是很清楚，但至少到公元前900年，甚至可能在更早的前1200年，他们就已定居在罗马的西北部地区，也就是今天的托斯卡纳。我们迄今已发现数千枚伊特鲁里亚铭文，但令人苦恼的是无人能够解读这些文字，原因是伊特鲁里亚人并不属印欧人种，因此没有与之并列的现存语言进行对比。我们对伊特鲁里亚文化的了解全部来自考古，尤其是伊特鲁里亚城镇周边那些精美的亡者之城（*necropoleis*）。华丽的墓穴壁画描绘了宴会、舞蹈和包括角斗比赛在内的体育竞技等场景，组成了伊特鲁里亚葬礼仪式的一部分。这些保留至今的艺术和手工作品受到希腊人文化的强烈影响。而正是通过伊特鲁里亚人，希腊文化第一次被输入罗马。

伊特鲁里亚人对早期罗马产生了深远的影响。罗马（Roma）这个名字可能就是个伊特鲁里亚词（Ruma）。公元前6世纪出现的罗马城是仿照伊特鲁里亚城市建立的。在卡匹托尔山的城市心脏地带坐落着罗马最伟大的神庙，献给以下三位神灵：朱庇特、朱诺和密涅瓦。根据罗马传统记载，这座神庙始建于伊特鲁
10 里亚国王卢修斯·塔克文尼乌斯·普利斯库斯统治时期。卡匹托尔三神让人想起伊特鲁里亚三位一体式的神灵：提尼、乌尼和门弗拉。罗马市政结构也是对典型的伊特鲁里亚城网格结构的模仿，而罗马的房屋同样也是伊特鲁里亚房屋构造的再现：有一个中庭通向宴会厅，从那里又有连接卧室的门。伊特鲁里亚人的建筑设计风格也在罗马身上留下印记。高架渠和桥梁、排水系统以及大量使用的拱门和穹隆都带有伊特鲁里亚风格，这些在后来均成为罗马建筑的典型特征。

伊特鲁里亚文化对罗马的影响并非仅限于物质层面。正如罗马传统所认为的那样，罗马人的一些宗教行为也起源于伊特鲁里亚，其中包括内脏占卜术，即通过观察献祭动物的内脏以求得神灵的旨意。罗马角斗士比赛之所以如此流行可能也是因为受到伊特鲁里亚葬礼表演的影响。代表罗马共和国权威的一些象征之物同样跟伊特鲁里亚有关。比如，李维认为，罗马高级官员所穿的紫色宽边白底托加长袍以及他们执行公务时所坐的象牙圈椅都和伊特鲁里亚有关。还有“法西斯”（*fasces*），这是由一捆木棍中间绑着一把斧头而制成的束棒。它最初由12名侍卫扛着，后者作为国王的扈从和保镖跟随其左右。到了共和国时代，这样的荣誉被授予每名执政官。

到公元前6世纪晚期，伊特鲁里亚人已成为意大利北部和中部地区的一支统治性力量。虽说伊特鲁里亚人影响甚广，罗马却从未成为一个伊特鲁里亚城市。正如罗马人在此后反复表明的那样，能从遭遇的势力中不断吸收和适应而不丧失自身认同，是天才的罗马人所拥有的一个极其重要的天赋。就像几个世纪后的希腊人一样，伊特鲁里亚人对罗马文化所做的贡献厥功甚伟，但最终却臣服在罗马统治之下。伊特鲁里亚国王被逐并未中断伊特鲁里亚对罗马的影响力，但它再一次印证了罗马政治的独立性，同时也标志着罗马开始逐渐壮大起来。共和国的成形完全是罗马自身发展的产物。 11

第二章

共和国的形成

罗马共和国并不是一夜之间产生的。塔克文·苏佩布在公元前510年被逐仅仅标志着罗马在风雨飘摇的漫漫征程中迈向伟大的第一步，此后的数个世纪充满了内忧外患。在这种严酷的考验下，共和国被锻造出来，罗马逐渐征服了意大利地区并向更远处扩张。独具特色的罗马共和国政治和社会结构开始形成，并孕育出在古代世界前所未见的一种力量。

虽说我们对罗马共和国成长阶段的了解要胜过传说中的王政时代，但还远谈不上多么深入。从王政衰落到罗马确立对意大利中南部控制权的皮洛士战争（公元前280—前275），这中间相隔200多年。李维的《建城以来史》对于几乎连绵不绝的战争和内部冲突的记载令人困惑，而那些更早的记录却在高卢兵团于公元前387年左右攻陷罗马城时就遗失了。不过，重要叙事还算清晰。从公元前510年到前275年，罗马在意大利半岛的支配地位建立起来。罗马人的统治将意大利众多民族联合起来，从北部的伊特鲁里亚人到南部的希腊诸城邦。这些民族在

罗马的领导下形成一个持续向外扩张的联盟，对罗马的成功起
到了至关重要的作用。对外扩张和罗马内部的成长也紧密结合 12
在一起。同一时期，伴随着一系列危机，罗马社会和政治开始转型。传统上这些危机被称为“阶层斗争”。到公元前3世纪早期，斗争在元老院和罗马人民（*senatus populusque Romanus*，简称*SPQR*）集体领导制为特征的政治构架中得到解决，而正是这种结构定义了罗马共和国。

征服意大利

早在伊特鲁里亚国王统治时代，罗马人就已开始向周围的拉丁民族施加统治力。推翻君主政制激起了对正在形成中的共和国的抵抗。遭到驱逐的塔克文家族加入了由周边城市联合体组成的拉丁同盟军队。公元前5世纪初，可能是在公元前499年或前496年，罗马人在图斯库伦附近的雷吉鲁斯湖畔遭遇拉丁军队。战斗十分激烈，根据传说，罗马人在狄俄斯库里神（即卡斯托尔和波吕克斯，特洛伊公主海伦的两个孪生兄弟）的帮助下最终获胜。据说正是这两位神化身年轻的骑士，让罗马军队重整旗鼓。战争的胜利最终让罗马的军事实力跃居其毗邻的民族之上，为拉丁姆平原的统一打下基础。

在雷吉鲁斯湖畔战役之后的两个多世纪里，罗马人和拉丁人打造的同盟网络是在崛起途中迈出的关键一步。对罗马的同盟国来说，每个拉丁城市不必缴纳贡品，却需要提供一定数量的士兵，在罗马将军的带领下于罗马军中服役。拉丁人有资格公平地分享战争中获得的任何战利品，同时当外敌进犯时也会得到罗马的保护。此外，拉丁同盟城邦更紧密地和罗马社会融合在一

起。罗马人和拉丁人之间可以签订有效经济协议，其在法律上对
13 双方均具约束力。双方可以通婚，孩子是婚姻的合法产物。

以古代社会的标准衡量，很难说罗马-拉丁同盟多么具有革命性。同一时期的古希腊正处在个体城邦的统治下。这些城邦极具独立性，同时又彼此嫉妒对方所享有的权利。从这方面看，罗马共和国和拉丁同盟间的关系有着非同寻常的复杂性。在罗马的带领下，拉丁人的人口规模和军事力量迅速增长，这也使罗马突破了城邦国家的局限，而这一点正是像雅典和斯巴达这类城邦从未做到过的。罗马给予拉丁同盟的特权非常具有吸引力，所以它的强大建立在齐心协力而非暴力镇压的基础之上。在随后的几个世纪里，虽然面临着扩张和汉尼拔入侵意大利带来的压力，拉丁同盟的大部分成员依然做到了对罗马保持忠诚。但是，因为罗马并不向同盟者索取财力上的支持，因此只有在战争阶段，拉丁同盟成员被征召入伍之时，罗马的优势才清楚地体现出来。罗马人需要维护这种优越性，同时也需要履行保护拉丁同盟的义务，这进而促使罗马在整个共和国时期保持其侵略性。

即便有拉丁同盟的协助，在初期阶段，罗马共和国仍难以将统治力施加到拉丁姆之外的其他地区。经过一个世纪的斗争，罗马才逐渐在意大利中部站稳脚跟。然而，灾难接踵而至。公元前390年（据传统记载），更可能在前387年，来自北部的一批高卢入侵者席卷而下。这支部队首先越过伊特鲁里亚，在打败了一支罗马军队后，逼近罗马城。罗马最后一批守军守住了卡匹托尔山，但城池落入敌军之手。此后，直到公元410年阿拉里克率领的哥特人攻入基督教化的罗马为止，这座城市八个世纪以来始终未被外敌攻破。

高卢人攻陷罗马成为罗马早期历史上最著名的片段之一，和这场灾难有关的故事逐渐变为传说。据李维记载，当高卢人侵入罗马城时，罗马元老坐在家中，如雕像一般镇定自若。直到一个好奇的高卢人触摸了一名罗马贵族的胡须，后者摸起一个象牙制品砸到了这个野蛮人头上，元老们就地遭到屠杀。若 14
非朱诺女神的圣鹅鸣起警报，卡匹托尔山上的堡垒在某天夜里就被攻陷了。元老院甚至讨论了放弃罗马城的可能性，直到据说附近的一个高卢百人队队长告诉他的手下“我们也应就此收手”，此话被当作神谕传至罗马。

事实上，几乎可以肯定地说，罗马遭劫一事被夸大了。这场灾难毫无疑问引发的是一场心理效应，这体现在直到300多年后，在凯撒发动的高卢战争中，罗马对高卢人的恨意依然十分明显。但考古证据表明罗马城因高卢人入侵而遭到破坏的痕迹很少。另外，此次劫难似乎并未使罗马的实力受损。罗马共和国迅速复苏，并在塞尔维乌斯城墙（这座城墙的修建后来被记在罗马倒数第二位国王，塞尔维乌斯·图利乌斯的名下）的防护下阻止了之后入侵者对罗马城的再次进犯。在公元前4世纪剩余的时间里，罗马继续向外扩张，尤其是把矛头对准了意大利南部地区。正是在此时，罗马遇到了他们在意大利最强的敌手——萨莫奈人。

萨莫奈人是活跃于亚平宁山脊地带的一个强悍的山地民族。公元前5世纪他们就已迁徙到坎帕尼亚平原，并攻占了伊特鲁里亚人建立的城市卡普阿。罗马人向南部的坎帕尼亚进军加剧了双方的冲突，并引发了三次萨莫奈战争。第一次萨莫奈战争（公元前343—前341）虽不过是一次小规模的战斗，却产生了严重的后果。在公元前338年，卡普阿和罗马之间签订协约，这

图2　描绘罗马将军法比乌斯会见萨莫奈人头领凡尼乌斯的埃斯奎林历史残片

标志着罗马人的同盟网络已蔓延至拉丁姆以外地区。他们从罗马得到的权利和罗马赋予拉丁人的权利略有不同。卡普阿和其他意大利同盟者同样都需向罗马提供士兵以换取保护并分享战利品。另外，他们还要向罗马缴纳一份年贡，其享有的民事特权也比拉丁人要少。和意大利同盟者之间的关系进一步增强了罗马的资源储备和军事实力，尽管同时给意大利人施加的限制也造成了双方关系的紧张，这最终在共和国最后一个世纪里引发了战争。 15

罗马和萨莫奈人的竞争在第二次萨莫奈战争中（公元前327—前304）达到白热化。公元前321年，罗马的出击致使他们在卡夫丁峡谷遭到一次耻辱性的失败。落败的罗马士兵被迫从象征屈服的牛轭下钻过。然而，失败只能让罗马人变得更加坚韧。罗马成功的奥秘不仅在于其强大的军事实力，或许更是 16
由于罗马人对自身命运的坚定信念和拒绝放弃的精神。正如将来反复上演的那样，罗马再一次重整旗鼓，回到原地，期待复仇。萨莫奈人无法单枪匹马对抗罗马，于是他们联合了高卢人、伊特鲁里亚人以及其他意大利民族，为阻止罗马霸权的扩张而做出最后一次尝试。在公元前295年的森提乌姆一役中，罗马及其同盟者完胜萨莫奈联军。此次战役确立了罗马共和国作为意大利半岛头号霸主的地位。

在征服意大利的过程中，罗马面临的最后一个敌人带来了前所未有的挑战。向南意大利的扩张让罗马人进一步接触到了“大希腊”地区的希腊城市。其中某些城市欢迎罗马的到来，但随着与罗马之间紧张局势的升级，塔兰托城将目光转向东部地区，期待能从中获得援助将罗马人赶走。塔兰托人的呼吁在公元前280年得到了伊庇鲁斯国王（今阿尔巴尼亚）皮洛士的回应。皮洛士是亚历山大大帝在公元前323年死后，为数不多的几个统治着分裂的东地中海希腊语区的国王之一。皮洛士既野心勃勃，又具有丰富的战斗经验。他率领着一支由20 000名步兵、3 000名骑兵，以及约20头大象组成的强大军队来到意大利。这阵仗是罗马人此前从未见过的。

皮洛士指挥的职业军队比罗马以往所经历的任何对手都要强大。在头两次战役中，也就是公元前280年的赫拉克利亚之战及次年的阿斯库鲁姆之战，罗马均遭遇惨败。但这两场胜利也让皮洛士付出了高昂的代价。尤其是阿斯库鲁姆战役令皮洛士的精装步兵伤亡惨重，以至于他沮丧地评论道：“如果对罗马人再来一次这样的胜利，我们将被彻底击垮。”最终，罗马顽强的抵抗迫使皮洛士退往西西里。他在公元前275年再次登陆意大利，并最终被罗马人击败于贝内文托。皮洛士放弃了意大利（后来，当他在进攻希腊阿尔戈斯城时，被一名老妪扔来的屋瓦击中头部
17 身亡），塔兰托投降。到公元前270年，整个大希腊地区都被纳入罗马人的同盟网络。罗马毫无争议地成了意大利的霸主。

元老院和罗马人民

在征服意大利途中，罗马共和国的社会和政治结构不断完善。在王制衰落后，罗马的贵族统治集团最初仅由一定数量的大家族构成，合起来被称为“贵族”（*patres*，“父老们”）。只有贵族家族——比如克洛狄家族、尤利家族和科尔涅利家族——出身的成员才有资格担任宗教或政治领域内的职务。世袭贵族以外的所有罗马公民都是“平民”。因此，尽管平民中包含了那些最贫穷的公民，但不能将平民简单地看作“穷人”从而将之和贵族出身的“富人”对立起来。一些富裕的平民拥有和贵族一样多的土地，但由于他们并非来自贵族家族，因此不能担任公职。贵族和

平民之间的矛盾变得不可避免。双方最早的纷争来自贵族对平民的剥削。随着时间的推移，相对富裕的平民成员便动员广泛的平民群体，希望从中寻求支持以获取平等的政治权力。平民派争取社会和政治权利的漫长斗争被称为“阶层斗争”。

如果史料中的编年无误的话，那么“阶层斗争”开始于共和国建立后的头20年。在公元前494年，反对的声音出现了，起因是不满贵族对陷入债务危机的平民采取的举措。较为贫困的平民为共和国军队提供了大量兵员，而与此同时在军中他们又在为维持生计的来源，即一块田地而挣扎。许多人转向贵族寻求支援，这却让他们受到虐待，甚至沦为债主的奴隶。随着贵族控制了罗马政坛，平民们在现存体制下愈加感到无助。他们的解决办法是举行罢工。公元前494年，当军队受命出征之时，平民们却聚集在罗马城外拒绝行动，直到贵族做出一定的表态。这 18
就是所谓的“第一次平民撤离运动”。贵族被迫让步，他们给予平民参加其自行组织的公民大会，即平民议事会（*Concilium Plebis*）的权利。与此同时，平民可以选举自己的官员——平民保民官，来保护自身权利不受侵犯。

阶层斗争的第二个爆发点源自贵族对法律的控制。早期罗马没有成文法典，司法问题取决于习俗性质的非成文法，裁决权掌握在贵族手中。比如，即便有保民官的保护，债务奴隶制同样让平民很容易受到贵族的欺凌。约公元前450年，对专制性贵族司法体系的抗争使得《十二铜表法》出炉。这是罗马历史上的第一部成文法典。此后，平民至少可以了解这部法律，他们的地位也逐渐得以巩固。到公元前4世纪末期，罗马公民因债务而沦为奴隶的制度被废除。与此同时，所有公民都拥有了向罗马人民上诉来反抗罗马官员之决定的权利。这一抗争的顶点是公元前287年《霍腾西阿法》的出台。根据此法，在平民议事会中通过的法案对包括贵族在内的所有罗马人民都具有约束力。

在阶层斗争过程中，罗马人民有了一定的保障。同时，在某种程度上也可以参与到国家事务中来。然而，平民阶层中那些较为富裕的成员并不满足于此。他们要求在政治上扮演更重要的角色，向贵族垄断权力提出挑战。贵族再一次被迫做出让步。在历经一个多世纪的持续冲突后，公元前367年通过的法律允许平民参与执政官的竞选，次年就产生了第一位平民出身的执政官。从公元前342年以后，每年度选出的两名执政官中，按要求必须有一个是平民。最终，罗马政治和宗教方面的重要官职几乎全部向平民开放。由出身决定的贵族和平民间的界限依然存在，但罗马共和国的统治阶级却扩大了。一个全新的贵族阶层
19 产生了，它既包括原来的贵族群体，也有来自平民阶层的显贵。到公元前3世纪早期，这个合二为一的新贵族群体已牢固确立起来。罗马共和国独特的政治架构中的三个关键要素也在这一时期成形，分别是：官员、元老院和人民大会。

官员每年从这一新贵阶层被选出以负责政府日常事务的运转。位居首席的官员是两名执政官，他们拥有最高治权（*imperium*）——这是罗马国王曾经拥有的权力。在任期间，执政官是国家行政和军事上的首脑。他们主持元老院，根据需求提出法律议案，同时在战场上指挥军队。获得执政官席位通常象征一个罗马贵族在仕途上的顶峰。罗马历法就是按照当年担任这一最高官职的人的名字来纪年的。对独裁制度的痛恨导致塔克文·苏佩布被逐，这一仇恨至此仍未消除。两名执政官当选可以阻止其中一

人掌握过多权力，而执政官职位的任期只有一年。

位于执政官职位之下的是较次级别的官员，也是每年选举更换。主要的官职是法务官、营造官、财务官和平民保民官。法务官是除执政官外唯一握有最高治权的官员，也就是拥有统帅军队和主持元老院会议的权力。法务官的权力次于执政官，其主要职责集中在民事以及后来的行省司法领域。在法务官之下是营造官，他们主要负责罗马市政维护，体现在道路、供水、食物以及竞赛等方面。位次最低的官员是财务官，主要负责财政和法律方面的事务。随着国力增强导致罗马政府负担的加重，位于执政官以下的三个官职的具体数量和职责也不断增加。

保民官在某种程度上不同于其他官员。保民官职位产生于
公元前494年第一次平民撤离运动后，最初它是对富裕平民阶层 20
开放的唯一的官职。每年有10名保民官当选，其主要职能是保护平民利益不受贵族官员不当行为的侵犯。出于这一原因，保民官拥有较广泛的权力，包括有权为被政府官员逮捕的公民提供支持，宣布另一名官员的行为无效，以及在平民议事会提出立法议案等。理论上，保民官的人身是神圣不可侵犯的，尽管这并不能对那些试图利用该职务提出激进政策的人加以保护。这方面最有名的例子是公元前2世纪的格拉古兄弟。

另外一个稍不寻常的官职是监察官。关于这一职位，大约每五年进行一次选举，每次选出两名监察官。但在卸任前他们必须完成其所承担的任务（最长不得超过18个月）。其主要职责是校订公民名单，并对公民财产和道德做出评估。这其中包括对元老院进行重新审定，如为元老院招募新成员，同时从元老院名单中剔除那些行为不端者。因此，监察官是一个极富声望

的官职，因此几乎总是由前执政官出任。罗马共和国时期最著名的监察官是老加图（也被叫作监察官加图），他在公元前184年上任。加图坚定地认为，同祖先们相比，在他所处的时代罗马公民持有的道德标准已经退化了。作为监察官，他将那些对罗马传统嗤之以鼻的人逐出元老院。他还曾严厉斥责在白天当着女儿的面和妻子拥抱的某名元老。

以上这些官职共同组成了所谓的“荣誉阶梯”（*cursus honorum*）。这是一名优秀的罗马贵族需要担任的一个官职序列。根据传统仕途标准，一个人首次担任公职也就是财务官的最低年龄是28岁左右。然后，他可能会成为一名营造官或一名平民保民官。在这之后，他才能谋求法务官的职位。那些已经积累了足够声望的人或许会首先竞选执政官席位，此后再担任

图3　公元前1世纪早期的“多米提乌斯–阿赫诺巴尔布斯祭坛”（实际是一个塑像底座）上呈现的人口普查场景

监察官。每一职位之间的空窗期通常是两年。在公元前1世纪， 21
对那些重要官职规定了就职者的最低年龄标准，法务官是39岁，执政官则是42岁。但这些规定未必总能得到严格执行。精英群体之间对官位的竞争十分激烈，而某些个人又不断对现状做出挑战。然而，只有在共和国最后一个世纪中，握有充分权力的个人才出现，他们控制了那些最高职位，进而对共和国制度的根基造成威胁。

罗马共和国时期的所有官职都存在一定的关键共性，体现在罗马人希望对个人权力加以约束。官位需要通过竞选获得，且任期有限，还需要和一个或多个同僚共同分享治权。当然，以上规则也有例外之处。根据情况需要，一名执政官或法务官在其一年任期的最后可以延长他们手中的最高治权，此后成为前执政官和前法务官，尽管这种延长权力的做法直到公元前1世纪
才变得较为普遍。另一个较不寻常的例外是独裁官职位。尽管 22
敌视专制制度，当处在某些形势下，国家需要一名单独的领导者时，罗马对此也是认可的。在紧急状况下，一名独裁者被授予超级治权来监管国家。他的任期只有6个月或仅限于危急期内，不管是哪一种情况，期限都更短。共和国后期，尤利乌斯·凯撒持有的“终身独裁官”职位在罗马人看来无疑是有悖于这一传统的，这也成了他被刺身亡的一个主要原因。

官员是罗马共和国宪政制度的执行者，负责处理政府的日常事务，担当政治和军事领导人的角色。但在共和国早期，真正的权力并不掌握在某些官员手中，而在权力集体化的元老院。自成年后的一生中，一名罗马贵族的政治生涯很短暂，需要进行年度选举的传统也让他们在任期间积累的经验有限。这在某

些时候暴露了共和国体制的弱点，尤其是执政官衔的将领面对诸如皮洛士和汉尼拔这样的职业军人的时候。因此，官员需要遵循元老院的指导，后者早在王政时代就已成为给国王提供建议的贵族议事机构。一名官员本身就是元老院的一分子。卸职后，他又成了一名普通的元老。重大决定总是先在元老院进行辩论，尤其是有关对外政策、市政管理以及财政方面的事务必须置于元老院的监管之下。所以，元老院才是共和国政府的真正基石。

决策由元老院提出，但还要经过共和国体制中的第三个要素即公民大会的确认后方可实施。公民大会负责法律的批准及所有官员的年度选举。罗马有几个不同形式的公民大会，但共和国时期最为重要的两个分别是百人大会（*Comitia Centuriata*）和平民议事会。百人大会选举产生执政官、法务官以及负责对外宣战。平民议事会选举产生平民保民官，并负责通过由保民

23 官提出的平民决议。尽管这些公民大会在理论上是罗马最高权力机构，但现实中依然要服从元老院指导。召集大会的官员只将那些已在元老院讨论过的议案拿到公民大会上去表决，而公民大会也几乎总会批准元老院的决定。这一复杂的体制既认可每名公民在政府事务上的发言权，而在实践中又将一切控制在贵族群体手中。罗马共和国由元老院和罗马人民进行统治，非常符合这一次序。

共和国宪政制度是罗马人民的独特创造。在一定程度上，罗马人民拥有最高权力，但罗马又不是一个民主国家，面对来自人民的各种刁难，它要比古典时代的雅典强大得多。统治罗马的古老氏族门第以及平民新贵有清晰的界定，但同时也会接纳

新鲜血液。另外这种体制所拥有的现实灵活性又是同样军国主义化的斯巴达人所欠缺的。在任的官员拥有执政权，但年度选举造成的限制以及元老院的集体领导制又能阻止任一个体攫取独裁权力。罗马共和国是一个稳定、保守却又不失变通的政府形态，它是成就罗马伟大的平台。在富有竞争和尚武精神的元老院精英的驱使下，罗马在意大利建立了霸权，并最终成为广袤的地中海世界的霸主。这是共和国的胜利，但同时也造成了它的毁灭。因为通向帝国的征途中产生的巨大压力给共和国肌体带来了无法承受之重。 24

第三章

男人、女人和诸神

罗马共和国在历史上是一个真实存在的实体，一个复杂而有活力的世界，但与此同时又总能保持鲜明的罗马人特色。它的社会结构呈等级化的金字塔状，从位居顶端的元老院贵族到小农和手工业者，再到提供大量劳动力的众多奴隶。但这一结构绝不僵化，处于世袭精英阶层外的优秀人士总能够获得提升自身地位的渠道，这是罗马强大优势的体现之一。在日常生活中，最基本的单位是家庭。若非必然从实践层面而言，理论上的家庭由父权性质下的“父家长”（*paterfamilias*）所支配。女人在家庭中起到的作用大多是从属性的，不过她们在罗马历史上的地位很难从主要由男性书写的文献资料中获得公正的评价。在罗马社会的所有层面，公私领域并非截然分开，而是通过共同的文化和宗教价值观粘合在一起，塑造了罗马人的自身认同。

尊威和荣耀

早在公元前5世纪中叶，羽翼未丰的罗马共和国发现自身正处在意大利中部地区周边民族的进攻之下。形势十分危急，因此罗马任命了一名独裁官，即卢修斯·昆克提乌斯·辛辛那图斯。李维讲到了这个故事： 25

> 辛辛那图斯——罗马将其生存的全部希望所托付的那个人，当时正在台伯河西岸的三亩农田（今天的昆克提草场）里进行劳作，那里正对着今天造船厂的那个位置。从城中赶来的一个使团发现他正在自家田地里劳动：挖一个沟渠或犁地之类。彼此问候之后，他为自己和祖国做了祈求神灵祝福的祷告。随后被要求穿上托加长袍，听取元老院指示。使者们带来的消息自然让他感到吃惊。在询问了一切是否安然无恙之后，他让妻子拉西里娅跑回茅舍取来托加长袍。妻子把托加拿来，在擦干他满是泥垢和汗水的双手和面颊后，他穿上了托加。从城内赶来的代表立即向他敬礼，并祝贺其成为独裁官。他们邀请他进入罗马城，并告知了他面临的严峻困难。

辛辛那图斯进入罗马城，接受了独裁官一职。他号召所有符合入伍年龄的男性公民带着武器集合起来，带队出征，打了一个漂亮的胜仗。在这之后，他返回罗马举行了凯旋式。被俘敌军将领走在他的战车前面，战车后则跟着他的士兵以及缴获的战利品。在这之后，辛辛那图斯卸任独裁官。他在任仅15天。

这个故事是真实的吗？其实这一点并不重要。卢修斯·昆克提乌斯·辛辛那图斯作为理想罗马人的典范而被人怀念。在他生活的年代，这个首屈一指的人物是个农民，用自己的双手在

图4　辛辛那提的辛辛那图斯雕像（现代作品）

薄田里辛苦劳作。在和来自罗马元老院的使团接洽后，并在听取代表们的指示之前，他穿上托加袍。同时，在接受他们的请求前，他擦干了手上的汗水。通过战场上的胜利，他获得了荣耀，举行了凯旋仪式。随后他放下权力，因为他对国家福祉的关心要大过个人荣誉。因此，辛辛那图斯展现出了罗马共和国日后迈向伟大所需要的一切个人品质。罗马人的早期历史中充满了这种英雄式的例子，比如卢克雷提娅的自殉激励了卢修斯·尤尼乌斯·布
鲁图斯推翻王政。还有普布利乌斯·贺拉提乌斯·科克勒斯在台 26
伯河的桥上死守以抵抗伊特鲁里亚国王拉尔斯·波尔西那。再如盖乌斯·法布里奇乌斯抵抗皮洛士进攻，但当他发现皮洛士的医生正打算向主人投毒之时，又提醒了这位国王。

通过这些故事，我们可以一窥罗马人是如何看待他们的祖先及其自身的。传统认为早期罗马正处在黄金时代，生活于其中的人们过着一种未被过量奢侈物腐蚀的简单生活。从这种有德行的生活中，他们获得了诸神的青睐，并在逆境中积蓄力量，从而令其超越周围其他民族。后世的罗马人学着模仿并超越他们的英雄祖先。正是这种模仿促使罗马共和国不断扩张，给罗马带来了前世所无法想象的财富。伴随着共和国在混乱和内战中坍塌，罗马人将这一结果归咎为道德的衰退和祖先品格的丧失，以此来解释自身的命运。

共和国早期那些最伟大的英雄人物多来自罗马社会的最上层，即元老院精英阶层。随着王制的灭亡，在罗马，能够跻身元老院成为一个人社会和政治地位的首要标志。那些最古老的门第，如尤利家族、费边家族、科尔涅利家族均将他们的血统上溯至国王时代甚至更远古的岁月，在共和国历史上形成了一种世

袭显贵集团。但元老精英并非一个封闭的排他性群体，而是对新鲜血液保持开放。“阶层斗争”见证了富裕的平民获得与古老显贵同等的权利，在此后的几百年中，一些外来者也慢慢地获得了元老的地位。这些个人被称为“新人”，也就是一个家庭中第一个进入元老院或第一个达到执政官级别的人，其中包含了共和国历史上那些熠熠生辉的人物：老加图、盖乌斯·马略和马尔库斯·图利乌斯·西塞罗。

理论上，罗马元老院是一个由平等人组成的机构。但在精英集团内部，荣誉也是分等级的。当元老院开会辩论之时，首先
28 发言的人是主持会议的两名执政官。随后的发言者依次是资历最深的前执政官、法务官和前法务官，直至资深元老中的最后一位。青年元老通常不会说话，而那些发言者又几乎总听从年长者的指挥。因此，元老院是个保守性质的团体，其中最年长者和资历最高者拥有强大的权力。元老院的领袖，也就是排在执政官后发言的那一位，叫“首席元老”，是元老院诸平等者之第一人。后来的奥古斯都采用了这一头衔，作为和罗马首位皇帝相匹配的一个称呼。

一个人在元老院中的身份和地位取决于他所拥有的“尊威”（*dignitas*）。这是个较复杂的概念，它和英文单词dignity（尊严）在含义上有许多微妙的差别。尊威体现的是个人价值及其家庭价值的总和。那些曾担任过高级官职尤其是执政官的人，要比没有担任过这些官职的人拥有更多的尊威。那些名门之后继承更多的尊威，而个人的行为也能提升（或损坏）本人及其家庭的尊威。总之，一名男性提高尊威的最重要途径就是获取“荣耀”（*gloria*）。在共和国时代的罗马，最高形式的荣耀是通过战争获

得的，也就是通过率领军队获胜来赢取。每一名罗马贵族都会通过追求荣耀来增添尊威，进而超越元老等级化体系中的其他对手。

辛辛那图斯的故事就是元老们对这一理想渴慕以求的一个集中体现。当他被召唤来担任独裁官之时，辛辛那图斯就已获得了尊威，因为无人能对这一任命提出挑战。随后，通过战场上的胜利，他进一步获得了荣耀，这在元老院授予他举行凯旋式一事上得到认可。举行凯旋式是一名在战场上获胜的罗马将领能获得的最高形式的荣誉。将军率领胜利之师穿罗马城而游行，展示着那些在战争中缴获的俘虏和战利品。凯旋队伍从位于城外的马尔斯校场出发，从那里沿路进入罗马城，再南下至大竞技场，然后向北拐进神圣大道，再穿越罗马广场。当将领抵达位于 29
卡匹托尔山上的至尊至大朱庇特神庙后，将领要举行谢神祭来感谢诸神的支持，凯旋仪式也在此刻达到高潮。

历史上英雄们的传说故事，以及和他们的事迹相关的各类纪念品，自童年起就萦绕在每一代元老精英的周围。即便在家内，著名祖先也会注视着他们的后代。生活于罗马帝国早期的老普林尼曾对安放于共和国时期罗马贵族家中的那些塑像做了这样的描述： 30

> 它们并不是由外国艺人制作的青铜或大理石雕像，而是家族成员的蜡制面具（*imagines*），被展放在逝者的骨灰瓮上。这样，这些遗容就会被抬着出现在家庭葬礼的游行中。因为每当家中有人去世，所有仍在世的抑或死去的家庭成员都必须到场。家谱用线串在一起追根溯源，还连着

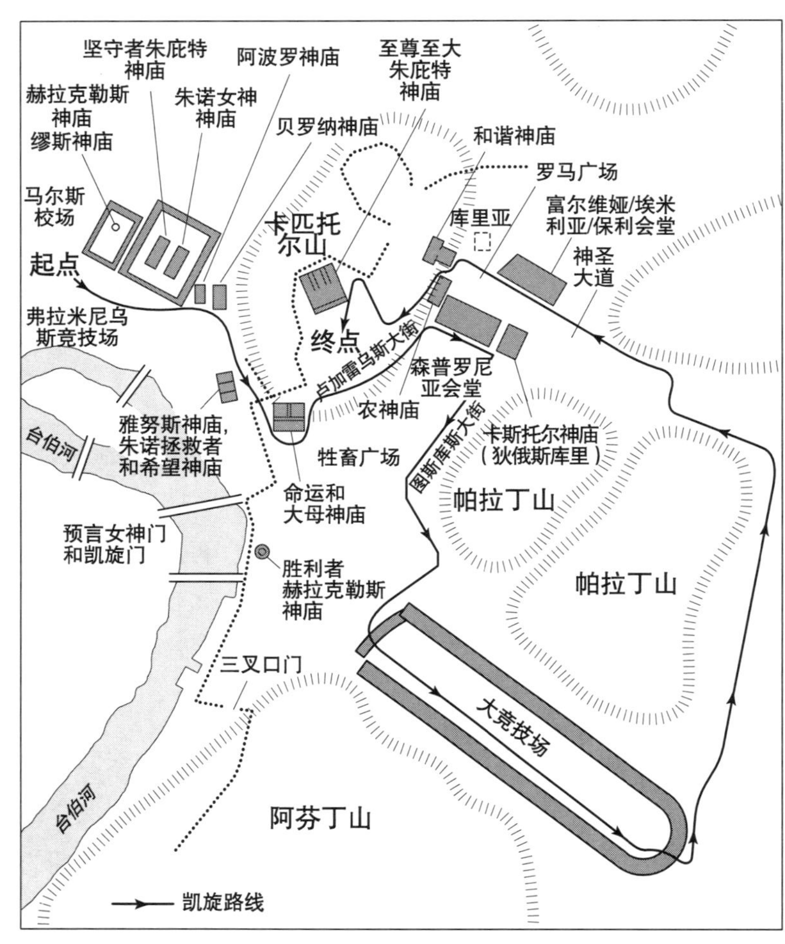

地图2　穿罗马城而入的凯旋式路线图

许多手绘的肖像。存放祖先档案的屋子里堆满了书籍、记录以及他们担任公职期间有关其功绩的文字资料。房外和屋门–过梁处摆放着这些著名人物的其他肖像制品。从敌人手中夺取的战利品被系在了他们曾居住过的房门之上。即便是后来买了这家房子的人，也被禁止将之从门上取下来。因此,随着主人不断变更,房子像是在举行一个未曾中断的凯旋式。

获得尊威和荣耀的需求给元老精英带来压力,这对罗马共和国历史产生了重要的影响,关于这一点怎么强调都不过分。罗马社会和政治生活的主导者们从一出生就被鼓励为获得荣誉而彼此竞争,效仿并超越祖先们取得的功业。其结果是促进了罗马共和国的军事拓展,并成为罗马崛起的关键因素。但精英间的竞争也为罗马共和国的衰亡埋下伏笔。对尊威和荣耀的渴望激励了共和国历史上的所有佼佼者们,从战胜汉尼拔的西庇阿·阿非利加努斯到"伟大者"庞培再到尤利乌斯·凯撒。随着某些贵族获得了前所未有的成就,竞争不仅在彼此之间展开,同时也将元老院的集体权力牵扯进来。个人尊威的重要性超越了为国家服务的宗旨,直到一人最终获得大权,让整个罗马屈从于其个人意志之下。

农民、商人和奴隶

在元老贵族阶层之下,罗马人的社会分化并不太清晰。在共和国晚期,仅次于元老院精英的另一群体被称为"骑士"。这
个群体的成员大量从事商业和手工业等活动,而这两个领域在 31
共和国早期社会中起到的作用非常有限。罗马自由民中的大部分是小农,他们平时在自己的土地上劳作,战时应征从军。他们通过"庇护人和门客"这一纽带和罗马精英群体团结在一起,这种关系对维持罗马社会的和谐起到至关重要的作用。庇护人为门客提供保护和经济援助。反过来,门客要为庇护人提供人力

和政治上的支持，尤其是在投票和公共事务方面。二者之间的关系是非正式的，不受法律约束。因此，这种关系有遭到滥用的危险，但实际发生的情况则较为少见。拥有来自众多且忠诚的门客支持，对于一个贵族庇护人的尊威非常重要。而庇护人-门客关系也是较贫穷的罗马人所能得到的少数福利之一。

在海外征服的光辉岁月中，小农是罗马军队的中坚力量。罗马共和国早期并没有一支常备或职业化军队。在战争爆发时应召为兵，这在当时是十分普遍的情况。不打仗的时候，他们还要返乡务农。无产者不能够服兵役，起初是因为一名士兵需自带武器参战。随着罗马军事需求的逐渐增加，国家开始给士兵支付薪水，同时负责提供武器和装备。这进一步确保了罗马士兵着装和战场上战术的统一化。但只有具备一定财产的人才可从军打仗的惯例依然没有改变，符合这一条件的人被叫作农民兵（*assidui*），也就是拥有服兵役资格的人。这一点到了共和国晚期危机频发时发生了改变，这种变化直接导致了罗马共和国的灭亡。

罗马人口中还包含数量庞大的非罗马公民，随着罗马霸权的扩张，这一人数也进一步增加。显然，其中数量最多而且最重要的一个群体是奴隶，这一群体对罗马社会和经济的发展起到至关重要的作用。奴隶制在古代世界极为常见。在《十二铜表法》于大约公元前450年出台之时，奴隶制就已经在罗马牢固确立起来了。男性和女性家内奴隶在贵族家庭生活中承担了许多职责，从餐饮到清洁到教育再到娱乐领域无所不包。在乡下，奴隶在贵族的庄园和国有矿场中劳动。罗马共和国最初的几个世纪中，奴隶多来自意大利战争中的战俘。但随着罗马霸权扩张到地中海地区，奴隶的数量激增。比如仅仅是公元前167年的马其顿战争，从伊庇鲁斯获得的奴隶就有15万人。在尤利乌斯·凯撒征服高卢期间，共有50万人沦为奴隶。

和近代的奴隶制相比，种族问题似乎没有给罗马人的生活造成多大影响。晚近历史上黑奴被贩卖到美洲大陆的故事在罗马时期没有先例。相比之下，某些民族因其充当的特定角色反而受到重视。罗马人因希腊盛产教师和家仆而对之赞赏有加，而高卢人和其他"野蛮人"则被认为是干农活的行家里手。那些在家内从事劳动的人或许比田地里的劳动者待遇更好，而更不幸的奴隶则被送往矿场。尽管他们可能会受到非常粗暴的对待，但罗马奴隶有一个优势，那就是和希腊人不同，罗马允许那些获得自由的奴隶尝到拥有一定（并非全部）罗马公民权的甜头。这些被释奴（*liberti*）需要对原主人保持忠诚。在罗马帝国时代，一些出色的被释奴有机会获得巨大的财富和权力。

在向外扩张和社会变革的过程中，罗马经济的基础依然是农业。对绝大多数罗马人来说，他们关心的首要问题仍然只是如何生产出足够的粮食以养活自己。甚至对贵族来说，对土地的占有依然是财富的基础。然而，罗马向地中海霸权帝国的转变不可避免地对其经济生活产生了巨大影响。这集中体现在罗马货币的诞生上。早期罗马社会没有铸币，所有剩余农产品都要拿到临时市场上进行以物易物的交换。到公元前4世纪，罗马人才铸造出具有固定重量的铜锭来充当唯一的"货币"。在和南部意大利的希腊人逐渐接触后，罗马人采用了较为复杂的货币形式。在公元前3世纪，罗马第一次铸造出了自己的铜币和银币，包括阿斯（*as*）、塞斯特尔提乌斯（*sestertius*）和第纳里乌斯

（*denarius*）。公元前2世纪以后，随着贵金属的大量涌入，尤其是罗马人从迦太基手中夺取了西班牙的银矿，罗马铸币数量成倍增加。到公元前最后一个世纪，罗马货币在整个地中海世界得到广泛流通。

对货币经济的需求反映了人们对罗马政府不断提高的期许，以及贸易日渐增长的重要性。这两者都需要比物物交换更便捷的交易方式的出现。国家需要用货币为出征士兵支付薪水，而随着帝国的形成，政府负担也日益加重。税收弥补了支付给士兵的货币，为罗马货币的流通提供了一个简单但有效的基础。在意大利及海外地区，罗马的道路系统最初是服务于军事目的而铺设的，却为人和物的运输提供了便利。公元前3世纪罗马人打败迦太基让其控制了西部海上贸易渠道，同时还打通了远至印度及中国的东方线路。这类贸易的大部分货物是农产品，尤其是从西西里和北非运到罗马城的粮食。但最有利可图的商品是进口到意大利的奢侈品，从希腊的艺术品到亚洲的丝绸和香料，不一而足。日益复杂的经济体系给罗马带来了巨额利润，但这主要造福于那些拥有财富进行消费的人。在整个罗马历史当中，人口的大部分依然不得不继续依赖农业养活自己。

父母与子女，丈夫和妻子

和几乎所有的其他人类社会一样，在罗马共和国的日常生活中，最基本的社会单位是家庭。正如一个微型的罗马社会，罗马家庭所反映出的准则塑造了共和国的历史。罗马人的名字是认同感的体现，对于元老阶层的贵族来说尤其如此。而男性和

女性所扮演的传统家庭角色则反映了罗马社会中的父权制理 34
想。现实则显得更加复杂一些，其受到诸如寿命、儿童死亡率及婚姻期待等关键因素的影响。外在环境也起到一定作用。罗马房屋将私人空间和公共空间融合在一起，为居住其中的人设立目标或期待。

在一个将祖先和尊威视作社会地位的重要标签的世界中，姓名显得极为重要。罗马共和国男性贵族的三段式名字强调的是家庭而非个人认同。对一名男性来说，像盖乌斯或马尔库斯这样的居首位的名字（*praenomen*）并不起眼。只有在对话中，和他关系最亲密的人才会用到这个名字。仅有不超过20个首名被保留下来。通常长子和父亲的首名是相同的。更为重要的是位于中间的那个名字（*nomen gentile*），它是一个人的家族或氏族名（*gens*）。从该名字上可以断定此人是出身贵族（如尤利乌斯、法比乌斯、科尔涅利乌斯）还是平民（如森普罗尼乌斯、庞培乌斯、图利乌斯），因此它对定义一个人在社会等级中的位置至关重要。而属于同一个家族中的不同家庭通过第三个名字（*cognomen*）来区分，它往往来源于一个人的绰号。比如马尔库斯·图利乌斯·西塞罗的第三个名字的含义最初是“鹰嘴豆”。而大名鼎鼎的盖乌斯·尤利乌斯·凯撒可能会为他的第三个名字感到尴尬（“凯撒”明显暗示了一头茂密的头发，而这位独裁者却是个秃顶）。

和男性相比，女人的名字则要简洁得多。女性不需要首名，同时她们也很少有第三个名字。罗马妇女的名字是其父亲所属家族名的阴性形式。所以凯撒的女儿叫作尤利娅，西塞罗的女儿叫图利娅。年长和年幼的女儿则通过额外添加表示大小的数字来加以区分，比如老大（*prima*）、老二（*secunda*）等。因此，从一个罗马人的名字就可以看出他（她）的社会地位、家族史，甚至他（她）是否为家中最年长的子女。而这些又给他们为达到家族祖先为其设定的标准增加了压力。

根据理想化的罗马家庭模型，一家之长被称为“父家长”，也就是家中还活着的最年长的男性。在一个父权制社会中，父家长拥有支配妻子、子女及子孙后代的父权。至少从理论上说，他在法律上所拥有的权力是绝对的。他可以统筹安排所有婚姻，决定生下的婴儿是抚养还是遗弃。他甚至可以下令处死成年的子女，或者不经审判将其变卖为奴。事实上，父亲杀死自己儿子的做法极其罕见，我们听到的此类事迹仅来自早在共和国时代就已恶声远扬的那些例子。能够为我们提供有关罗马人家庭生活一瞥的少数材料则显示了一个更为复杂甚至友爱的环境，这些材料中较为著名的是西塞罗的书信。他的妻子特雷提娅是一名公认的颇为强势的女性，她管理着家内一切事务，并且安排了他们的女儿图利娅的婚事。西塞罗和特雷提娅的关系紧张，并最终以离婚收场，但西塞罗却深爱着图利娅。在罗马父家长冷峻的理想化形象背后，西塞罗父女的例子依然能够让我们感受到罗马父母和子女的那一丝温情。

寿命和儿童死亡率所体现出的严峻事实同样对罗马人的家庭观产生了巨大影响。罗马共和国处在前工业化社会，人口出生率非常高，大约每年1 000个人之中有35—40个是新生儿。但这个社会死亡率也很高。罗马人出生后的平均寿命低于30岁，甚至只有25岁。然而，这个数字是被儿童超高的死亡率拉低的，差不多约有半数的儿童在10岁前死去。遗弃女婴同样提高了死亡率，尽管这一现象在古罗马究竟有多普遍还不是很清楚。一旦一个人活到了二十多岁的年龄，那么这些成人的平均寿命在55岁左右。女孩首次婚嫁的年龄往往是在青春期末段，而男性则通常选择在25到30岁这个年龄段结婚。 36

由于寿命短，再加上男性比女性晚婚，这就会产生一个重要的结果。相比年长许多的丈夫，女方更可能年纪轻轻就成为寡妇，不过男人也可能因妻子死于生产而成为鳏夫。此外，贵族间的婚姻通常出于政治目的，离婚和再婚较为普遍。罗马家庭成员间在年龄上的较大差距，以及一户家庭中的子女拥有不同父母的现象，使得罗马家庭具有较强的流动性。公元前59年，作为“三头”协议的一部分，庞培娶了“三头”中另一成员尤利乌斯·凯撒的女儿尤利娅为妻。当时的庞培年近五十，比他的新岳父还大六岁。同时他已经有了三个孩子，而尤利娅则成了他的第四任妻子。当时，尤利娅可能还是个少女，此前从未结过婚。尽管困难重重，这个婚姻最终证明了两人是真爱。同时该联姻又使庞培和凯撒联合在一起，直到尤利娅在公元前54年因难产而死为止。

共和国上层阶级的家庭生活的成功和失败均在独属于罗马人的环境中才能发生。罗马城市人口的大多数都居住在被叫作“因苏拉”（*insulae*）的多层公寓里面，这类建筑至今只有几所保留下来。而那些极其富有奢华的乡间别墅直到共和国晚期才开始出现，并于帝国时代开始流行起来。但罗马共和国精英们居住的典型房屋被称作“道慕斯”（*domus*）。接待客人的中庭及与此衔接的几个房间是宅邸主人会见门客和处理政务的地方。这里存放着家庭档案，伟大祖先们的面具在此处俯视着后代，为家

庭守护神奉献的祭品也放于此处。房屋的后部是宴会厅和卧室，女性在这些房间中拥有主导权。但罗马房屋并不存在按性
37 别划分的特定区域，同时私人空间和公共空间之间也没有严格界限。尤其是中庭，它既是特权的实体化象征，同时又体现了罗马精英们的职责所在。

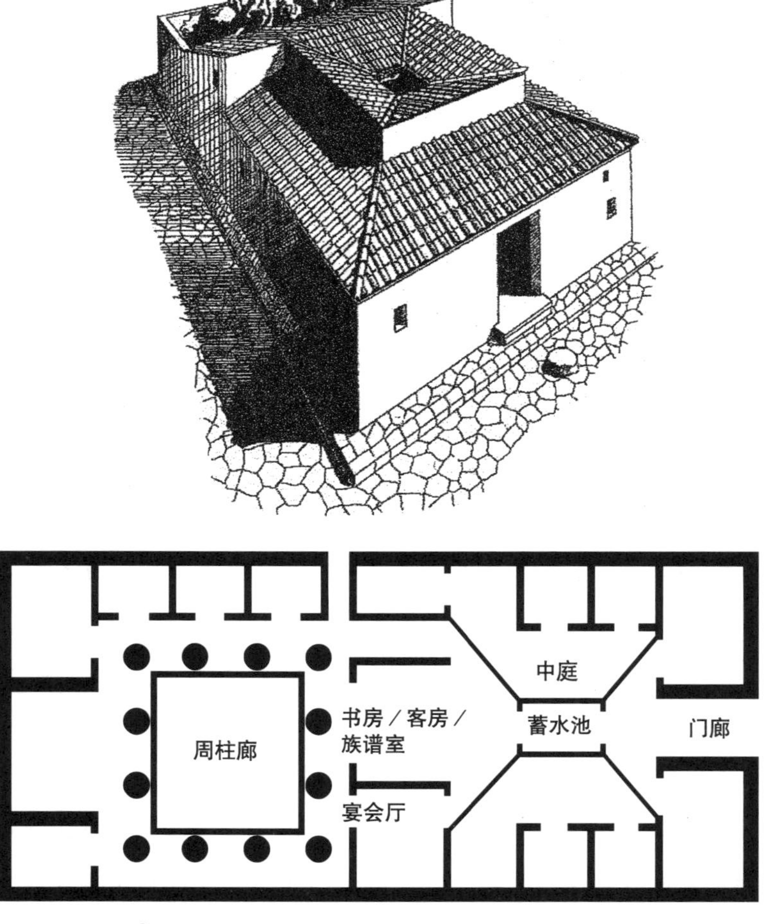

地图3　罗马房屋复原及平面图

除了女儿和妻子，我们对于占罗马人口半数的女性所扮演的其他角色知之甚少。书写历史的男性更关心政治和战争。以父权制的视角看待罗马社会，理想化的女性形象是卢克雷提娅，一边在家中纺织一边等待丈夫归来。在遭到强暴后，卢克雷提 38
娅的自杀将家庭荣誉置于个人生命之上。四个半世纪之后，尤利乌斯·凯撒，罗马共和国历史上最声名狼藉的奸夫之一，在一个可疑的宴会后休掉了他清白的妻子，因为他坚称“凯撒之妻不容怀疑”。在这些故事中，女性被牢固地设置在家内的环境中。对她们的评价，往往是根据其行为对丈夫带来的影响，而不太围绕其个人。

在共和国时代，允许罗马妇女抛头露面的机会非常少。她们不能担任公职，在公民大会中也没有投票权。女性涉足政治的情况只在某些危机时刻才会发生，比如在传说时代，劫掠萨宾妇女就是一例。宗教几乎是妇女在公共空间发挥主导作用的唯一场所。罗马最负盛名的女祭司被称为维斯塔贞女，其诞生甚至早于罗马城建立的年代，因为据说罗慕路斯的母亲瑞娅·西尔维娅就是一名维斯塔贞女。这些女祭司敬奉灶神维斯塔，她们的主要职责是看守维斯塔祭坛中永恒不熄的圣火。这些祭司从出身罗马的贵族家庭，年龄在6—10岁的女孩里选出，需要服侍至少30年的时间。有些人选择终生服侍，但退了休的女祭司可以结婚，并广受尊敬。在服侍期间，其必须严格遵守所立誓言。如果圣火熄灭，维斯塔贞女要接受鞭罚。若是在任期间失掉贞操，则会遭到活埋的酷刑。当城邦出现危机的时候，人们往往怀疑是维斯塔贞女的堕落引起了神祇的愤怒。在坎尼会战惨败给汉尼拔后，两名维斯塔贞女就被下令坑杀（其中一人在遭此惩处前自杀）。

但罗马妇女不只是被简化了的少数贞女祭司和英雄原型的形象。女性在家中操持家务和其他经济事务，包括做饭、制衣以及哺育孩子等。精英群体以外的妇女还可以帮着丈夫开店、管理庄园，尤其是当男人们离家外出，在遥远的他乡经年
39 累月参加战争的时候。元老们的妻子可能接受过较高的教育。她们同样需要维护贵族的尊威，而且要效法先人，让子孙具备一个标准的罗马人所应有的举止规范。据说汉尼拔的征服者，西庇阿·阿非利加努斯的女儿科尔涅利娅经常鞭策她的两个儿子提比略·格拉古和盖乌斯·格拉古，强调罗马人还未称其为格拉古兄弟之母，以此催促二人投身到政治运动中去。在格拉古兄弟死后，前来造访科尔涅利娅的贵宾络绎不绝。这些人中既有罗马贵族，又有在职的外国国王。普鲁塔克记载道：“最令他们钦佩的是，当她谈起两个儿子事迹的时候，她脸上既无悲伤之情也无泪水流出。她仅仅是向前来探听的人追忆格拉古兄弟的功绩和命运，似乎在叙述着那些发生在上古罗马的故事一般。”

创作于公元前1世纪晚期，被称为“图利娅颂词”的一篇匿名墓志铭，记录了共和国时期所有那些被遗忘了的罗马女性。在这个仅有残篇留存于世的铭文中，某个丈夫颂扬了他那在结婚四十余载后过世的妻子（可能名叫图利娅）。在公元前1世纪内战期间，当丈夫遭到流放，她依然不离不弃，并代表丈夫从凯撒·奥古斯都那里获得“仁慈”的美名。她因具有忠贞、顺从、勤劳和谦逊等美德而受到赞誉。她极其恪守一名罗马妇女应有的本分，以至于当她无法在婚姻生活中为丈夫生育子女之时，她

主动提出离婚的请求，以便丈夫可以寻找一位能够帮他传宗接代的伴侣。对此，这位丈夫做出如下回应：

> 想想在命中注定之事发生前，我们就应考虑到总有分
> 开的那一天，想想你可能怀有这样的念头，即当我还活着的
> 时候你便离我而去。然而当我遭受流放甚至在死去以后，
> 你依然对我充满忠诚！拥有孩子的需求和渴望是有多么强
> 烈，才让我因此破坏这份忠诚，为未来的不定改变已然确定
> 的事实？但再也不会这样了！作为妻子你与我长相厮守，
> 因为假如没有为我本人带来的耻辱和发生在二人之间的不
> 幸，我本不该向你屈服……你配得上所有，但我并没有给你
> 我应给的一切。我将你的遗愿视作法律，无论将来发生什
> 么，我都会尽我所能来完成。我祈祷你的在天之灵能够得 40
> 到安息和守护。

诸神之和平

团结罗马社会的最后一个关键要素是宗教。在古罗马人既无法理解又无法操控的诸多力量所塑造的不定世界中，对神的信念提供了一个抚慰心灵和保障的方式。回首过去，历史学家李维认为，与其说罗马的崛起得益于共和国独特的宪政制度和军事力量，不如说更多是来自神灵的庇佑，而后者正是靠罗马先辈们的虔诚和高贵品德获得的。然而，不管共和时期罗马人的信仰在当代人眼中看上去多么怪异，宗教都是罗马人生活各个方面最为核心的一部分。罗马人在家中会举行一些小型敬神仪

式，因为这些神看护着整个家庭。此外还有大型的祭祀和游行，以此来向守护国家的最高神明表达敬意。通过观察鸟类的飞行以及分析献祭动物的内脏来寻求神谕。如果没有得到神灵的许可，是不可以进行选举和对外宣战的。

关于宗教生活，就像其他领域一样，罗马人也从许多地方获取灵感。罗马最高的神灵是由朱庇特（宙斯）统治的奥林匹亚众神。当罗马共和国成立的时候，对宙斯的祭拜就已经在罗马牢固地建立起来。与奥林匹亚诸神并排站立的是意大利本土神祇，从奎里努斯到雅努斯。前者和被神化的罗慕路斯有关，后者是一个双面门神，其神庙位于罗马广场附近，只有当和平完全到来之时，雅努斯门才会关闭（据说在皇帝奥古斯都统治之前，这个仪式在罗马历史上只举行过两次）。罗马“自身”也享有一个人格化的形象，即“罗马神”。在更个人的层面，罗马人家中还有两座神龛，分别供奉的是拉雷斯和皮那特斯，二者是家庭的守护之神。

这个多元化的万神系统对新来者一直敞开大门。能够将外
41 国神明吸收进来是罗马更强大的一个标志，同时它也在罗马人及其他被战胜的敌人之间建立了纽带。从伊特鲁里亚人那里，罗马人引入了脏卜师，即通过观察献祭动物的内脏来占卜的人。斯普利那，也就是曾警告尤利乌斯·凯撒要“留意三月十五日”这一天的那名预言者就是一个脏卜师。罗马最有名的神谕是西比拉预言书。它是由罗马最后一名国王塔克文·苏佩布从库迈的女预言家西比尔那里获得的。西比尔提供给塔克文共九卷的预言集，但塔克文拒绝支付她金钱。于是西比尔焚毁了三卷，把剩下的六卷以同样的价钱卖给了他。当再次遭到拒绝后，她又

烧掉三卷，直到塔克文花钱买下了仅存的三卷。它们被放在了卡匹托尔山上的朱庇特神庙内，只有当国家面临重大危机的关头才能取出查阅。正是在西比拉预言书的命令下，罗马人在和汉尼拔战争期间将对大母神库柏勒的崇拜从小亚细亚引入罗马。作为战胜意大利的外来侵入者的保护神，她的形象（一个陨石）被安放在帕拉丁山上一座新落成的神庙中得到崇拜，尽管罗马公民被禁止参与祭拜库柏勒的狂欢仪式。

因此，罗马宗教具有高度的包容性。罗马人并不会把自己的神灵强加到那些被征服者头上，但他们将被战胜之敌的习俗引入到自己的祭拜中去。但我们也应该避免在同某些一神化的宗教如基督教和伊斯兰教比较时，将罗马宗教形容得更具宽容性。宽容意味着一个定义明确的事实，即其他对象被允许继续存在下去。罗马多神教既不宽容，也非狭隘。它只是从他者中吸收某些宗教化的行为，同时不会出于某种特定的宗教目的对对方进行镇压。的确，在公元前186年，祭拜狄俄尼索斯的酒神节由于元老院出台的命令而遭到暂时性镇压。但它本质上是一个公共法令，被用来管控那些狄俄尼索斯的追随者因喝酒狂欢而造成的骚乱。此后，酒神崇拜以更为人们所接受的方式继续存在。唯一的例外是，犹太人因其特殊的宗教认同给罗 42
马带来威胁，但犹太教团体直到共和国最后一个世纪才在罗马站稳脚跟。只有到了帝国时代，罗马人和犹太人之间，以及这两个群体同新产生的基督徒之间，较大规模的暴力冲突才爆发出来。

罗马五花八门的宗教崇拜各有其传统的形式及仪式。不要指望它们之间有一致性，也没有一个由所有罗马人共同维护的神

图5　狄俄尼索斯崇拜，秘仪别墅（庞贝）

圣典籍或教义存在。将这些不同元素凝聚在一起的力量是在一个充满危险的世界之中，人类寻求指引和安全的普世性需求。而这一需要通过罗马宗教中的一条根本准则表达出来，那就是“诸神之和平”。众神是强大的，同时也是令人畏惧的。通过正确的
43 仪式和祷告，罗马人试图将神的青睐留在身边，同时平息神的愤怒。在得病和生育期间，人们会寻求神的庇护，而处在险境下的个体也会向神灵寻求安全和昌盛。家内祭祀中奉献的祭品是为了一个家庭的福祉，在公共节日上这么做同样出于国家利益。对于像李维这样的罗马人而言，共和国最后一个世纪的灾难只能归咎于道德以及让罗马变得强大的“虔诚”（*pietas*）的缺失。

相信“诸神之和平”以及人神之间关系的至关重要性是理解罗马宗教所具备的几点独特之处的基础。和更看重个体虔诚和祷告的基督教相比，罗马宗教具有更强的公共性。从私人家庭典礼到城邦节日，公众参与到这类共同仪式中去，为集体福祉向神发出呼唤，这要比信仰的个体表达更为重要。出于同样的原因，能够完美地呈现所有仪式而避免错误和中断也被置于一个非常重要的位置。即使是微小的失误，比如在祷告中结巴，或献祭动物的异常举动，都会让整个仪式重新进行。这种对程式和演示的痴迷反映了罗马人更看重正确的行为（orthopraxy）而非正确的信仰（orthodoxy）。在当代人看来这似乎有点缺乏人情，但我们也不能因此就认为罗马人对宗教的态度都是真诚的。罗马传统中有大量故事讲的是那些怠慢神灵的人的遭遇。普布利乌斯·克洛狄乌斯·普尔喀是德雷帕拿的罗马舰队司令，时值公元前249年第一次布匿战争和迦太基人作战期间，在进入战场前，这位司令官忽视了神的不祥预言。当他得知圣鸡拒绝吃食时，他一把将这些小鸡扔进了海里，嚷嚷着说“那就让它们喝水吧”。这次战役的惨败也终结了普尔喀的政治生涯。对那些遭受神灵惩罚的人来说，这种命运是适得其所的。

仪式的举办是为了公众福祉，因此那些主持宗教典礼的人
都是其所在社区的领导者，他们主导着社会及政治事件。家内 44
的宗教仪式是由父家长主持。国家祭祀则由政府官员主持，这些人也往往担任祭祀类的职务。不像许多其他古代文化，罗马没有专门的宗教职位，仅有少量祭司和女祭司（维斯塔贞女）是全职的。绝大多数罗马祭司都是来自元老精英中的男性公民，对他们而言，宗教职责和政治生涯是不可分割的。罗马有许多

不同的神职团体，从负责占卜神谕的卜鸟官到应元老院要求查阅西比拉预言书的十人圣仪团。地位最高的祭司是大祭司长。他是大祭司团的头领，其首要职责是监察宗教法律，确保“诸神之和平”。从公元前63年直至公元前44年死去，尤利乌斯·凯撒一直担任大祭司长职务。共和国灭亡后，这个头衔被皇帝继承，在诸神和人类面前，代表了整个国家。

在罗马，宗教和政治的紧密结合让那些认为“国家”和“教会”之间应有清晰界限的现代观察者们深感忧虑。罗马贵族当然也出于政治目的而操纵宗教。公元前59年，执政官马尔库斯·卡普尔尼乌斯·比布鲁斯为反对他的政敌兼同僚尤利乌斯·凯撒，声称他一直在“观察神谕”。从技术层面而言，这一宗教理由可以让凯撒的所有举动无效化。但像这样明目张胆地操控宗教只能适可而止，因为此类问题关系重大。像西塞罗这样的知识分子对当时的信仰可能持有怀疑论的观点，但他依然对众神和“诸神之和平”抱有敬意。在现代人眼中，罗马人对宗教持有的态度可能是非个人化的或是政治化的。但这更多是来自我们而非罗马人的期待。数不胜数的神灵、庙宇、仪式和节日组成了罗马宗教的多元世界，数个世纪来满足着人们极为真实
45 的需求，并在共和国消失许久之后依然发挥着作用。

第四章

迦太基必须毁灭

到公元前275年，定义了罗马共和国的政治和社会结构已牢固地建立起来。元老院的集体领导制既提供了稳定的环境，又疏导了贵族的野心。公民大会和选举给了罗马公民一个发声的渠道，而农业经济又为罗马军队提供了人力支持。罗马的同盟网络从周边的拉丁民族一直延展到大希腊地区的城市。这让罗马的资源储备更为雄厚，进而实现了对意大利中部和南部的控制。

但罗马仍然只是一方霸主。其影响力仅存在于意大利半岛内，而对于更广阔的地中海事务，罗马起到的作用十分有限。然而，到公元前3世纪，这一情况开始发生转变。罗马人的视线拓展到意大利以外，这让罗马和北非城邦迦太基之间爆发了直接冲突，而后者是罗马共和国建立以来所面对的最危险的敌人。从公元前264年到前146年间，两大强国之间的霸权争夺战差点让罗马倒在了迦太基脚下。这场战争也让罗马拥有了一段最为跌宕起伏的故事，并造就了一批英雄。通过三次“布匿”战争，罗马最终击败了迦太基，从此成为地中海上真正的霸主。 46

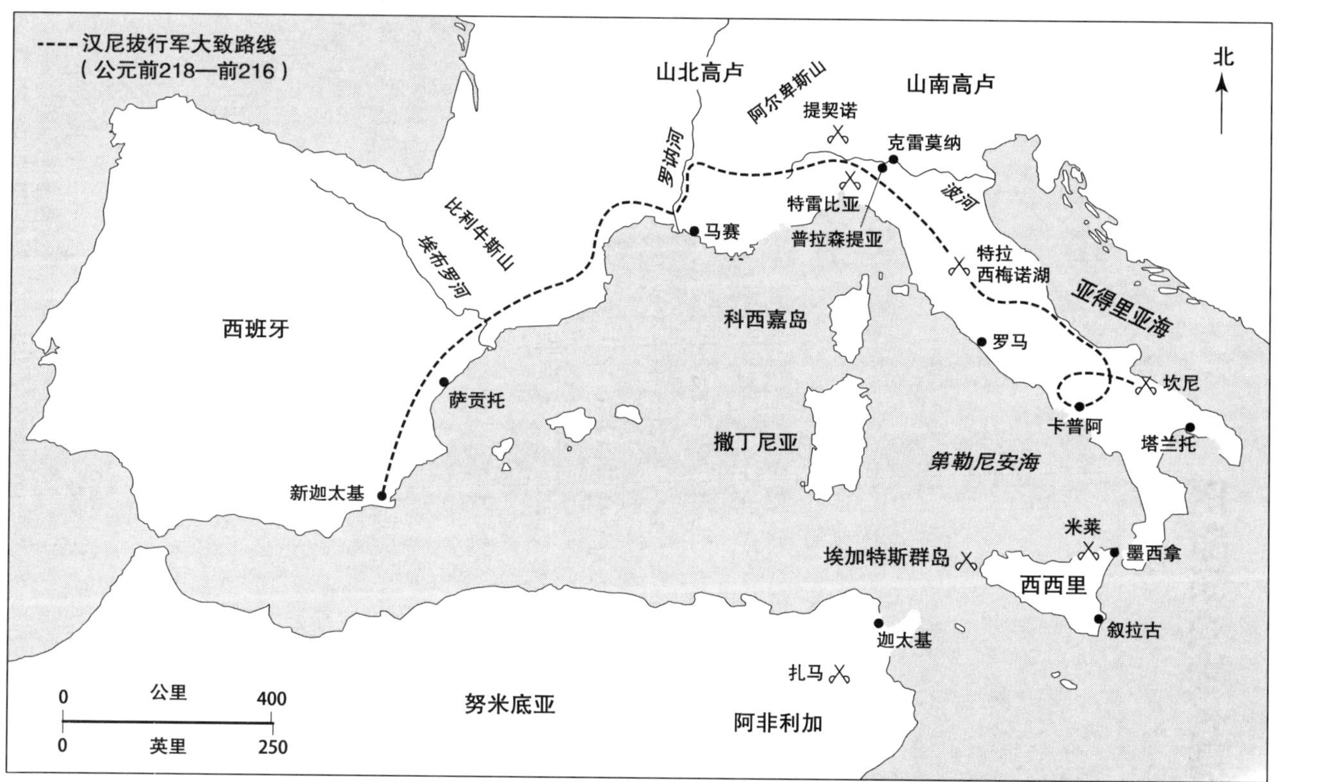

地图4　迦太基帝国和布匿战争

历史是由胜利者书写的。古迦太基几乎没有什么遗迹保留下来，也没有布匿文字记录他们和罗马之间旷日持久的战争。我们对迦太基和布匿战争的了解主要来自李维所写的罗马史，以及出生于迈加洛波利斯的亲罗马的希腊史学家波利比阿的记载。因此，实际上关于迦太基人，我们知之甚少。同时，我们对迦太基人动机和行为的观察是透过罗马敌人带有偏见的镜片进行的。尽管如此，对定义了迦太基并使其成为罗马崛起途中一个可怕对手的那些基本特征，依然存在重构的可能性。

迦太基建于公元前800年左右，由来自东方城市提尔（今黎巴嫩）的殖民者所造。建城者是腓尼基人（拉丁名为*punici*），这是一个靠海上贸易生存的民族。迦太基就坐落在今天的突尼斯城岬角处一个极佳的天然港口之上。所处的理想地理位置让它控制着西部地中海的贸易，迦太基因而发展成一个商业帝国，其触角穿越北非，延及西班牙、撒丁尼亚和西西里地区。在古代，迦太基的富饶无人不知。波利比阿称其为“世界上最富裕的城市”。和罗马这个农业国相比，迦太基有大量从事贸易和手工业的人口。这一特征能够从迦太基的政治和军事结构中体现出来。迦太基是寡头政体，由最富裕的几个家庭进行统治。它的军队基本上是由迦太基军官指挥下的雇佣兵组成，其中包括来自努米底亚的精装骑兵，以及虽然并非全然可靠，但令人胆寒的可作武器的北非象群（这些大象今天已经灭绝）。迦太基更为重要的是它的海军力量。它拥有200艘左右五列桨座战舰，桨帆船长约45米，舰首配有镶铜撞角。每艘军舰配备300名桨手并能运载120名海军战士参与作战。在第一次布匿战争爆发前的数年，西地中海一直处于实力强大且训练有素的迦太基海军的支配之下。

第一次布匿战争

罗马共和国在崛起途中和迦太基发生了冲突。两个国家早
48 期的交往是相对友好的。在皮洛士战争期间，罗马和迦太基之间订立了条约，彼此合作，共同抵抗皮洛士的侵略。但在皮洛士战败后，罗马获得了南意大利的控制权，这让后者开始干涉西西里事务。然而，当时的西西里正处在迦太基的势力范围内。迦太基同位于西西里的希腊城邦之间的战争持续了数百年，而这些城邦中最强大的是叙拉古。公元前288年，一支自称马默尔提尼斯人（马尔斯神的儿子）的意大利雇佣兵侵占了西西里人的城市墨西拿。马默尔提尼斯人不加区分地蹂躏了迦太基人和叙拉古人的领地，这激起了周边所有邻国的敌意。公元前265年，墨西拿城内的敌对派分别向罗马和迦太基求援。迦太基人首先做出回应，派出一支舰队赶往，但罗马军队旋即在西西里登陆。一名迦太基将领投降献出了墨西拿（因此举动，后来他被钉死在十字架上）。叙拉古和罗马结成同盟共同对抗迦太基。公元前264年，第一次布匿战争爆发。

迦太基人和西西里之间的交往由来已久，因此他们对来自墨西拿的请求做出回应是易于理解的。但罗马人为何响应了马默尔提尼斯人的求援？其中的一个动机是恐惧。因为罗马人担心迦太基借此机会占领西西里，进而给操控在罗马手中的意大利带来威胁。同时，罗马人对保持意大利同盟者的忠诚也十分在意。通过援助马默尔提尼斯人，罗马向其盟友表明，当后者处于危难之际，罗马人会施以援手，以此表明它的“信任”（*fides*）。罗马史料往往乐于强调恐惧和信任是战争动机，因为罗马人声

称他们发动战争只是出于保护自身或朋友的需要。这些动机的确存在，但罗马人不会将整个事实和盘托出。罗马社会是围绕战争和征服带来的经济效益而运转的。与此同时，罗马贵族之间为了获得军事荣耀而彼此竞争。军队的统帅是执政官，而所有的重大决定都必须要经过元老院的辩论后才能做出。因此，元老贵族集团是战争的努力推动者。 49

在同墨西拿的冲突发生后不久，西西里的陆上战争很快变得相持不下。迦太基主要依赖沿海城市的防御，而罗马在攻城战争中的经验明显不足。迦太基军舰不断为沿海城镇提供补给，甚至能够通过海路运输战象。这一僵局再加上迦太基海军不断骚扰意大利沿海，促使罗马第一次组建了一支拥有战斗力的海军。此前罗马已经拥有少量船舰，但军舰体积较小，装备陈旧，完全无法和迦太基人所拥有的最顶尖的战舰相媲美。得益于一支迦太基五列桨座战舰搁浅，罗马人硬是在60天内仿造出了120艘自己的五列桨座军舰。船上水手均是从意大利南部城市的希腊同盟者中招募而来。

罗马史料在描述这段历史的时候，言辞可能稍有夸大，但他们白手起家建造出自己的舰队绝对是共和国历史上最杰出的成就之一，也是对罗马人组织天分的致敬。和迦太基海军相比，为了弥补技术和经验的不足，罗马人在他们的船上配备了“鸦喙”（*corvus*）。这种倾斜的木板尾端镶嵌的铁钉可以将两艘船钉在一起，这样被固定的甲板就变成陆地战争的战场。配备这一武器的罗马新型战舰在公元前260年的米莱战役中大获全胜。共有50艘迦太基军舰被俘获，后来这些船只的船喙被用来装饰罗马广场上的柱子，以纪念战役的指挥官盖乌斯·杜伊利乌斯。

横空出世的罗马海军改变了战争的走向。公元前265—前255年，当罗马人察觉机会来临之时，他们将一支部队用军舰送往阿非利加，试图给迦太基本土造成威胁。然而，这支军队被斯巴达人科桑西普斯所指挥的雇佣兵打败。随后罗马的救援舰队又遇到了一场猛烈的风暴。这次海难共摧毁了280艘船只，其中超过10万名桨手和士兵葬身海底。第二支舰队在公元前253年再次遭遇风暴，其部分原因是在恶劣的天气下，“鸦喙”让罗马船队更易于受损。后来，由于罗马指挥官普布利乌斯·克洛狄乌
50 斯·普尔喀把圣鸡扔下甲板而引起了神的愤怒，让迦太基人在公元前249年获得了德雷帕拿海战的胜利。就像在陆地上进行的战争一样，海战也变成了消耗战，任何一方都很难占到便宜。

到公元前240年，战争进入第三个十年，双方都已精疲力竭。可能有占意大利人力资源20%的人口死于海上风暴和战争，但罗马人依然拒绝议和，反而越走越远。他们征收新税，贵族强制自己购买国债。每三个元老需提供一艘战舰。因此，更多的军舰被建造出来。罗马人终于在公元前241年于西西里西部海域的埃加特斯群岛附近获得海战的最终胜利。迦太基被迫求和。

根据条约，战败的迦太基人放弃了西西里。此外，尽管没有失掉其他领土，他们还要赔偿3 200个塔伦特银币（重量约100吨）。巨额赔款让迦太基举国难支，条约甫一签订就立即引起了一场大规模的雇佣兵造反，一直持续到公元前237年。罗马人又趁迦太基虚弱之际侵占了撒丁尼亚，并威胁要和迦太基重开战火，除非后者追加支付价值1 200塔伦特的贡物。迦太基人除了接受这一苛刻的条款外别无选择。但是罗马人的蛮横只能激起迦太基人更大的愤懑。就像2 000多年后的《凡尔赛和约》一

样，第一次布匿战争的结束为日后的冲突埋下了种子。

第一次布匿战争不仅展示了罗马在军事和经济重压之下所具有的韧性，也证明了在巨大压力之下罗马同盟者的忠诚。在战争结束时，西西里成了第一个向罗马缴纳赋税的行省。和意大利同盟者不同，罗马人派一名法务官做西西里的总督，除了有当地驻扎的小规模军队作后盾外，他还在一名财务官的协助下监督赋税征收。除此以外没有增设其他的官僚机构。罗马人喜欢保留现有的社会和政治架构，并借地方精英之手实施统治。西西里这种简单灵活的体制为罗马所有行省行政制度提供了范例，很快就被引入到撒丁尼亚。 51

汉尼拔和西庇阿

在丢掉西西里和撒丁尼亚之后，迦太基转向了它位于西班牙的最后一份海外殖民地。迦太基人从那里开始向外扩张领土，通过开采丰富的西班牙银矿来支付罗马人的贡赋。西班牙的总指挥官是哈米尔卡·巴卡（“雷暴者”），他决定恢复迦太基的荣光，一雪前耻。据说哈米尔卡为此让年仅9岁的儿子发誓成为罗马人的一生之敌。他的儿子名叫汉尼拔——就个人而言，这是罗马共和国面临的最强对手，或许也是古代西方世界最为杰出的军事统帅。汉尼拔的形象在李维的笔下已成为不朽：

> 在其麾下，将士们的勇猛和自信淋漓尽致地展现出来。他在危险面前毫无畏惧，一旦机会到来，就能展露极高的战术能力。无论在体力还是精神上，他从未感到过一丝疲倦。他可以忍受极炎热或极寒冷的气候，并甘之如饴。吃喝并

> 非为满足口腹之欲，而是为了保持身体的强健……无论是在马背还是陆地上，作为战士，无人能出其右。冲锋陷阵时，他总是第一个奔向敌人，也是最后一个离开战场。他拥有如此众多和杰出的美德，但他的缺陷同样显著。他拥有非人般的残暴，比普通的布匿人更为狡诈，全然弃事实、荣誉、宗教、神圣誓言及所有其他人珍视的神圣之物于不顾。

正是汉尼拔把迦太基军队带向了第二次布匿战争。李维把战争爆发的主要原因归结于汉尼拔本人以及他从哈米尔卡那里继承的“巴卡血仇”式的反罗马情结。然而，现实因素更为复杂。迦太基在西班牙地区的扩张给罗马敲响了警钟。约公元前226年，罗马和迦太基签订了一项条约，规定以西班牙北部的埃布罗河为边界，各自划分势力范围。然而，罗马同西班牙城市萨贡托订立了友好协议，而后者却位于埃布罗河以南100公里处的迦太基辖区内。公元前219年，汉尼拔出兵攻打该城，给罗马提供了一个绝佳的战争理由。在迦太基拒绝了罗马交出汉尼拔进行惩罚的请求后，第二次布匿战争于公元前218年爆发。汉尼拔的行为毫无疑问是挑衅性的，虽然罗马声称是为了保护同盟国，其实它迫不及待地想要参战。所以，“历史上最刻骨铭心的战争”（李维语）就这样爆发了。

罗马一度打算在西班牙和北非的迦太基领土作战。但等到罗马军队就绪之时，汉尼拔已经向阿尔卑斯山进发了。他决定直接侵入意大利来打击罗马人力和资源上具备的优势。所以汉尼拔放弃了交通上的便利，冒险吃力地翻越崇山峻岭。半数以上的士兵和众多大象倒在了阿尔卑斯山一个个关口，但最终，汉尼拔率领着2万余名拥有丰富战斗经验的西班牙和北非步兵，及6 000名精英骑兵（其中大部分是努米底亚人）进入了意大利。阿尔卑斯山南麓的意大利地区被称作山南高卢，它在第一次布匿战争数年后才被罗马人征服。这时，高卢土著居民造反，加入了汉尼拔的南征军。

公元前218年11月，汉尼拔的努米底亚骑兵在提契诺河边发生的小规模战斗中首获胜利。战斗结束时，罗马执政官森普罗尼乌斯·隆古斯率领的主力作战军团还未赶到。公元前218年12月的一个异常寒冷的早晨，自以为胜券在握的罗马人跨过特雷比亚河向迦太基军队发起进攻，随后战败。此役让罗马损失兵力多达2万余人。汉尼拔当即释放战斗中的所有意大利俘虏，并提出不要赎金。他宣称此举是为了“解放”罗马的同盟者。在这一阶段，汉尼拔的舆论攻势未见明显效果。在过了一个冬天之后，转眼到了公元前217年，另一支罗马军队在新当选执政官之一，盖乌斯·弗拉米尼乌斯的率领下再次碰上汉尼拔的部队。穿过伊特鲁里亚一路追赶汉尼拔的罗马军队在绕特拉西梅诺湖畔行军途中，直接陷入了敌人设好的包围圈中。这是一个雾气弥漫的清晨，汉尼拔的努米底亚骑兵切断了罗马的侧翼，致使15 000名罗马士兵在战斗中被杀或投湖而亡，其中就包
括统帅弗拉米尼乌斯。 53

处于危急关头的罗马人任命了一名独裁官，即昆图斯·法比乌斯·马克西穆斯。其绰号为“拖延者”（*Cunctator*），因为法比乌斯采取了一个新战术，那就是避免和迦太基军队正面作战，以消磨汉尼拔的战斗力。这种非典型的罗马军事策略极其不受欢迎。与此同时，法比乌斯也未能阻止汉尼拔溜进意大利南部

地区。公元前216年，新任执政官卢修斯·埃米利乌斯·保卢斯和盖乌斯·特伦提乌斯·瓦罗率领部队在一个叫作坎尼镇的平坦的平原地带遭遇汉尼拔。虽然罗马兵力几乎是迦太基人的两倍，汉尼拔依然成功地实现了对罗马军队的包围。随后，被困其中的罗马人惨遭屠戮。此役可能造成5万名罗马士兵被杀，这是一个多世纪以来罗马遭受的最为惨烈的一次失利。而此时的汉尼拔距罗马城仅6英里之遥。

坎尼会战是汉尼拔最具标志性的一次胜利，一举奠定了他军事天才的声名（时至今日，汉尼拔当年采取的战术仍在军官培训课程中被当作案例讲授）。他的宣传也第一次起到作用，获取了一部分罗马盟友的投奔，尤其是获得了意大利南部的希腊殖民地和位于西西里的叙拉古的支持。但汉尼拔未能对罗马城发起进攻，这可能是因为他有所顾虑，或是因为他缺乏足够的资源这么做。即便在坎尼惨败之后，罗马的意大利同盟者中的大多数依然对盟主保持忠诚。汉尼拔也让官员年度竞选这一共和国制度的弊端暴露无遗。现在罗马又再次转向"拖延者"法比乌斯·马克西穆斯，他和更加激进的马尔库斯·克洛狄乌斯·马尔凯鲁斯一起当选了执政官。这两个人被冠以"罗马的盾与剑"的美名，担负起罗马复兴的巨大使命。在一连串光辉的胜利中，汉尼拔在短短的三年时间里，让多达7万名罗马将士血溅沙场。到公元前212年，在意大利、西班牙和西西里战场，罗马人共投入了20万兵力。差不多有5万兵力被用来监视和跟踪数量较少的汉尼拔军队。这些罗马士兵再也没有投入到正面战场中去，而是牵制汉尼拔行动，并打击那些加入汉尼拔阵营的力量。此时罗马人身负着巨大压力，然而，就像在第一次布匿战争中一样，

步兵
罗马军队
罗马同盟军
西班牙人和
凯尔特人
西班牙人和
凯尔特人
努米底亚人
阿非利加人
阿非利加人

罗马重装步兵
迦太基重装步兵
罗马散兵
迦太基散兵
罗马骑兵
迦太基骑兵
迦太基轻装骑兵

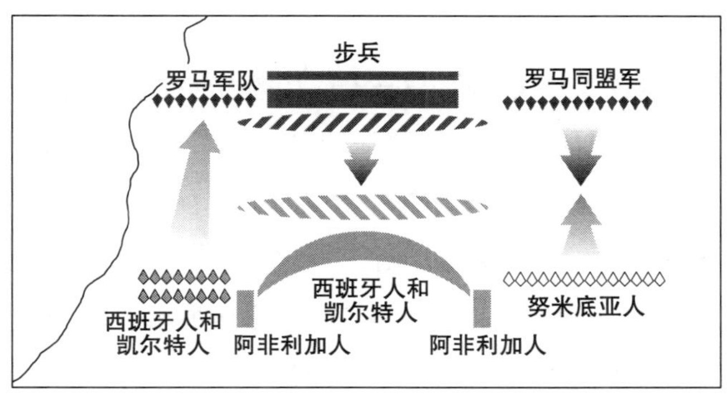

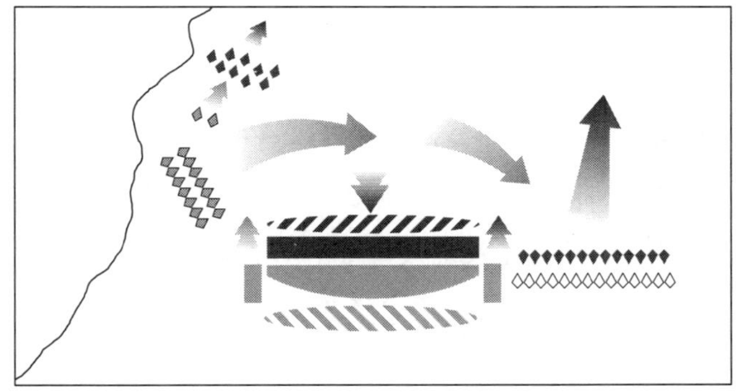

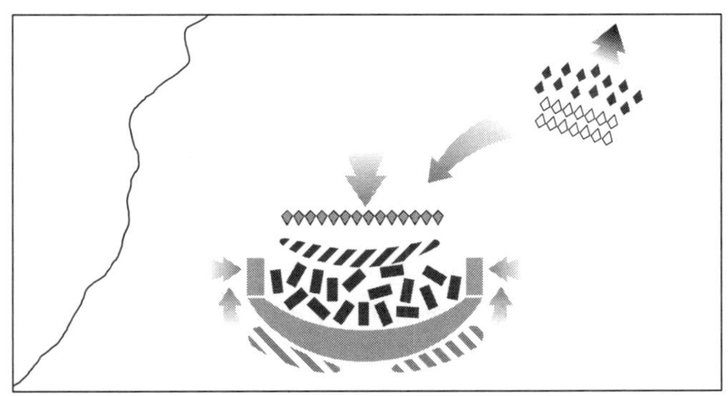

地图5　坎尼会战平面图

54 他们拒绝倒下。

在牵制住汉尼拔之后，罗马人的注意力转向了他处。马尔凯鲁斯于公元前211年攻陷了反叛城市叙拉古。阿基米德的一系列精巧发明让罗马人的攻城战打得异常辛苦。在这些武器中，据说有一个爪钩可将罗马船只从水面上吊起来。还有一种叫“蝎子”的武器，它能投射小型铁制飞镖。叙拉古城被攻陷后，阿基米德被一个无名小卒所杀。叙拉古大捷确保了罗马对西西里的控制权。马尔凯鲁斯死于公元前208年汉尼拔在意大利设的另一场伏击战。不久之后，迦太基人设法（也是唯一的一次）为汉尼拔的军队增加支援。然而，在公元前207年，在梅陶罗河附近的一场战斗中，迦太基后援军被罗马人击败。敌军统帅，汉尼拔之弟哈斯德鲁巴的头颅被扔进了汉尼拔营帐中。至此阶段，意大利战场差不多退居次席。决定性的事件正在西班牙拉开帷幕。

在汉尼拔翻越阿尔卑斯山进入意大利后，罗马将领普布利乌斯和格涅乌斯·科尔涅利乌斯·西庇阿就对迦太基人在西班牙领土发起了一系列攻击。到公元前211年，两兄弟均已战死疆场。新任统帅是普布利乌斯年仅24岁的儿子，与父重名的普布利乌斯·科尔涅利乌斯·西庇阿。这种接替在罗马历史上还是第一次。年轻的西庇阿此前从未掌过权，甚至还没有获得竞选公职的资格。但他很受欢迎，勇气十足，又是一名优秀的战士。一上任他就立即着手在西班牙重组军队。他将西班牙短剑（*gladius*）和重型长矛（*pilum*）引入军队阵容。同时，一个军团由数个中队组成，每个中队含120人，军团分为三条战线，共4 200人。这样的阵容更具灵活性，因为它能高度适应西班牙坎坷不平的地形。历史证明它甚至在和更加强硬的希腊步兵方阵对抗时同样效果显著。公元前209年，西庇阿率领着这支全新的部队，用5天的时间急行250英里，对迦太基人设在新迦太基（今卡塔赫纳）的指挥部发起了闪击战。意识到该城朝海的一面防守虚弱，西庇阿趁退潮时分，穿过一个环礁湖，攻取了新迦太基。新迦太基城的陷落让罗马控制了附近丰富的银矿资源。到公元前205年，迦太基人被迫从西班牙撤离。 56

公元前205年，西庇阿回到罗马城，受到英雄一样的欢迎。他趁热打铁，顺利当选执政官，并战胜了以法比乌斯·马克西穆斯为代表的那些年长的保守派元老，成为既定的北非远征军军团统帅。罗马军队在北非登陆迫使汉尼拔不得不返回迦太基加强防御。到此时，汉尼拔已经有30年没有见到故国了。西庇阿用外交手段获得了努米底亚人的支持。在公元前202年进行的扎马会战中，汉尼拔失去了军队中惯常的优势——骑兵。训练有素的罗马步兵敞开式布阵让汉尼拔军队的战象冲进来却未造成损伤。一场酣战过后，西庇阿成了最后的胜利者，汉尼拔只能求和。在两国签订的协议中，迦太基需要支付罗马1万塔伦特赔款，并在50年内分期付清。同时，迦太基人失去了北非以外的所有土地。迦太基城幸存下来，但它曾经的霸权从此不复存在。西庇阿举行了罗马有史以来最为盛大的凯旋式。为了纪念这场胜利，他获得了“阿非利加努斯”的名号。

第二次布匿战争再次验证了罗马的坚韧不拔以及罗马意大利同盟者令人击节的忠诚。汉尼拔或许拥有无可匹敌的天赋，他取得的成就也同样永垂不朽。但正如第一次迦太基战争那样，罗马人消化掉吞下去的苦果，收获的却是胜利。然而，这种胜利是付出了代价的。两次战争导致的大规模人力损耗不可避免地对罗马农业社会造成了显著影响。随着时间的推移，人口可以恢复，但社会混乱和军事扩张带来的财富所产生的合力，对罗马下一个世纪所面临的内部危机起到至关重要的作用。

对罗马而言，同样不可小觑的是强势人物的崛起。有史以来第一次，这些人手中握有的权力和荣誉对元老院的集体统治形成威胁。当西庇阿于公元前205年当选执政官，发动扎马远
57 征之前，他仅30岁出头。在获得执政官位以前，一般需要拥有担任低级别官职的经历，而西庇阿此前从未担任过任何此类官职。他还获得了统兵权，这使他位居更年长的同代人如法比乌斯·马克西穆斯之上。西庇阿史无前例的政治履历，伴随着他取得的巨大军事胜利和获得“阿非利加努斯”（阿非利加征服者）的称号，让元老院精英中的每一个人都更难与其竞争。从后世的角度去评价，我们可以将西庇阿·阿非利加努斯视作罗马共和国历史上的第一个“军阀”，这些军阀身上具备的超凡魅力、财富和荣耀将其置于元老院的对立面。虽说元老院的集体权力依然强大，但罗马精英的竞争精神不可避免地让其中某些人试图阻挠西庇阿的成功。在罗马共和国历史最后二百年中出现了一系列军阀，并在尤利乌斯·凯撒和皇帝奥古斯都身上达到顶峰。

迦太基必须毁灭

在公元前2世纪，罗马和迦太基之间发生了最后一次冲突，尽管“第三次布匿战争”（这一名称并不恰当）更像是双方漫长斗争中的一次可悲的尾声。公元前202年后，在汉尼拔率领之下，迦太基人的活力得到一定程度的复苏，直到公元前195年他

被迫流亡海外，以免被移交到罗马人手中。根据投降协议，迦太基不许主动采取任何军事行动。这个限制被邻国努米底亚利用，后者不停地侵占迦太基的领土。迦太基向罗马发出的每次求助，都遭到后者的拒绝。在公元前151年，在付清了最后一批赔款后，迦太基人开始向努米底亚发起攻击。罗马人立即做出反应，派出由鹰派元老马尔库斯·波尔奇乌斯·老加图率领的一个使团前往阿非利加进行调查。当加图回到罗马后，他坚信迦太基人对罗马再次形成了威胁。此后，每当在元老院发言之时，他都会在演讲结束时加上那句著名的“迦太基必须毁灭”（*Carthago delenda est*）的口号。

公元前149年，罗马再次派出军队出征迦太基。迦太基人答应了罗马人开出的所有条件，并主动提出放弃此前被扣押的300个人质，交出手中所有武器。然而，罗马人接着又要求迦太
基人离开自己的家园，在距离大海至少10英里外的土地上建造 58
一座新城。处于绝望中的迦太基人被迫反击，他们英雄般地抵抗了罗马长达三年之久。在经历几次挫折后，罗马人最终又选择了一位同样因过于年轻而未达到执政标准的年轻人，普布里乌斯·科尔涅利乌斯·西庇阿·埃米利阿努斯为执政官。他是西庇阿·阿非利加努斯过继到本族的孙子。正是在他的带领之下，迦太基城终于在公元前146年被攻破。整座城市被彻底摧毁，活下来的人全部变卖为奴，城池遭到诅咒并被撒盐。从此北
非成为罗马共和国的一个行省。 59

第五章

地中海霸主

战胜迦太基让罗马成为西部地中海的领头羊。第一次布匿战争及随后的胜利确保了罗马对西西里和撒丁尼亚的控制权。第二次布匿战争将罗马的影响力延伸至北非和西班牙。直到公元前146年，罗马才在北非建立了第一个行省。不过西西里和撒丁尼亚分别在公元前241年和前243年就已成为罗马的直属辖区。近西班牙行省和远西班牙行省均成立于公元前197年。罗马通过其政治、军事和经济上的优势对行省疆界以外地区施加压力。在地中海西部依然有抵抗罗马霸权的民族存在，而罗马军队则对西班牙的敌对部落以及随后兴起于高卢地区的凯尔特诸民族不断征伐。不过，在战胜迦太基后，西方已没有能够给罗马统治构成直接威胁的对手存在。

罗马进入希腊化世界

然而，传统上古代地中海权力的中心地带却位于东部地区。到公元前200年，希腊城邦的光辉岁月已湮灭在历史中，但希腊

伊利里亚
黑　海
罗马
伊庇鲁斯
马其顿王国
小亚细亚
加拉提亚
埃托利亚
同盟
库诺斯克伐勒
帕加马
塞琉古王国
温泉关
马格尼西亚
雅典
亚该亚
同盟
科林斯
斯巴达
罗德岛
北
幼发拉底河
底格里斯河
叙利亚
美索不达米亚
黎凡特
亚历山大
埃　及
托勒密王国
尼罗河
红　海
0
公里
500
0
英里
300

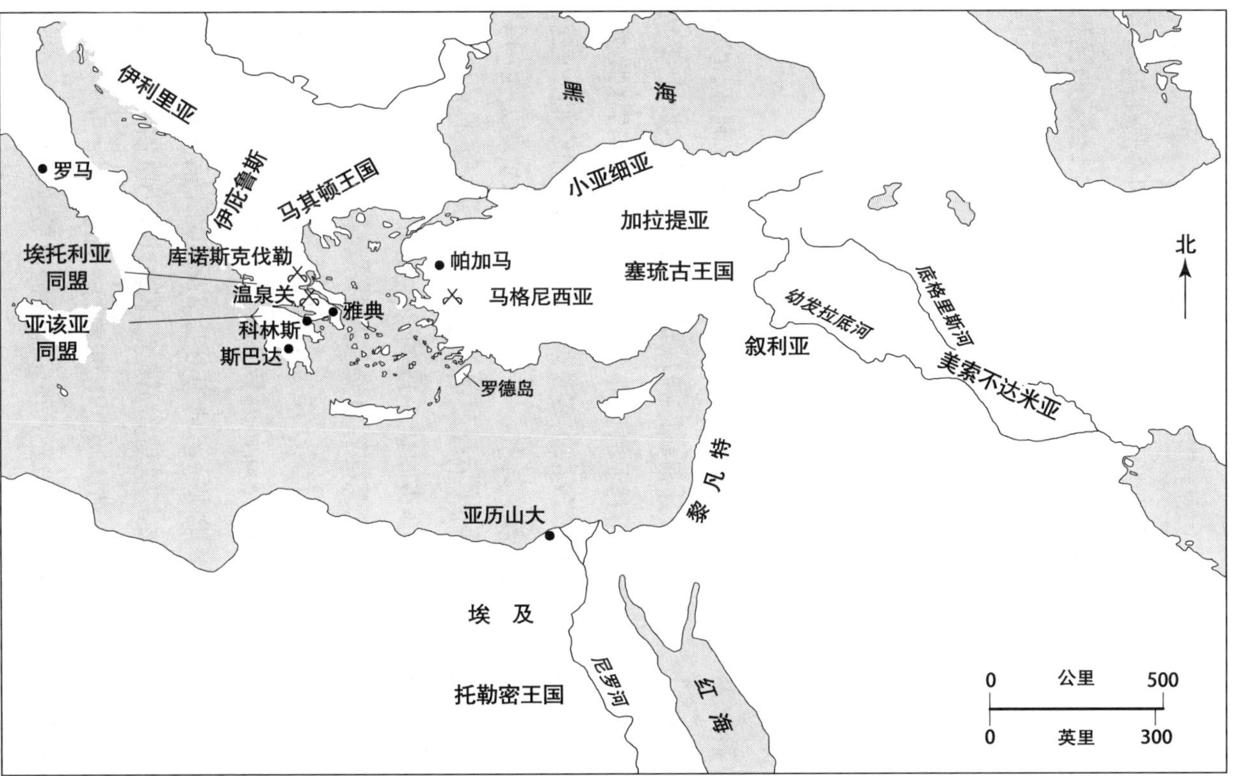

地图6　罗马和东地中海

语言和文化依然是衡量文明的一把标尺。被亚历山大征服后，
60 东地中海分裂为众多的王国、联盟和城市，它们的数量也一直处
于变动之中。公元前2世纪期间，罗马成为复杂的希腊化世界中
的主导力量。对希腊文化的仰慕为罗马带来了一种全新的优雅
趣味，即便罗马军队击溃了那些试图寻求保存希腊自由的城邦。
而罗马对东方的征服又为日益紧张的罗马共和国肌体带来新的
压力。

亚历山大大帝在公元前323年去世，将其通过征服得来的庞大领土留给了“最强者”。他的将领们为争夺控制权进行的战争很快使帝国分崩离析。到公元前3世纪末，出现了三大王国：安提柯王朝治下的马其顿，塞琉古王朝治下的叙利亚，以及托勒密埃及。希腊自身则被同盟城市组成的联盟操纵，主要是科林斯湾北部的埃托利亚联盟和伯罗奔尼撒内的亚该亚联盟。少数城市依然保持独立，其中包括斯巴达和雅典，但它们在政治上的重要性已变得微乎其微。其他的城市包括以贸易为主的罗德岛和亚细亚的帕加马王国。正如整部希腊历史证实的那样，不同城邦都成为战争和同盟形成的一个不断变换网络的一部分，而罗马则几乎是毫无准备地步入其中。

从军事和政治实力而言，在上述国家中，几乎没有哪个能以任何方式和罗马抗衡。然而，对罗马而言，希腊东方拥有更加重要的地位。希腊文化已统治地中海长达数世纪，而希腊人则被认为是文明的仲裁者。罗马并不想简单地以武力征服希腊。他们希望希腊人接纳罗马成为文明世界的一部分，而不是将其视作野蛮人（*barbaroi*）。渴望获得希腊人的尊敬给罗马介入希腊事务造成了深远的影响。与此同时，罗马共和国依然是一个由

极具野心的元老精英所领导的带有侵略性的帝国霸权。结果便是，这些张力引发了漫长、间或带有悲剧色彩的一系列事件，最终将东地中海置于罗马统治之下。 62

罗马和位于东地中海的希腊文化之间的直接对话最早发生在公元前3世纪初皮洛士入侵意大利时期。在经过一番武力的洗礼后，罗马又面临来自迦太基更为紧迫的威胁，因而不得不开始慢慢将目光转向东方。罗马人渡过亚得里亚海向东方的进军发生在两次布匿战争之间，且活动范围仅限伊利里亚海岸一带。即便如此，这一举动还是引起了马其顿国王腓力五世的注意。腓力决意对侵入自身势力范围的罗马人进行抵抗，因此在坎尼会战后和汉尼拔签订了合作条约。他并没有直接援助迦太基，而所谓的“第一次马其顿战争”也在公元前205年议和的局面下结束，但罗马并未忘记或饶恕马其顿国王。公元前202年，迦太基战败。公元前200年，罗马向马其顿宣战。

现在，我们有必要退回一步，考虑一下罗马人决定发起第二次马其顿战争的重要性。公元前200年，罗马及其盟友已被旷日持久的战争耗得筋疲力尽。第二次布匿战争结束时距扎马战役也仅两年之久。但罗马故意选择在亚历山大大帝的故土上挑起冲突，事出何因？寻求复仇当然是一个因素，这就像为了抵抗马其顿可能发起的进攻而进行自卫的借口一样。罗马同样也面临着给同盟者一方提供支持的压力，后者不仅包括意大利，也包括希腊，在那里有大量城市都曾向罗马发出过援助请求。另外，还需记住的一点是，罗马渴望获得希腊人的认可。所以当希腊处于罗马保护之下时，罗马要求腓力从希腊撤军。然而，尽管存在上述动机，罗马人并不想开战。公元前200年召开的百人大会拒绝对执政官发出的宣战请求给予支持，此种情况几乎在罗马历史上仅发生过这一次。很快，公民大会再次召开以试着改变最初的决定，但罗马人的犹豫表明了精英阶层内部存在一个利益集团，最主要的成员是某些在职的高级官员。这些人事实上是希望
63 采取军事行动的。只有通过战争，他们才能赶超西庇阿·阿非利加努斯，获得地位和荣耀，而这是由竞争精神的需求决定的。

希腊人欢迎罗马军团的到来。埃托利亚和亚该亚联盟团结在了罗马的背后。然而，战争过程并非一帆风顺。马其顿王国实力强大，因此罗马军队在战争初期获得的胜利有限。就像第二次布匿战争期间任命西庇阿一样，解决之道是选出一位有能力的将领，即便这一做法有违罗马传统。公元前198年，提图斯·昆克提乌斯·弗拉米尼努斯当选执政官。他是个亲希腊者，热爱希腊文化并能说一口流利的希腊语。因此，弗拉米尼努斯就成了获得希腊支持并提升罗马文明形象的完美之选。但当时他只有30岁出头，且在此前仅担任过财务官一职。然而，西庇阿的政治履历已经为破坏罗马共和制度开了先例。

弗拉米尼努斯有着良好的文化修养。但作为一名罗马贵族，他同样渴望获得军事荣耀。在公元前197年的库诺斯克伐勒战役中，腓力最终被击败。在世界古代军事史中，库诺斯克伐勒一役证明了军队后防线变更的必要性。经西庇阿之手发展起来的灵活军团阵型被证明优于刻板的马其顿方阵。腓力从希腊撤军，而此时每个人都屏住呼吸等待罗马的裁决。最终，在公元前196年于科林斯召开的地峡运动会上，罗马做出了决定。面对来自希腊各城邦的众多代表，弗拉米尼努斯喊出了“希腊自由”的口号。

> 罗马元老院和代执政官提图斯·昆克提乌斯·弗拉米尼努斯在战争中击败了腓力国王和马其顿人，使以下国家和城市的民众获得自由。这些地区将不设驻军，不纳赋税，并充分享用其祖先制定的法律。他们包括：科林斯人、福基斯人、洛克里人、优卑亚人、弗西奥蒂斯的亚该亚人、马格尼西亚人、色萨利人和佩拉埃比亚人。

根据普鲁塔克《弗拉米尼努斯传》中的记载，话音一落，人群欢呼声之响亮竟将盘旋于头顶的乌鸦震地而死。希腊人甚至 64
将弗拉米尼努斯当作神一样敬拜。这是第一个罗马贵族受到如此敬拜，对他的祭拜仪式甚至一直延续到三个多世纪后的普鲁塔克时代。

“自由”已作为政治宣传的主题之一贯穿人类历史。该词在希腊世界拥有特别的回响。在希腊，个体城邦为实现自治进行了长期的斗争，而亚历山大后的希腊化国王对这一理念始终抱有阳奉阴违的态度。罗马也是一样，但不同之处在于罗马人履行了他们的承诺。公元前194年，驻扎在希腊东方世界的全部罗马军队撤离。罗马在希腊不驻军队，不征赋税，不设行省。这在某种程度上是罗马实用主义的一个体现。罗马共和国既不依靠常备军，也不动用官僚体制对希腊实施直接统治。但罗马的克制同样体现出他们对希腊人及其文化的某种敬仰，罗马从未带着这份敬意对待那些地中海西部的邻族。整个公元前2世纪，为了追求军事荣耀和劫掠财富，罗马军队在西班牙进行了一系列战争，充满了血腥、毁灭和背叛。当时的西班牙恰如罗马治下的“越南”。相比之下，在东部希腊地区，罗马最初更多地依赖外交手段进行治理。这并不是说从没有暴行发生，当罗马人的权力遭受威胁时，他们就会变得残酷无情。然而，罗马不太情愿对这一地区施行直接统治。罗马人必须表现得更“文明”些，因为他们很在乎希腊人的看法。

尽管撤走了军团，公元前196年的宣言表明罗马仍将希腊置于自己的保护之下。而这无疑对希腊化国王中最富声望的那位人物构成了直接挑战，他就是塞琉古叙利亚的安条克三世。安条克是个具有扩张野心的统治者，其统治让罗马的盟友帕加马和罗德岛噤若寒蝉。公元前195年，被迦太基流放的汉尼拔投奔安条克三世，这进一步使罗马人提高了警惕。在对罗马人“自由”口号日益不满的埃托利亚联盟的支持下，安条克于公元前
65 191年侵入希腊。

罗马立即做出回应。在温泉关（公元前480年，斯巴达人在此地抵抗波斯人入侵），安条克的部队侧翼受到攻击而退回叙利亚。执政官卢修斯·科尔涅利乌斯·西庇阿一路追击。他的当选原因部分在于其兄弟西庇阿·阿非利加努斯答应助他一臂之力。安条克兵力在数量上是罗马人的两倍，但远不如罗马军队精锐。汉尼拔大材小用，被委派指挥海军舰队，而安条克所率领的部队则在公元前189年的马格尼西亚之战中被击溃。他所支付的15 000塔伦特战争赔款甚至让扎马会战后迦太基人偿付的金额相形见绌。这也反映了获胜的罗马将领在东部世界获得的财富是多么惊人。罗马再次将军队从希腊撤离，但它对希腊和小亚细亚的统治已十分牢靠。安条克接受罗马人的命令而投降，但汉尼拔的行踪一直捉摸不定。直到公元前183年，他才在比提尼亚附近被弗拉米尼努斯发现。最终，他选择了服毒自杀，

而未向罗马屈服。

被俘的希腊

此后的二十年里，在东方希腊世界，罗马延续了科林斯自由宣言以来的外交政策。没有罗马军队驻扎在东方希腊语区，罗马人也未在其领土上建立行省。自从罗马和位于“大希腊”的南意大利城市首次接触后，希腊对罗马人的生活产生了更为深远的影响。希腊艺术品涌入意大利，对罗马精英来说，希腊语言和文学等知识拥有新的重要性。配备希腊教师，不管他们是奴隶还是自由人身份，成了罗马贵族家庭的一个普遍特征。希腊和罗马文化的全新结合被创造出来，并受到以弗拉米尼努斯和西庇阿·阿非利加努斯为首的希腊文化爱好者的鼓励和追捧。

并非所有的罗马人都对希腊影响张开臂膀持欢迎态度。有些人将“爱希腊主义”（philhellenism）视作对罗马共和国传统 66
美德和孔武气质的威胁。这些抨击者中最重要的一位是马尔库斯·波尔奇乌斯·老加图，此人在晚年拥护了灭亡迦太基的决策。加图自身绝非漠视希腊文化（正是他从侧翼发起进攻，在温泉关给予安条克以痛击，再次上演了三个多世纪前的希波战争策略），但他及其支持者认为希腊人不如罗马人，同时担心希腊文化的影响会腐蚀罗马人的价值观。在公元前155年，从雅典派出的由一群哲学家组成的使团来到罗马。其中的卡涅阿德斯是一名怀疑论者，同时，他也是柏拉图学院的校长，这时因为公开讲座而引发了一桩丑闻。在头天的讲座中，他为正义做了辩护，但次日又反驳了此前的言论。加图将该使团送回老家，以免罗马青年被其学说误导。这只是一个小插曲，却证明了罗马内部的紧张关系。加图同弗拉米尼努斯以及西庇阿之间的对立促使罗马在公元前170年代后对希腊事务采取更为强硬的政策。

或许罗马能做到对希腊文化保持敬意，但反过来，罗马人也希望希腊人认可其手中掌握的权力。希腊诸国可以“自由”地对其内部事务进行管理，正如罗马的意大利盟友所做的那样。然而，和那些罗马的同盟者一样，罗马希望希腊人能保持安静，未经许可之事不要去做。但希腊人却心思颇多。希腊世界的历史充满了风云变幻的敌对竞争和地方性冲突，这一点即便在罗马人到来后，依然没有改观。元老院发现自身总是处在一种困扰之下，即不断受理希望罗马介入调停希腊内部争吵的大量请求。饱受折磨的罗马人逐渐开始罔顾事实或正义，一味支持那些首先向其发出请求或更加符合罗马利益的申诉对象。

罗马所奉行的利己主义政策造成的主要牺牲者是马其顿的珀尔修斯——腓力五世之子及其王位继承人。由于罗马元老院对马其顿盯得很紧，珀尔修斯始终处于罗马元老院偏见性
67 决策的伤害下。而东方的那些反对罗马介入希腊事务的势力则将珀尔修斯视为领袖。这样，在罗马人眼中，珀尔修斯就成了一个严重威胁。由于罗马在希腊没有驻军，不收贡赋，也未设行省政府，罗马对希腊施加的影响主要依赖于后者对其权力的认可。随着反罗马情绪逐渐高涨，这种认可也就渐渐不在了。这一后果导致了公元前172年第三次马其顿战争的爆发，罗马是战争的发起方。我们的两个主要史料来源，波利比阿和李维都表明罗马为入侵希腊的行径进行了强有力的正义性辩解，但很显然珀尔修斯并不想和罗马开战。事实上，珀尔修斯还赢得过两场小

规模战斗。在这之后他立即表示愿意投降，并希望支付战争赔款。但罗马人拒绝了，马其顿人从此风光不再。公元前168年，珀尔修斯在彼得那战役中被彻底击败。马其顿君主制度被废除，其领地被划分为四个共和国，均需向罗马缴纳贡赋。

即便到此时，在东方，罗马依然缺乏吞并土地或建立行省的欲望。罗马真正想要的是确保自身权力重获认可。在马其顿灭亡后，这一意愿得到了强有力的执行。500名埃托利亚统治精英被斩首，还有1 000名亚该亚人作为人质被送往意大利，其中就包括未来的历史学家波利比阿。在当年皮洛士统治的土地上生活的人境遇更加悲惨，有15万名民众被俘为奴。同时，帕加马和罗德岛的势力也遭到削弱。但最能够体现罗马霸权的生动例子却涉及一个具体的人物。当罗马将注意力移到他处时，叙利亚的安条克四世趁机入侵了托勒密埃及。在亚历山大附近，他受到了由盖乌斯·波皮利乌斯·拉埃纳斯率领的一个罗马使团的传唤。当安条克接到罗马元老院要求撤军的命令时，这位国王提出需要时间和他的顾问进行商讨决定。拉埃纳斯“用手里握着的权杖在地上绕国王画了一个圈，并说道：‘在你走出此圈之前，告诉我你的决定，以便呈报元老院’”（李维原话）。安条克只能向罗马的意旨屈服。 68

到公元前167年，已经没有一个希腊国家可以对罗马的权力提出质疑或挑战。作为人质，波利比阿在罗马完成了《通史》一书，并督促他的希腊同胞服从罗马权威以避免遭受“那些曾经反抗罗马的人面临的命运”。这个严酷的评价太准确了。在相对和平地过了二十多年后，公元前149年，在一个名叫安德里斯库斯的王位觊觎者的领导下，马其顿共和国爆发了起义。叛乱遭到镇压，马其顿最终沦为罗马的一个行省。不久之后，亚该亚联盟和斯巴达发生冲突，罗马人认为是时候了。公元前146年，也就是迦太基被摧毁的同一年，在罗马将领卢修斯·穆米乌斯的命令下，科林斯城被夷为平地。三个多世纪后，到访的希腊游客帕萨尼亚斯追忆了科林斯的灭亡：

> 起初，尽管城门已开，穆米乌斯对是否入城仍举棋不定。他怀疑城墙内设有伏兵。但在战后第三天，他开始对
> 69 科林斯发起猛攻，并放火屠城。在城内发现的大部分人都死于罗马人剑下，但妇女和儿童被穆米乌斯变卖为奴。所有早先已被释放的奴隶，及那些和亚该亚人并肩战斗且未

图6　胜利者赫拉克勒斯神庙，牲畜广场（罗马），由卢修斯·穆米乌斯所奉献修建

> 倒在战场上的人也都被出售。那些最珍贵的祭品及艺术品都被穆米乌斯运走。

此事成了50年前，在科林斯城授予希腊人“自由”的一个恰当的象征性终结。希腊直到奥古斯都时代才正式成为罗马的一个行省，而叙利亚和埃及则在名义上保持了独立。但现在，罗马共和国获得了古代希腊城邦和亚历山大大帝遗产的统治权。数十年的冲突所引发的愤怒和误解依然暗流涌动，而希腊人和罗马人之间的紧张关系从未彻底消除。从长远来看，双方文化所获得的益处要远超其付出的代价。罗马的统治最终为东地中海带来了和平、稳定和富庶。在数百年后，讲希腊语的拜占庭帝国自豪地宣称他们是罗马的继承人。而对希腊人而言，尽管并不总是出于自愿，他们将自己的文学和艺术输入罗马，为罗马人的生活带来了品位和全新的动力。借用奥古斯都时代的诗人贺拉斯的一句名言来说，就是“被俘的希腊俘获了她那野蛮的征服者”。 70

第六章

帝国的代价

公元前146年迦太基和科林斯城的毁灭再次印证了罗马共和国对地中海世界的统治。再无敌人能对元老院的权威和罗马军团的军事实力形成威胁。然而，仅过了一个世纪后没多久，罗马共和国就垮台了。共和国依赖的政治和社会平衡机制在混乱和内战中分崩离析。终极大权从元老院和罗马人民转移到皇帝一人之手。

从真正意义上说，罗马共和国是自身成功的一个牺牲品。共和政制不断进化，是为了满足一个小型意大利城邦发展的需要。作为一个政治制度，共和政制是一项卓越的成就。它稳定而不失灵活，并能在集体和个人统治之间保持谨慎的平衡。但这个制度却从未为管理一个帝国做好准备。对外扩张给罗马共和国的政治结构和元老精英阶层的集体权威带来源源不断的压力，这种压力同样让罗马的社会和经济结构不堪重负。早期的罗马人生活在一个小型农耕世界中，而由农民兵组成的军队只在战争季出征作战。在深度和广度上贯穿整个地中海的军事冲

突以及和迦太基之间的漫长战争，让传统的罗马军队备受折磨。军事胜利带来的大量财富和奴隶迫使罗马农业经济发生转型。 71
正是在公元前2世纪，以上压力造成的所有影响向罗马和意大利袭来，进而引发了一系列事件，在公元前1世纪罗马共和国的灭亡中达到高潮。

危机的种子

第二次布匿战争及罗马势力扩张到希腊东方世界使罗马元老阶层中出现了新一代人物。西庇阿·阿非利加努斯史无前例的政治生涯使元老之间地位平等这一极其重要的共和精神受到了挑战。一个手握权力又享受民众爱戴的罗马贵族和元老院的集体意志相背离，这在共和国历史上还是第一次。但西庇阿绝非孤例。罗马精英的竞争思维必然促使其他贵族寻求获得和西庇阿一样的地位或意欲将其超越。弗拉米尼努斯击败马其顿的腓力时，其年龄同西庇阿战胜汉尼拔时同样年轻。在“希腊自由”宣言之后，弗拉米尼努斯的凯旋式几乎同样磅礴壮观。另一方面，西庇阿通过帮助其弟战胜叙利亚的安条克又再次彰显了自己的威望。这种为追求财富和荣耀而不断升级的竞争在整个精英阶层中蔓延开来。公元前188年，一个名叫格涅乌斯·曼利乌斯·乌尔索的不起眼的贵族，借罗马和安条克发动战争之机，从叙利亚进入与其接壤的加拉提亚地区，无端发动了一场掠夺式袭击。乌尔索的行动此前并未得到元老院同意，却被授予了返回罗马举行凯旋式的殊荣。在后来的罗马对外关系中，此类自私行为频繁发生，这让控制那些野心勃勃的将领变得更加困难，尤其是当后者远离罗马城、身在其他地方的时候。

公元前2世纪早期，元老院的集体权威依然可以牵制贵族个人的行动。即便是西庇阿·阿非利加努斯，当他被勒令提供对安条克发动战争的财政记录时，也不得不选择离开罗马，自我放逐，尽管他抗议说“对罗马人民来说，聆听任何人对普布利乌斯·科
72 尔涅利乌斯·西庇阿的控诉都是不合适的。能够战胜后者，那是因为原告拥有言论的力量”（李维语）。为了努力避免将来再次出现以西庇阿和弗拉米尼努斯的政治生涯为效仿对象的贵族，罗马在公元前180年出台了《任职年限法》（*Lex Villia Annalis*）。该法案规范了“荣誉阶梯”官制体系中的传统结构，为不同官职设置了法定任职年龄。在约公元前151年，又制定的一个后续法令规定所有人只能有一次担任执政官的机会。然而，因为贵族竞争太过激烈，以至于法律无法对其形成有效的控制。具备较强能力的个人不断涌现，对元老院的统治形成威胁。这是以西庇阿·埃米利阿努斯在第三次布匿战争中非法当选执政官为开端的。

罗马权力的扩张及财富的大量增加影响到的不仅仅是元老阶层。公元前2世纪，在罗马社会内部，“骑士”作为一个单独的集团出现了。最初，正如其名所示，“骑士”是被罗马军队征召，作为骑兵服役的较为富裕的公民。在共和国早期，这个集团也包括那些元老家族出身的人，因此，元老和骑士之间并没有清晰的界限。随着时间的推移，大量财富涌入罗马城，这造就了一个特有的社会阶层，其成员拥有大量财富，但缺乏古老贵族家庭的地位。最终，公元前129年，法律将元老从“骑士阶层”（*ordo equester*）中正式分离出来。骑士并非元老院一员，除非他们当选政府高级官员而进入元老阶层。骑士阶层的人大多从事工商业。按照传统，理论上元老被禁止涉足这两类领域，当然实际情

况并非总是如此。建筑行业和行省征税也是骑士大显身手的地方。大型商贸城市迦太基和科林斯被摧毁进一步提升了骑士的影响力，在共和国晚期，他们在罗马社会和政治领域中发挥了十分突出的作用。

对罗马和意大利地区更广大的人群而言，扩张造成的经济影响甚至更加深远。和所有其他古代社会一样，罗马的贫富差距同样悬殊，大规模的征服战争带来的巨额财富只会扩大这一 73
鸿沟。富人变得更加富有，大部分战利品流入贵族的腰包。穷人则只能承受苦果，因为通货膨胀抬高了物价，而奴隶市场使劳动力的获取比以前变得容易很多。一个罗马农民每年只能靠240塞斯特尔斯维持生计。骑士阶层中的一员拥有的资产估值高达40万塞斯特尔斯。传统上，一名元老的最低财产标准需要达到100万塞斯特尔斯。这类数字听上去似乎比军阀崛起的故事要枯燥，但相比之下，对外扩张的经济影响给罗马的团结和稳定带来的威胁却绝不可小觑。

在一个将农业作为财富的主要基石的世界里，富人将他们新获取的资源投入到地产中。奴隶则在宽广的田地里劳作。同时，他们还要种植葡萄和橄榄以加工成葡萄酒和橄榄油等商品。仅公元前167年，从伊庇鲁斯得到的奴隶数量就高达15万人。因奴隶数量众多造成的奴隶起义成为罗马的一个严重威胁，公元前1世纪早期的斯巴达克斯起义就是一个很好的例子。然而，同样重要的是，伴随着人口的逐渐增加，贵族地产和奴隶劳动力的数量攀升为罗马和意大利的小农阶层带来压力，而后者是组成罗马军队的支柱。失去土地的人开始流向城市和首都罗马，在那里他们的数量日渐膨胀，成为不安定的城市暴民。同时，那些失去土地者也无法达到入伍所必需的财产标准，因而无法在军中服役。

有限的证据让我们很难对公元前2世纪罗马所面临的社会危机的程度做出精确评判。当然，并非所有的罗马小农都消失了。当罗马真正需要大规模征兵的时候，譬如公元前146年，还是可以做到的。但兵源的确成了一个难题。西班牙旷日持久
74 的战争极其不受欢迎。在公元前151和前137年，由于在军队征兵上的反对意见，执政官甚至被平民保民官投入了监狱。在这个问题上，意大利同盟者也怏怏不乐。他们向罗马输出的人力资源和忠诚度是后者取胜的关键所在。他们要在万里之遥的地方经年累月地作战，尽管可以分得部分战利品，但在政治上却无法发出自己的声音。崭露头角的骑士阶层同样希望在公共事务中发挥更大的作用，动荡不安的城市暴民也趁此机会表达不满。所有以上紧张的局势，只需星星之火就能将其点燃。而提比略·森普罗尼乌斯·格拉古在公元前133年当选平民保民官引燃了这个导火索。

格拉古兄弟

提比略·格拉古（出生于约公元前163年）来自罗马最高贵的家族，与其重名的父亲曾两次当选执政官。他的母亲名叫科尔涅利娅，是西庇阿·阿非利加努斯的女儿。因此，年轻的提比略面临着家族寄予厚望取得功名的巨大压力。获取荣耀的传统途径是通过军事胜利及担任执政官。但提比略却有意通过保民官一职寻求社会改革。根据其弟盖乌斯的说法，提比略曾在前往西班牙途中路过意大利北部地区。当他旅行时：

图7　科尔涅利娅和格拉古兄弟（1861）

> 他亲眼见到乡村遭到同胞遗弃是何等之严重，以及在田间耕作的人群是何等野蛮的奴隶。

提比略的解决之道虽然简单却具有启发性。在公元前133年当选保民官时，他提议将土地分配给那些失业的小农，从而一举舒缓社会矛盾、减少城市暴民并改善兵员危机。为达到这个目的，他希望重新分配公有土地，即早期征服意大利时获得的土地，由国家租给贵族耕种。法律上说，一名罗马人拥有的公有土
75 地面积不得超过500尤格（约合312.5英亩），但是这一限制长期以来被人忽视。提比略准备将所有超出定额的公有土地充公，并将这些新获得的土地以30尤格（20英亩）为一个单元分给失业的小农。并且，新分配的土地不得转让，富人因而无法将它们
76 再次收购。

在一个保守的农业社会里，任何试图更换土地所有权的提案都会引起强烈的恐慌情绪。大量公有土地世代被某些家族持有，并允许被继承、出售，甚至用作家族墓地。总之，提比略遭到了来自元老贵族集团的反对，因为他们是改革中损失最惨重的那批人。由于无法说服元老院支持自己的提案，提比略决定行使保民官立法权，转向作为公民大会之一的平民议事会寻求支持。这一行为并未违反法律，但传统上来说，法律提案首先需要得到元老院的认可。此外，提比略的保民官同僚也是贵族出身。在平民议事会上，提比略再次遭到了阻碍。比如其中一个保民官马尔库斯·屋大维就行使了否决权。提比略回应说，作为保民官，其天职就是服务于人民："如果宣布人民的权力无效，那么他就不应该再是一名保民官了。"屋大维遭到免职，并被从平民

议事会会场强行拖走。在由先例组成的体制中，这种做法是没有先例可循的。提比略的法律提案，《森普罗尼亚耕地法》（*Lex Semperonia agraria*）成为法律。

但新法却无法得到推行。土地标记模糊不清，相关记录也很贫乏，提比略发现自己无时不在阻力之下。无奈之中，他转向了一个谁都没料到的目标寻求援助。公元前133年夏，帕加马国王阿塔卢斯三世去世。因其未留继承人，他把自己的王国赠送给罗马。提比略把阿塔卢斯的遗产夺过来充当土地分配的资金来源。与此同时，他还立法称罗马人民将在亚细亚建立一个新行省。提比略通过以上行为挑战了罗马的统治秩序，因为财政和外交事务一直以来都是掌握在元老院手中的。提比略渴望攫取个人权力，甚至意欲成为众矢之的的罗马国王的流言开始四处传播。此后，他试图通过再次当选保民官来为正在实施中的改革提供保障。这也成了压垮他的最后那根稻草，因为此举挑战了罗马年度更换官员的原则。他再次提名参加保民官竞选的做法引发了骚乱，300余人在暴动中惨遭杀害。提比略被一个元老身份的暴徒袭击而亡，他的尸体被扔进了台伯河里。

提比略的死亡也让他的耕地改革计划中道崩塌。直到公元
前123年，也就是提比略的弟弟盖乌斯（生于公元前154年）紧 77
随其兄的脚步成功当选保民官的那一年，法案再次得以恢复。没有人质疑盖乌斯的勇气，因其兄长所遭遇的命运摆在面前，他却依然选择踏上改革的征途。像提比略一样，他试图通过重新分配土地为小农提供帮助，但盖乌斯的提案覆盖范围更广，影响到了罗马社会的各个层面。为了帮助人口日益增加的罗马城市贫民，他为国售粮食限定了价格。古罗马几乎不存在任何组织

化的福利和慈善制度。因此，通过提供食物和娱乐以保障人民幸福的重要性，被生活于稍晚时期的讽刺作家尤维纳利斯喻为“面包和竞技”。盖乌斯同样对新崛起的骑士阶层施以援手。他在罗马行省建立了包税制。这一制度规定骑士群体向国家缴纳既定数额的税款，并负责监督税收，保障获取一定的利润。与此同时，他允许来自骑士阶层的人主持刑事法庭，其控制权原来掌握在元老衔的陪审团成员手中。这防止了元老对法庭的滥用，但同时也将行省大门向骑士敞开，后者可以起诉那些调查其剥削行为的正派的元老衔总督。

覆盖面极广的改革计划为盖乌斯带来了巨大的声誉。不同于提比略，他在争取公元前122年连任保民官的选举中获得了成功。同时，这激发了来自元老院更甚于提比略的仇恨。盖乌斯向城市平民和骑士阶层发出的呼吁威胁到了元老院的权威，他的个人地位和声望又使其陷入控诉其个人野心膨胀的声浪中。这样，元老院的操作使盖乌斯的支持度一点点遭到削弱。其他贵族保民官也被拉拢过来，要么反对盖乌斯的政策，要么制定更加诱人的政策与其竞争。这迫使盖乌斯不得不寻求新的支持者。因此，他推出一项授予意大利同盟者全部罗马公民权的法律提案。该法律可以减轻意大利日益激化的矛盾，然而却遭到来自贵族和罗马平民的双双反对，后者担心这会给他们的食物和工作带来竞争。盖乌斯在这项政策上的失败进一步削弱了他
78 的地位。他在公元前121年的竞选中以全副武装现身，激发了另一场大规模的骚乱。元老院有史以来第一次通过“元老院最终决议”（*senatus consultum ultimum*），其给予执政官采取任何必要之行动捍卫共和国的权力。3 000名盖乌斯的追随者被害，盖乌

斯本人自杀身亡。官方悬赏凡获得盖乌斯头颅的人，将获得和该头颅同等重量的黄金。第一个拿到盖乌斯脑袋的人在前往领取奖品前，先将大脑除去，再向颅内灌入熔化了的铅液。

后人将格拉古兄弟视作罗马人民的佼佼者，而他们的塑像也如神庙中的诸神一样得到崇拜。但提比略和盖乌斯致力于解决的问题依然存在。他们颇具争议的政治生涯也逐渐动摇着元老院统治的稳定。因此，格拉古兄弟时代标志着罗马混乱一百年的开端，并最终将共和国引向灭亡。随着土地控制、军队征兵和同盟者权利等方面的矛盾持续酝酿、升级，一系列军事危机最终为下一世纪军阀的崛起打开了大门，进一步对元老院的集体权力构成挑战。

军阀崛起

这一阶段爆发的第一场危机是朱古达战争（公元前112—前105）。朱古达是努米底亚人的国王，其王国和罗马阿非利加行省接壤。公元前112年，朱古达下令屠杀在这一地区生活的罗马和意大利商人，颜面受损的罗马政府不得不做出回应。在军事上，朱古达几乎无法对罗马造成任何威胁，但他在利用罗马人腐败方面的手腕是一流的，这充分体现在他那句著名评语上，即罗马“是个待售的城市，一旦有了买家，它的日子就屈指可数了”。被派去和朱古达作战的元老衔将领的无能和贪婪让这场战争变得旷日持久，直到公元前107年，盖乌斯·马略当选执政官，成为军队统帅。马略是一名“新人”，也就是本家族中首个获得执政官职位的人。他之所以能成功当选，在于其作为一名从军经验丰富的士兵获得的声望。同时，他娶了尤利娅为妻，此

图8　刻画朱古达被俘的第纳里银币（铸于公元前56年）。正面：戴安娜女神头像；反面：苏拉坐在一把升高的椅子上，其前方，努米底亚的国王波库斯单膝跪地，献上橄榄枝，朱古达则跪在苏拉座椅后方，双手被绑在身后

人是尤利乌斯·凯撒的姑妈。虽然尤利乌斯家族在政治上地位并不突出，却有着十分古老的渊源。马略接任后，朱古达的军队
79 迅速败北，尽管战争一直持续到公元前105年。这一年，朱古达被马略的部将兼竞争对手卢修斯·科尔涅利乌斯·苏拉俘获，标志着战争的结束。

当阿非利加战事逐渐走向尾声之际，一场来自北方的严重得多的威胁正向罗马逼近。公元前2世纪末，数量庞大的日耳曼部落进入高卢和意大利北部地区。他们并不是以抢劫为生的士兵，而是规模完整的迁徙部落，据说人数达30万余众。这是迫于遥远东部地区的压力而进入罗马领土的众多日耳曼迁徙浪潮中的第一波。辛布里人和条顿人让罗马军队遭遇了一连串的失利，并在公元前105年的奥朗治战役中达到顶峰。此役让罗马8万将士命丧沙场，损失之惨重尤甚于一个世纪前的坎尼会战。在这紧急关头，马略从阿非利加返回罗马，举行了战胜朱古达的凯旋式。在民众的呼声下，马略被视为罗马的救星，从公元前104年到前100年连续当选执政官。马略连续五年担任执政官是对共和国年度换届的职官传统的一种嘲讽，但他通过击败日耳曼的两次战斗（公元前102年普罗旺斯-艾克斯战役和次年的韦尔切利战役）回报了罗马人民给予的信任。军事胜利带来的荣耀和对执政官的垄断使马略获得了空前的政治地位，并再 80
次为罗马贵族间的竞争抬高了赌注。

马略是统治罗马共和国最后一个世纪的几大军阀中的头一人。然而，若从长远来看，比其本人政治生涯更重要的是马略对罗马军队做出的调整。在远征阿非利加及对抗日耳曼人期间，马略将所有自愿参军的人都征召入伍，这些人中不仅包括那些传统上达到财产资格的小额土地持有者，还包括了那些没有土地的人。结果，罗马有史以来第一次拥有了一支规整的职业军队。因为马略的士兵不需要耕种土地，所以需服从严格的军事训练和纪律，在军队中服役更长的时间。又由于士兵多出身贫苦，其军事装备也皆由国家供给。这些士兵有一个广为人知的称号——“马略的驴子”。因为他们在行军途中，身穿沉重的步兵甲胄，背负25公斤重的旅包，以及两杆长枪和一支西班牙短剑。两杆枪中的一杆配有一个由钉子稍微加固而成的金属尖头。这是马略本人发明的，目的是为了使掷出的标枪枪头发生弯曲，这样就不会再被人反扔回来。马略还调整了罗马军团的阵型。在扎马战役中，经西庇阿·阿非利加努斯改革后的120人军团分队完胜了迦太基战象和僵化的马其顿步兵方阵。但现在，较小规模的分队被600人建制的中队所取代，成为罗马军团的基本单元。这样，更密集的士兵战斗团体可以更好地抵抗大规模日耳曼武装力量的冲击。通过以上改革，闻名四方的罗马帝国军团最终出现了。

马略改革锻造出了一支能打硬仗的职业化步兵军队。这也标志着罗马公民兵的旧观念遭到抛弃。为了征募士兵，马略许诺无地的志愿兵在退役时都会获得一份土地。履行这份承诺是将领的责任，而新招募的士兵则需要发誓保持忠诚。因此，军队就变成个人的私有之物，向将领而非元老院或者罗马政府效忠。公元前2世纪初期，元老院极力限制如西庇阿·阿非利加努
81 斯这类强大个体，以确保罗马处于集体领导之下。此时，格拉古兄弟未能解决的社会和经济压力促进了私人军队的诞生，服务于那些为地位和荣耀进行竞争的个人。探索出这条道路的人并非马略——他更像一介武夫而非政客，而是他的对手——卢修斯·科尔涅利乌斯·苏拉。与此同时，公元前2世纪无法解决的矛盾又为他提供了一个其渴望已久的契机。

在危机出现的前三十年里，罗马的意大利同盟者的地位一直是一个值得讨论的问题。马略麾下许多将士都是意大利人而非罗马公民。到公元前100年，意大利士兵在其军中占有的比例高达三分之二，但这些人在罗马却没有任何政治权利。意大利人希望分享罗马公民权的意愿日益强烈，直到公元前91年，他们的领袖，保民官马尔库斯·李维乌斯·德鲁苏斯被杀，随即引发了同盟者战争。面对拥有罗马人训练方式和武器装备的大量敌兵，罗马在最初颇感挣扎。好在绝大部分同盟者的战斗目的并非摧毁罗马，而是迫使其做出让步。公元前88年，罗马最终答应了同盟者的要求，冲突迅速平息下去。从后世的角度看，意大利在向罗马争取公民权的斗争中所取得的来之不易的胜利，是一

个历史悠久的帝国得以形成的关键一步。在接下来的数个世纪里，最初只授予意大利人的各种权利逐渐扩展到罗马下属的所有民族身上，进而将整个地中海凝聚在罗马共同体的保护之下。

在同盟者战争期间，苏拉通过在意大利南部取得的一系列胜利，顶替了马略成为当时罗马最卓越的将领。战争结束时，苏拉当选了执政官。就在此时，作为罗马新的敌人，来自黑海沿岸的本都国国王米特拉达梯给罗马人敲响了警钟。苏拉获得军事统帅权，即将率兵出征，目的就是将侵入罗马亚细亚行省的米特拉达梯赶出去。但接下来发生的一幕却为罗马共和国的未来带来了一抹可怕的阴影。在苏拉赶赴东方前夕，一个名叫苏尔皮 82
奇乌斯·鲁弗斯的激进保民官通过了一项法令，将苏拉持有的军事统帅权转移到了马略手中。正如40多年后凯撒在卢比孔河岸边所面临的那样，此时的苏拉面对政治宽赦和引燃内战的两难抉择。同样像凯撒一样，苏拉没有退缩。共和国有史以来第一次，一支罗马军队朝着罗马城的方向进发了。

苏拉向罗马进军是贵族野心和马略改革引发的必然结果。怀揣着获取荣耀和建功立业的想法，苏拉号召他的士兵为捍卫自身尊威而战。这些士兵效忠的是他而不是国家。同时，他们也必须仰仗苏拉才能得到被许诺的那份土地。元老院的集体权威在扩张的压力和格拉古兄弟的挑战之下遭到削弱，再也无力凌驾于握有私人部队的军阀之上。共和国的命运就此掌握在几个将领手中，他们的竞争精神以及为取得霸权所做的努力已不受约束。共和国开始解体了。 83

第七章

文字与图像

罗马共和国的兴亡是一段非凡的佳话。但罗马从一个蕞尔城邦蜕变成帝国霸主，并不只是由一个个军事征伐和政治危机组成的故事。文学和艺术使古罗马人的生活重获生机，将我们的视线带到行进中的罗马军团和元老院辩论声以外的地方。从早期的剧作家普劳图斯和泰伦提乌斯，到卡图卢斯、西塞罗和凯撒这一代，生活于罗马共和国时期的作家们所发出的声音，一直在当今世界中回荡。罗马共和国艺术的价值一直未得到应有的重视，却在绝佳的半身雕像及被掩埋了的庞贝古城保留下来的极其精美的壁画中得以再现。这些成就本身值得关注，并为首位皇帝奥古斯都治下罗马文化的黄金时代打下基础。

和政治、军事史一样，在文化领域，罗马的萌芽阶段笼罩在历史的面纱之下。公元前3世纪以前，罗马人从事文字活动的踪迹杳无可寻。艺术上的成就当然存在，但历经时间洗礼而保留下来的东西微乎其微。可以确定的是，像罗马生活中的其他方面一样，罗马文化从一开始就从周边民族的传统中获取灵感。

北方的伊特鲁里亚人和南部的希腊人从较早时期便对罗马文化产生影响。随着罗马越来越多地介入东部希腊语区，在文化上希腊对罗马造成的影响不可避免地进一步增强。然而，罗马文 84
化依然保持着自身的特色。在罗马，正如在其他地方一样，我们可以发现罗马人天才地吸收和同化了其他民族的许多特质，将他们的模式转化成全新而独特的罗马文化。

拉丁文学的首轮绽放

拉丁文学的出现正是这种天才性的吸收和改造的见证。我们手头拥有的少量证据显示，到公元前3世纪，在罗马，人们通过书写保存记录，形成法律和宗教条例。只有贵族精英才拥有读写能力，而竞赛和地方性的戏剧表演提供了公共娱乐活动。文学是通过意大利南部的希腊城市进入罗马的，大规模地将古典希腊文学作品和文学流派改编成拉丁语版本也始于这一时期。有名可考的最早的拉丁诗人是一个来自塔兰托的希腊人，他叫李维乌斯·安德罗尼库斯（约公元前280—前200）。他最初被作为奴隶带到罗马，获得自由后成了一名教师和剧作家。尽管他的作品目前只有少量残篇保留下来，但不难看出其创作灵感来自何方。安德罗尼库斯用拉丁文翻译了荷马的《奥德赛》，这一拉丁译本在罗马学校中被沿用了数个世纪。他创作的悲剧同样深受特洛伊战争中的故事和英雄们的影响。

在下一代，这种对希腊灵感和范例的依赖由于罗马喜剧的兴起而获得了新的表达方式。早期拉丁作家中的两位喜剧作家，提图斯·马克奇乌斯·普劳图斯（约公元前254—前184）和普布利乌斯·泰伦提乌斯·阿菲尔（约公元前195—前159）为

我们保存了这一时期最主要的文学资料。二人均非出生于罗马
城。普劳图斯来自翁布里亚，而泰伦提乌斯则是北非奴隶出身，
但两人均对罗马文化产生了深远的影响。大约有21部普劳图斯
创作的剧本几乎完整地保存至今（这个数量大约是最初产量的
85 一半略低）。泰伦提乌斯有六部作品为今人所知。他们的喜剧
在罗马城邦赛会和元老家族的葬礼仪式上上演，是我们获悉罗
马共和国的社会和价值观的资源宝库。但同样，这些剧本均改
编自希腊原著。这里节选普劳图斯最为人熟知的一部剧本《吹
牛军人》（*Miles Gloriosus*）开场白中的一段，我们来看一下他是
如何进行改编的：

现在你们都已落座，待我将故事道来，
在这个欢乐喜庆的场合
还需向诸位解释眼前这部剧名。
希腊语名字叫*Alazo*——吹牛者；
译成拉丁语则为*Gloriosus*——招摇吹嘘者。
这座城市是以弗所。你们刚刚看到的那个
赶往广场的军人，是我的老爷和主人；
他还是个肮脏的骗子，一个自负、傲慢、
卑劣的伪证犯和通奸者。

该喜剧根据一部亡佚的希腊原作改编而成。故事发生在小亚细亚地区的希腊城市以弗所。从剧中主角的名字佩里普勒克托墨诺斯（大意为堡垒的有力征服者）来看，这名傲慢自大的雇佣兵可能是希腊人而非罗马人。而剧中的明星是帕雷斯特

里奥，也就是宣布开场白和最终搞垮那名军人的人。这个聪明的奴隶是普劳图斯戏剧角色中的常客。他在普劳图斯的作品中所扮演的角色要比在希腊原著中更为亮眼，明显引起了罗马观众的好感。普劳图斯对道德的强调也契合了罗马的社会背景，同粗俗和嬉闹一道成了剧本的一大特色。结果就形成了一种罗马–希腊戏剧形式的混合体，造成的影响超出了它的罗马共和国之根源，从莎士比亚的《错误的喜剧》到《春光满古城》[①]均可捕捉到其踪影。

和戏剧一样，罗马历史编纂的源头同样可以追溯到希腊人那里，后者是“历史”（*historia*，本意为“探寻”）一词的最早发明者。参与了第二次布匿战争的罗马元老昆图斯·法比乌斯· 86
皮克托是第一个罗马本土历史学家，其创作罗马史的年代大约在公元前200年。值得注意的是，他并非用拉丁语而是用希腊语进行历史著述的。到这一时期为止，已经有几部希腊语的罗马史书问世。最初，也正是这些希腊历史学家将罗马人的起源上溯至特洛伊战争、埃涅阿斯的旅行以及其他的荷马英雄时代。就像法比乌斯·皮克托一样，罗马人吸纳并发展了这些故事。皮克托的著作现已失传，但他将罗马同埃涅阿斯之间的联系掺杂进意大利本土寓言和传说中，创造出罗慕路斯和雷穆斯的起源神话。正是在希腊和罗马传统的交融环境下，罗马人对自身起源及历史认同的感知开始形成。法比乌斯·皮克托用希腊人的方式讲述罗马故事，带有希腊人观察古代的眼光。但其作品中所体现的价值观却是罗马式的，同时断言了在更为辽阔的

① 这是由美国作曲家和词作家斯蒂芬·桑德海姆（1930— ）创作的一部音乐剧。该剧于1962年首演，并获得极大成功。——译注

地中海世界罗马所占据的独特地位。

在法比乌斯·皮克托之前，罗马共和国仅有的历史资料是那些豪门权贵家族自我标榜式的家庭记录，以及神职祭司团体所保管的官员名册和大事记。用拉丁文创作的历史著作最终产生于公元前2世纪早期。昆图斯·恩尼乌斯（约公元前239—前169）并不是一名用散文体书写历史的史学家，而是一个诗人。他的《编年纪》（*Annales*）是一部史诗，讲述了从特洛伊毁灭到他所生活的时代的罗马史。在这部史诗的开头附近，恩尼乌斯宣称他曾梦见荷马浮现于眼前，而自封为荷马化身。和法比乌斯·皮克托一样，他也将荷马史诗中的传说和罗马传统结合起来。《编年纪》始终被认为是罗马民族最伟大的史诗作品，直到被维吉尔的《埃涅阿斯纪》（*Aeneid*）所取代。然而，令人遗憾的是，恩尼乌斯这部作品中的大部分文字已亡佚不见。为人所知的文字因为其他作家的引用摘抄而保留了下来。其中，最知名且恰如其分的一句话或许出自一个生活于第二次布匿战争期间
87 的人之口：胜者非胜，除非败者认之。

拉丁文学初期阶段的最后一个名人是我们熟悉的马尔库斯·波尔奇乌斯·老加图（公元前234—前149）。立场保守的加图因对希腊文化的敌视而知名，因此他创作了第一部拉丁散文体的罗马史，可谓适得其所。这部现在支离破碎的著作写于公元前170年之后，名为《史源》（*Origines*）。出于捍卫共和国理想的决心，加图强调为国服务要大过个人利益。他还声称对一个军事将领的认可要看他的地位而非其出身的家族。但这并没有阻止加图对自己建立的功业成就进行荣耀粉饰。同时，尽管加图厌恶希腊化，他也将罗马人的血统追溯至埃涅阿斯和特

洛伊战争。

加图并不是唯一一位坚守罗马传统和美德的罗马人。公元前2世纪，罗马人一方面期待掌握希腊人的语言和文学，另一方面又要保持自身的价值观。这种信念在一种文学体裁上找到了表达方式。他们宣称这种文体并未受到希腊人的启迪而纯粹是罗马人的创造，那就是讽刺文学（satire）。将严厉的社会、政治批评同文学嘲讽及道德评判结合起来，讽刺文学为罗马共和国时代快速演变的世界提供了时事评论。第一位真正的罗马讽刺作家是盖乌斯·路奇利乌斯（死于公元前102年）。他是西庇阿·埃米利阿努斯的朋友，后者在身边聚拢了一个文学圈子。目前仅存路奇利乌斯的讽刺诗残篇，但他所开创的这种文学体裁却流传下来。路奇利乌斯为奥古斯都时代的诗人贺拉斯和再晚些时期的尤维纳利斯的文学创作提供了范例，后者可能是最优秀的罗马讽刺诗人。谚语“面包和竞技”及“谁来监督监督者自己？”即出自他的作品。

卡图卢斯和西塞罗

在共和国时期，罗马文化史在发展至公元前1世纪时达到顶峰。即便在共和体制于内战中崩塌之际，也有一批天才作家将拉丁文学提升到了新的高度。抒情诗人盖乌斯·瓦列里乌斯·
卡图卢斯（约公元前84—前54）将精妙的希腊典故融入日常拉 88
丁语的表述中，其孕育出的力量放在任何时代都不逊色。卡图卢斯善于通过借鉴亚历山大精致的希腊化诗歌和莱斯博斯岛的女诗人萨福的作品进行创作。他可以用最露骨的词汇描述性欲，但他对爱情心理状态的洞察是极为深刻的，源于痛苦的感受。这里全文摘引一部由他所创作的最短，同时也是最引人入胜的诗歌欣赏一下：

我既恨，又爱。你或问我缘何如此，
我不知道——但我有感于此，我备受折磨。

（诗篇85）

卡图卢斯的痛苦和灵感主要来自一个被他称为“雷斯比娅”的女人。这是一个从萨福的诗歌中虚构而来的人物，但其真实形象可能是昆图斯·梅特卢斯·凯尔勒的妻子克洛狄亚·梅特里。克洛狄亚因西塞罗的一篇充满咒骂的演说词而知名。除了其他令人生疑的行为外，她被控告下药谋害亲夫，以及同弟弟普布利乌斯·克洛狄乌斯（此人乃西塞罗的仇敌）通奸。对卡图卢斯来说，“雷斯比娅”这个形象象征着堕落、爱和痛。卡图卢斯嫉妒她的一只宠物麻雀，并为其死亡而哀悼（诗篇2—3），数着她多如沙粒或星辰的吻以满足他的欲望（诗篇7）。但最终他谴责了她的背叛（“和你那三百个情人在一起吧，立即向他们敞开双腿”：诗篇11），并祈求自己获得解脱：

现在我不再期冀她以爱回报，
也并不指望其拾起贞操：
我只望自己一切安好，抛却这愚蠢的病痛
哦！神啊！还愿于我吧，以回报我的虔诚。

（诗篇76）

卡图卢斯诗歌的主题直击人类境况的核心，因此富有吸引力。其作品只是捎带提及共和国最后岁月的动乱，照亮了被政治叙事所掩盖的生动的罗马社会。引领我们了解这一世界的另一位重要向导，则远比卡图卢斯对政治感兴趣得多。然而其卷帙浩繁的作品对复原鲜活的罗马社会甚至具有更高的价值，他就是马尔库斯·图利乌斯·西塞罗。

在古罗马漫长的历史岁月中，没有一个罗马人能像西塞罗一样让我们如此熟知其生平和性格。与此同时，西塞罗留下了关于罗马共和国最后阶段那仅有的、最具价值的史料。他还是这段岁月里发生的一系列跌宕起伏的大事件中，站在政治舞台最前沿的亲历者。总而言之，和包括庞培·马格努斯或尤利乌斯·凯撒在内的所有同代人相比，西塞罗在更大程度上通过他的著作像凡人一样走近我们。他性格上有缺点，也会反复无常，但同时又富有理想主义、极具原则，并且时而非常勇敢。他最终在捍卫即将失败的罗马共和国的努力中献出了生命。

西塞罗（拉丁文原意为“鹰嘴豆”）出生于盖乌斯·马略的家乡，即坐落于罗马城西南方的城镇阿尔皮努姆。像马略一样，西塞罗也是一名“新人”。但不同于马略，同时有别于绝大多数罗马“新人”，西塞罗从未成为一名优秀的士兵。引领西塞罗走向卓越的是他作为演说家而拥有的天赋。在当代大众传媒兴起之前，公共演说是一项十分重要的技能，而西塞罗则是罗马有史以来最优秀的演说家。在去世前不久，他发表了一篇力度十足的演说，以至于使当时作为罗马第二大演说家的尤利乌斯·凯撒大受震撼，握在手里的纸卷落在了地上。西塞罗发表的演说词共有50余篇保留下来，让我们可以一睹其才华，它还为我们提供了可以一瞥晦涩深奥的罗马共和国法律、社会和政治的宝贵机会。

在公元前70年，西塞罗通过对盖乌斯·维雷斯的控诉而一举进入罗马政坛。维雷斯是个贪腐的元老衔总督，任职于西西
90 里期间，他利用公职掠夺行省财富。维雷斯的团队由昆图斯·霍腾西乌斯·霍塔卢斯担纲首席辩护人，后者是当时罗马首屈一指的法庭演说家。但西塞罗的开场演说及呈堂的大量证据极其犀利，让霍腾西乌斯毫无还手之力。最终维雷斯只得自愿流放。

通过维雷斯审判，西塞罗第一次申明了他所高举的、贯穿其仕途的政治宣言。从本质上说，西塞罗是一个保守主义者。他信任元老院的集体领导以及共和国的传统架构。然而，西塞罗又是一个理想主义者。他对传统共和体制十分钦佩，以至于忽视了其内部的缺陷。维雷斯的滥权反映出在政府挣扎着应对统治地中海的需求时，腐败却在罗马精英中滋生。西塞罗在《论共和国》（*De Re Publica*，成书于公元前51年）一书中描述了他对罗马持有的美好想象。这部仅有残篇保留下来的论著是模仿柏拉图的《理想国》写成的。元老院统治具有明晰的道德权威，指引着安静、被动的人民前进，同时疏导着个体化贵族的野心。西塞罗天真地认为这样一种体制可以保障和平。同时，他也未就公元前2世纪的社会经济弊病和城市暴民，以及像马略和苏拉这样的军阀持有私家军队等问题给出解决方案。他笔下的国家只存在于理想而非现实之中。

但是，我们并不能因为西塞罗只是一个哲学空想家而忽视他的存在。西塞罗是希腊哲学思想拉丁化的领军人物。就像普

劳图斯和卡图卢斯在各自领域中所做的一样，西塞罗借希腊之体，服务于罗马之用。尤其是和柏拉图相比，西塞罗在将梦想变为现实的道路上花费了多得多的功夫。和同时代的大多数人一样，西塞罗将伦理哲学和政治哲学视作全然不分的一个整体。他认为政治衰落是道德衰退的一个必然结果。反过来，政治改革必然会呼唤道德方面的改革。因此，西塞罗为一个人如何立足于乱世提供了切实的建议。《论职责》（*On Duties*，公元前41—前43）是西塞罗在其生命最后阶段所创作的几部作品之一。在这部论著中，西塞罗求助于罗马历史上的德行来为时下的行为提供正确的指导。他认为人之至善是服务于国家，而为国家服务的最好体现就是反抗暴君。这部书写于凯撒被刺杀后不久， 91
西塞罗始终认为，杀掉那些试图僭取独裁权力的人不仅非常必要，而且在道德上也是无可诟病的。应该看到，在西塞罗的这种执着背后，存在着一股非常真实的当代力量。

西塞罗的演说词和论著透露了他对共和国的看法以及对合乎理想的罗马德行生活的一种信念。但这些作品无法让我们了解西塞罗其人。在这一点上，我们必须阅读西塞罗给后世留下的最为丰富的宝藏——他的信札。超过800余封信函留存于世，贯穿其至少25年的人生岁月。许多信是西塞罗写给他那位知己兼最亲密的朋友，提图斯·庞波尼乌斯·“阿提库斯”（意为“雅典人”，以此命名是因为他深爱着雅典且长期客居于此）的。在西塞罗死后，正是在阿提库斯的协助下，西塞罗的书信才得以出版，尽管阿提库斯首先把自己的回信从中删去。通过这些书信，我们可以看到西塞罗对时事的回应，包括他和庞培及凯撒之间那摇摆不定的关系，以及他对于凯撒独裁官的终结及凯撒之死表现出的残酷的欢乐（“若收到你的邀请，在3月15日去赶赴那最华丽的宴会，我会是多么高兴啊”）。这些内容似未受益于后见之明或后期编辑。

在信中，这位演说家和哲学家的弱点被暴露无遗。他软弱、优柔寡断、爱慕虚荣、记仇，还常常在评判自身和他人上犯错误。但同时，他又很聪明、富有同情心、理想化，有时也颇有英雄气概。他试图按照理想化的方式去生活，尽管他也时常清楚自己无法做到。最终，他为捍卫这些理想献出了生命。西塞罗是在凯撒被刺后的1年零6个月，在由马尔库斯·安东尼乌斯和盖乌斯·尤利乌斯·凯撒·屋大维亚努斯（即未来皇帝奥古斯都）领衔的后三巨头下令后，被杀身亡的。但也正是奥古斯都给了西塞罗一个合乎其身的墓志铭。在见到自己的孙子正在阅读西塞罗的一部作品时，奥古斯都把这本书拿起来看了看，然后还回去，说：“一个学识渊博的人，我的孩子，这是一名博学之士，一个爱国之人。”

砖与大理石

穿越到和我们之间相隔2 000余年的罗马共和国时期，普劳
92 图斯、卡图卢斯和西塞罗的著作为我们提供了一扇观察罗马世界的最佳窗口。像艺术和建筑这类物质文化资料碎片化现象严重，很难向专家以外的大众进行解释。但这是罗马文化成就中必不可少的一部分内容，它对我们理解罗马社会的男男女女日常生活的外界环境起到了至关重要的作用。许多资料在时空隧道中遗失了，或隐藏在罗马帝国时代所修建的纪念物之下。但罗马共和国遗留下来的许多作品既实用又美观。就像罗马文化所展示的每一个面向一样，罗马共和国的艺术和建筑吸收了许

多外来的影响，同时又保持了独特的罗马风格。

很少有来自罗马早期社会的物质遗迹能够保留至今。卡匹托尔母狼铜像（图1）可能出自一名伊特鲁里亚工匠之手，尽管母狼身下的婴孩是在教皇西克斯图斯四世时期（1471—1484）加上去的，但可以看出伊特鲁里亚对罗马的物质文化产生了深远的影响。罗马房屋和神庙的设计风格也是建立在伊特鲁里亚模板基础上的。另外，伊特鲁里亚人同样以取材于当地陶瓦烧制的装饰性陶瓶、塑像和石棺而知名（意大利早期还未发现可资利用的大理石矿）。伊特鲁里亚人又进一步从希腊人那里汲取灵感。希腊文化对罗马共和国日益增加的影响力不仅体现在文学上，同样在艺术领域也并不少见。利用这些外来影响来满足罗马人不断变化的需求，这在共和国时代催生出一些极为精美的艺术作品。

罗马人自己将其在建筑领域取得的成就看成是对古代文明所做的最大贡献之一。从某种程度上说，这一贡献是高度功能性的。希腊人哈利卡尔那索斯的狄奥尼西奥斯颇为感怀地写道，罗马最为壮观的三项建筑成就是“引水渠、铺砌平整的大道以及下水道”。这些建筑并非罗马原创，却是罗马人将原来的设计和效率提升到了一个新的高度。现存的建筑元素被用在一些新的维度上面，特别是凯旋门和拱顶。罗马人还大量使用混凝 93
土。在意大利，这种建筑材料要比优良的凿石更易获取，并且对工人的技术要求不高。

罗马共和国时代的建筑作品只有很少一部分能在今天得以再现。普通大众居住的房子几乎没有任何遗迹保留下来，留存至今的古罗马纪念物基本都是那些为奥古斯都和他之后的皇帝们歌功颂德的作品。然而，在展开的共和国历史长卷中，我们依然可以一瞥其布景。罗马城市中心是坐落在卡匹托尔山脚下的广场，这里是元老院集会和高级官员履行公职的地方。在广场四周以及神圣大道（*Via Sacra*）两侧，耸立的纪念碑所纪念的是罗马人取得的辉煌成就以及前辈英雄们。过去的辉煌渗透进共和国的社会和政治生活，为那些效仿并赶超祖先的
94 今人增加了压力。

共和国时期最能反映罗马人虔诚和罗马贵族竞争的公共建筑形式是神庙。罗马神庙遵循的是伊特鲁里亚-意大利模式，和古希腊神庙风格十分不同。罗马最著名的神庙是卡匹托尔山上的朱庇特神庙，今天我们只能根据其平面轮廓图进行复原。该神庙位于一个较高的墩座之上，只有通过攀登位于前方的一段

图9　罗马广场

台阶才能进入，而不像大多数希腊神庙那样坐落在一个较矮的基座上，可从任何一个方向靠近。正是在此处，凯旋式达到高潮，返城的将军因为获得了胜利而向朱庇特神献祭。

随着扩张和相伴而来的财富，罗马神庙的数量激增。对贵族来说，修建神庙是公开纪念其所获成功同时又对诸神的帮助表达感激的一个理想方式。根据传说，罗马广场上的卡斯托尔和波吕克斯神庙是为了纪念在公元前5世纪初雷吉鲁斯湖畔战役中帮助罗马获胜的那对神圣双胞胎而修建的。到提比略皇帝统治时期，已重修过的神庙只剩下几根柱子。贵族们依靠战争带来的财富不断修建新的神庙。在公元前2世纪中叶，圆形神庙被修建起来，至今依然屹立在牲畜广场上（图6）。这座神庙的确切身份及所供奉的神祇存在争议，但最有可能是胜利者赫拉克勒斯神庙，而奉献神庙的人则可能是于公元前146年摧毁科林斯城的卢修斯·穆米乌斯。如果这个说法是真的，那么令人稍感嘲讽的是，该神庙是罗马现存最古老的大理石建筑，同时又是第一个采用科林斯柱式风格的罗马神庙。

神庙并不是罗马贵族为庆祝其功绩而修建的唯一纪念物。凯旋门是罗马人的独创，尽管所有罗马现存的荣誉凯旋门都来自帝国时代。在直通卡匹托尔山的大道上，西庇阿·阿非利加 95
努斯修建了一座共和国有史以来最宏伟的凯旋门。随着贵族之间的竞争变得白热化，公元前1世纪更多非同寻常的纪念建筑被建造出来。由庞培·马格努斯负责，于公元前55年动工的庞培剧院是罗马的第一个永久性剧院，而此前的剧院均为木结构搭建的临时性建筑。该剧院仅为更庞大建筑群的一部分，其包括了庆祝庞培事迹的大量图像，和一座献给庞培守护神的胜利维纳斯女神庙。正是在这座剧院内，尤利乌斯·凯撒于公元前44年被刺，倒在了对手的雕塑旁。

凯撒本人的纪念建筑甚至更为宏伟。就在向外蔓延的罗马广场一旁，他动工修建了尤利乌斯·凯撒广场，其中一尾端连接尤利乌斯家族女性祖先，即维纳斯女神的维纳斯大母神庙。额外修建一个广场的实际需要是和罗马日益增加的人口以及管理一个帝国的需求相呼应的，但凯撒广场的规模和野心预示着帝国时代的到来。凯撒被刺时该广场尚未完工，在其继子奥古斯都治下，广场才最终修建完成。此后奥古斯都又继续修建了自己的广场。他曾这样宣称道："我接手的是座砖造的罗马，留下的却是一座大理石的城市。"此说并非夸张。

绘画和雕塑

外来影响和贵族竞争之间的相互作用为罗马绘画带来的发展并不比罗马建筑逊色。绘画是一种较为脆弱的介质，但是共和国时代的罗马保留下来的作品数量竟然还不少。少数已残损的画作来自罗马城，包括被称为埃斯奎林历史残片的一幅绘画（图2），它是现存最早的罗马壁画作品。该画大约可上溯到公元前3世纪时期，它描绘的是来自法比乌斯家族的一名罗马将军庆祝战胜萨莫奈人的场面。在此人的墓穴中，凯旋场景也被刻画出来。但我们所拥有的罗马共和国绘画中那些最杰出的珍品要归功于公元79年维苏威火山的爆发掩埋了庞贝和
96 赫库兰尼姆这个悲剧。由于悲剧发生在罗马共和国灭亡一个多世纪之后，这很容易让我们忘记因火山灰和浮石粉覆盖庞贝城而幸存下来的大量艺术品都是罗马共和国时期的作品。正

是基于大多数来自庞贝的材料，公元前2世纪和前1世纪罗马绘画的演变才得以重现。

第一风格或“砖石”风格的罗马绘画是罗马日益增加的财富以及那些不太富裕的人群模仿富人的人类普遍欲望的产物。在公元前2世纪，由大量大理石所装饰的豪华别墅在意大利出现。那些买不起昂贵大理石的家庭用着色的灰泥作为替代品，矩形墙面被装饰起来以模仿涂色的石块。让现代人印象更深的应该是第二风格或被称作“建筑”风格的壁画。它风行于公元前1世纪。随着画面延伸至远方，这一风格采用柱廊图案及其他建筑特征给观众造成一种纵深感。同时，它还以人物形象和神话场景为特色。位于庞贝附近的博斯科雷亚莱别墅修建于罗马共和国最后的几年，现今保存完好。它为我们提供的大量精美的建筑绘画来自主人的卧室，而其名字普布利乌斯·凡尼乌斯·塞尼斯托并不为人熟知（图10）。可能我们最为熟悉的一组画面来自以此命名的庞贝秘仪别墅。墙面以深红色为背景，我们看到其上描绘的是狄俄尼索斯崇拜仪式的场面：一名女人正遭鞭打，而另外一个则手持铜钹，赤身裸体地跳着舞（图5）。类似画面为我们提供了观察罗马人生活的一扇窗口，这同文献资料中的政治和军事叙事有很大的不同。

雕塑在罗马有悠久的历史，但就像图像一样，我们所掌握的大量材料均来自公元前2—前1世纪。此外还有少量来自较早时期，带有伊特鲁里亚风格的陶俑雕塑保留下来。但青铜和大理石雕像在罗马最早也要等到公元前211年叙拉古陷落和前146年科林斯灭亡之后才出现。此后，拥有这类作品就成为地位的标志，而那些无法拥有原作的人则会订购复制品装点豪华别

图10 第二风格绘画，来自博斯科雷亚莱别墅卧室

墅，进而诞生了一个新的产业。这些罗马复制品对学者尝试复原那些失落的古希腊杰作，譬如米隆的“掷铁饼者”和波留克列特斯的“持矛者”具有极高的价值。同时，它们再次证明罗马人对希腊文化深入骨髓的敬仰之情。

尽管如此，即便在雕塑领域，罗马人也远不只是希腊人的被动模仿者。雕塑，尤其是活人肖像，对罗马社会具有较为特殊的重要性。贵族祖先们的蜡制面具摆放在房屋的中庭并用于葬礼游行，它能够进一步激励人们效仿先人创立的功业。作为罗马
98 传统美德的代表，罗马大理石肖像可以反映出图像表达的重点。

同那种匀称以及永葆青春的古典希腊完美雕塑相比，罗马肖像善于勾画年长的成熟男性形象，那久经沙场而带有皱纹的面容象征着罗马人的勇敢（*virtus*）和威严（*auctoritas*）。这种典型化罗马风格的肖像通常被誉为带有“写实主义”风格的作品，尽管其体现的理想化典范一如它展现的具体人物的真实容貌那样清晰可见。两个可以被确定的最早时期的罗马共和国人物肖像是庞培和凯撒的胸像（图11）。庞培·马格努斯宽阔的脸庞及前额发型让人回忆起亚历山大大帝，和尤利乌斯·凯撒那瘦削、带着贵族气质的面容形成鲜明的对比。

在出自维吉尔《埃涅阿斯纪》的一个被大量征引的段落中，埃涅阿斯的父亲安喀塞斯预言了罗马的命运：

> 这里还有其他一些人，我相信有的将铸造出充满生机的铜像，造得比我们高明，有的将用大理石雕出宛如真人的头像，有的在法庭上将比我们更加雄辩，有的将擅长用尺绘制出天体的运行图，并预言星宿的升降。但是，罗马人，你记住，你应当用你的权威统治万国，这将是你的专长，你应当确立和平的秩序，对臣服的人要宽大，对傲慢的人，通过战争征服他们。[①]

安喀塞斯并未对罗马人取得的文化成就予以公允的评价。共和国时期的罗马或许永远无法和希腊天才相媲美，罗马人自己对这点供认不讳，并对后者极力赞美。然而，罗马共和国拥有

① 《埃涅阿斯纪》第836行。此处翻译直接采自杨周翰译本。——译注

着属于自己的天赋，这并不仅仅指的是征服和统治，还包括文学和艺术领域。从诸多方面汲取影响，普劳图斯和西塞罗的著作以及庞贝城的壁画反映了罗马的价值观，并展现出一个鲜活的罗马人生活的世界。没有这些罗马共和国的遗产，就不会出现奥古斯都文化的黄金时代，而后者又为罗马帝国那永恒的璀璨
99 铺平了道路。

第八章

最后的岁月

历史上少有时代能比罗马共和国那充满创伤的最后一段时光对后世拥有更强大的吸引力。古代世界的最强权在血腥的纵欲中颓然崩塌。公元前2世纪的危机削弱了元老院的集体权威，同时见证了操控罗马共和国晚期政坛的首批军阀的出现。在盖乌斯·马略和卢修斯·科尔涅利乌斯·苏拉之后是马尔库斯·里奇尼乌斯·克拉苏、格涅乌斯·庞培·马格努斯以及盖乌斯·尤利乌斯·凯撒，这三人组成了所谓的“前三头”政权。克拉苏死后，庞培和凯撒的同盟在内战中瓦解，后者成为胜利的一方。凯撒在公元前44年3月15日被刺身亡并未能拯救危亡中的共和国。马尔库斯·尤尼乌斯·布鲁图斯及被称作“解放者”的同胞们所采取的孤注一掷的行动只会使罗马陷入另一场长达十年的内斗之中。最终，凯撒的继子盖乌斯·尤利乌斯·凯撒·屋大维亚努斯在公元前31年的阿克提乌姆战役中击败了马尔库斯·安东尼和克莱奥帕特拉。四年后，他取名奥古斯都，此为罗马帝国顶替罗马共和国的标志。

站在后人的角度，我们很容易将罗马共和国的衰亡解读为几近命中注定，认为它是从一个无以支撑的高度不可避免的一次坠落。并没有对其间发生的一系列事件起决定性作用的外在威胁存在。冲突源自内部，比如共和国社会和罗马政府不断
100 挣扎做出调整以适应统治庞大帝国的需求，还有驱使罗马向外扩张的那些压力，即罗马贵族为获取荣耀和尊威而产生的竞争。私人军队和不断增加的财富也使危机进一步加深，直到尊威、财富和军事权力落入一人之手，实现独裁统治。但没有多少历史作品将罗马共和国的衰亡视作必然，即便在最后关头，依然有人为共和国及其理想做好了赴死的准备。罗马共和国的灭亡并不是一个命定的故事，而是一个关乎野心和自我牺牲、天才和愚蠢的纯粹人为之事。在共和国最后岁月那长存于世的魅力中，蕴含的正是这些普遍的人类特质。

落日和旭日

第一个给共和国致命一击的人是苏拉。当他在公元前88年向罗马进军，以阻止其统帅权移交到仇敌盖乌斯·马略手中之时，苏拉就已对共和国最本质的那部分构成威胁。由于坐拥私家部队，军阀苏拉拥有无论是元老院集体权威还是公民大会都无法阻挡的权力。然而，在攻下罗马后，苏拉并未立即开始他的独裁统治。他最关切的问题是首先击败本都国的米特拉达梯，后者入侵罗马亚细亚的行为引发了这一危机。此后的五年中，苏拉靠着罗马的政治力量继续其在东方的征服。然而，当他离开罗马时，苏拉的政敌发起了反扑。尽管马略在公元前86年，即其政治生涯中第七次当选执政官后不久便逝世，当苏拉于公元

前83年返回意大利时，他发现敌人已经和罗马以前的世仇萨莫奈人联合起来，后者是同盟者战争结束后依然同罗马作对的唯一一支意大利民族。苏拉的回应是再次向罗马进军，途中吸纳了带着私家军队的克拉苏和庞培的力量。有了后者的协助，在罗马科林门前的一场血战之后，苏拉击败了敌人。

现在，罗马共和国落入苏拉之手。为了规范自己的地位，他复兴了旧时独裁官一职，该官职自第二次布匿战争以后便再未设立。然而，和传统的罗马独裁官不同，他不受该职任期最长不得超过六个月的制度限制，而是无限期担任该职。在许多同代 101
人眼中，苏拉事实上已与国王无异。在武力的支持下，苏拉转向政敌开刀。有史以来第一次，罗马开列了清洗名单——其上列有一长串不许司法上诉而直接予以清除的人名。至少有80名元老和2 600名骑士被杀或遭流放，真实数字可能还会更高。苏拉把死者的财产充公而获得了大量土地，再发给他许诺过的那些为其效忠的士兵（比如庞贝城便成为苏拉所建的一个军事殖民地）。同样，苏拉的支持者也通过廉价购买被清洗之人的地产而大肆搜刮。克拉苏和庞培成了罗马最富有的两人。

独裁官职的恢复以及令人胆战的清洗名单让苏拉成了罗马史上最遭人仇视的人之一。但看上去似乎比较矛盾的是，在本质上，苏拉是一名真正的共和派。一旦他的地位得到巩固，苏拉便着手恢复元老院在格拉古时代之前所拥有的权威。因此，防止像马略以及他本人这样拥有异乎寻常的政治履历进而威胁到元老院集体和谐的军阀出现就变得格外重要。为此，苏拉强行规定了每个高级官职的就任者所必须拥有的最低年龄标准，以及从财务官升至执政官之间遵循的有序序列。他将财务官的数

地图7　最后一个世纪的罗马共和国

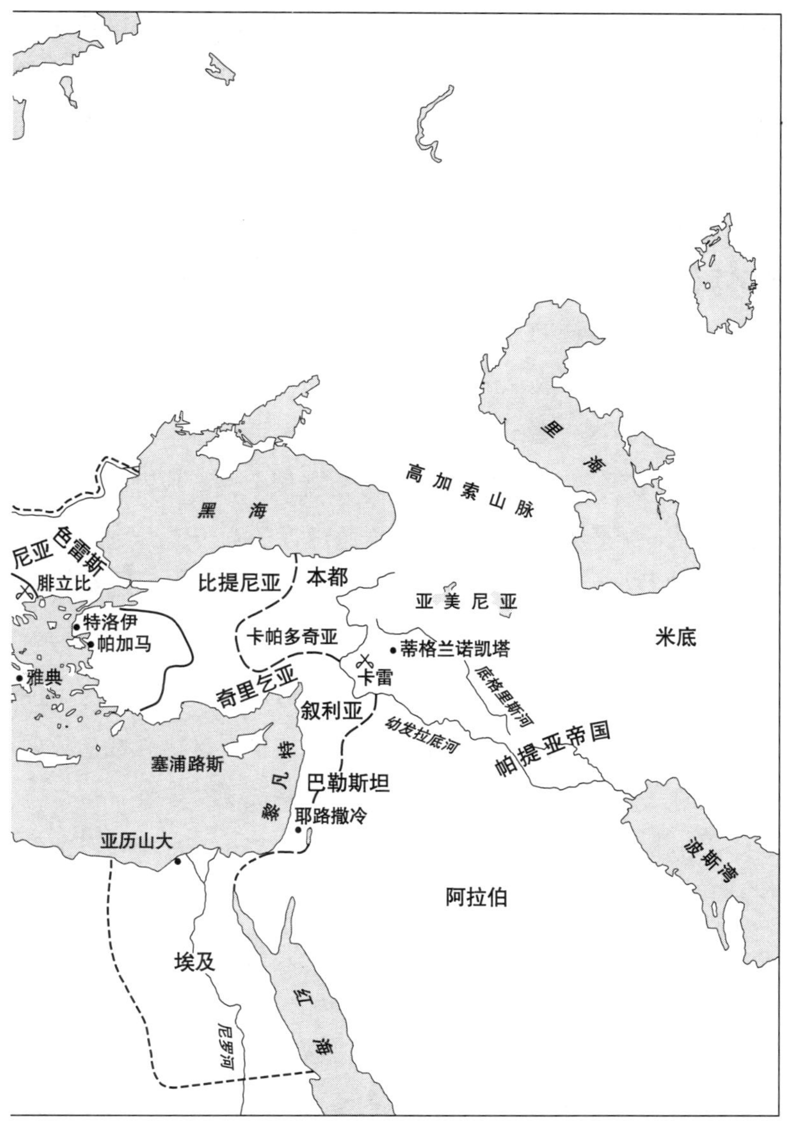
黑海
里海
高加索山脉
色雷斯
尼亚
腓立比
比提尼亚
本都
亚美尼亚
米底
特洛伊
帕加马
雅典
卡帕多奇亚
蒂格兰诺凯塔
卡雷
奇里乞亚
叙利亚
底格里斯河
幼发拉底河
帕提亚帝国
塞浦路斯
黎凡特
巴勒斯坦
耶路撒冷
亚历山大
波斯湾
阿拉伯
埃及
尼罗河
红海

量增加到20名，法务官数量增加为8名以减轻政府负担，同时还将陪审团重新置于元老院控制之下。另外，他削弱了让其在公元前88年失掉统帅权的保民官权力。保民官拥有的否决权被限制在保护公民个人权责之内而无法再过问国事。任何由保民官提请的法律必须得到元老院认可。更有甚者，凡已担任保民官一职的人将不得再出任其他官职，这让那些拥有政治野心的人对该职位纷纷避让。至少从理论上说，这避免了像提比略或盖乌斯·格拉古这样的人再次出现。

公元前79年，改革甫一结束，苏拉便主动辞去一切公职，归隐田园。他的这一举动再次令罗马世界瞠目结舌。无论对当代学者而言，还是对当时的人来说，苏拉就像个谜。他野心勃勃又
104 残酷无情，将罗马贵族为追求荣耀而进行的竞争提升到一个新的高度，却又在人生的最后几年致力于恢复罗马共和国的传统价值观。他死于公元前78年，墓碑上只有一句话：“没有更好之朋友，亦无更坏之敌人。”但他为巩固罗马共和国所做的努力注定是徒劳的。摧毁苏拉改革成果的那个人早在这位独裁者死前便已现身——他就是“伟大者”格涅乌斯·庞培。

当庞培在公元前83年带着他的三个军团加入到苏拉阵营之时，他年仅23岁，还未担任过任何公职。但庞培拥有大量财富、才华、个人魅力以及与之相匹配的超凡自信。在军旅生涯的早期阶段，庞培就赢得“少年屠夫”的绰号。但他更喜欢的一个称号是“马格努斯”（意为“伟大的”或“伟大者”），这是他有意效仿亚历山大大帝而给自己的一个尊称。像庞培·马格努斯这种对既定秩序构成挑战，无视共和国传统政治晋升道路的人就是苏拉所极力预防的典型人物。但元老院似乎无力阻止庞培在

民间日益上涨的呼声和威望。据说他曾对苏拉说出这样的话:“更多的人崇拜东升的骄阳而非西山的落日。”

从苏拉之死到“前三头”出现的20年被视作罗马共和国走向衰亡的一个关键时期。事实上,苏拉改革已使元老院的力量得到加强。政府结构和司法体系得到改善,意在恢复元老院统治的基石也已铺好。所需要的只是一段时期的和平和安定来巩固改革后的共和国体制。然而,贵族竞争和维持罗马帝国庞大规模之间的需求而产生的张力让这一时期的到来化为泡影。公元前70—前60年代的罗马史充满着一系列危机,其主导者是操纵了罗马军事机器的军头们。

苏拉刚一去世,执政官马尔库斯·埃米利乌斯·雷比达就
试图攫取独裁权力。这其实只是一个小问题,却暴露了元老院 105
的虚弱,因为元老官员手中没有用来抵抗叛军的军队。而庞培此时恰好离事发地不远,他动用手中的士兵将雷比达叛乱镇压下去。随后,他在元老院的授意下前往西班牙,对付马略的老部将独眼龙昆图斯·塞多留惹起的麻烦。双方之间的战争十分激烈,因为塞多留是个打游击战的高手。然而,庞培慢慢占了上风,塞多留最终被军中叛徒所杀。军事胜利为庞培带来了荣耀,他对罗马西班牙行省的整治又带给他大量的财富和依附民。以上之事均发生在公元前71年庞培返回罗马城之前。

庞培不在意大利的日子里,罗马又遭到一个新危机的摧残,这就是古代最有名的那场奴隶起义。公元前73年,一个色雷斯角斗士率领70余人从卡普阿的角斗学校逃走,此人名叫斯巴达克斯。在将无家可归的农民和奴隶聚在一起后,由他训练的一支武装力量于公元前72年击败了罗马执政官率领的军队,并蹂

躏了维苏威火山附近及外围四周的意大利中部大片地区。公元前71年，被选出并击败斯巴达克斯的将领是克拉苏。克拉苏系统而又无情地将起义军绞杀殆尽。斯巴达克斯战死沙场，6 000多名追随者被逐一钉死在从卡普阿通向罗马的阿皮亚大道之上。起义军中只有一小批人逃了出去，却又被返回意大利的庞培军一网打尽。斯巴达克斯起义因其传奇而不朽，但元老军队从叛军那里受到的羞辱进一步削弱了元老院的整体力量。同时，它还要面对两个敌对军阀的汹汹气势。

在斯巴达克斯被击败后，无论庞培还是克拉苏都未解散手中的军队。在将士兵驻扎在罗马城外后，两人为竞选执政官而达成协议，站在了一起。克拉苏此前曾担任过政府职务，也具备了法定候选人的足龄标准。但勉强达到36岁的庞培还从未担任过任何政府官职。然而，公元前70年他们的联合竞选最终获胜，
106 作为执政官的庞培进入了元老院，这是对共和国传统的一个公开蔑视。在两人任职期间，保民官的权力全部得到恢复，这是对苏拉试图强化元老院权威的又一沉重打击。就在这时，一个潜伏于一角而被长期忽视的新危机出现了，它进一步扰乱了本已薄弱的权力平衡。

在罗马诞生之初，海盗就已成为地中海世界的一个危险。但到了公元前1世纪，这个危险到了将要泛滥的程度，尤其是在罗马灭掉从前能对海盗进行制约的海军强国迦太基和罗德岛后。到公元前60年代早期，意大利沿海城镇便暴露在海盗攻击之下，罗马日益增加的人口所依赖的粮食供给也因此遭到威胁。年轻的尤利乌斯·凯撒在东方旅行途中曾被一个海盗团伙俘获。在支付了高额赎金获救后，他回过头来把那些抓他的人全

钉死在十字架上。但其他的罗马人就没这么幸运了。公元前67年通过的一项法律授予庞培统帅军队权以消除海盗威胁。庞培获得的权力十分巨大——他指挥着一支由124 000余人和270艘船只组成的庞大部队，这是共和国有史以来分配给单个将领的最大武装力量。他在海上拥有全权的“统帅权”，同时这一权力还延及海岸80公里以内的内陆地区。握有如此强大的兵力，在不到五个月的时间内，庞培将地中海上的海盗一扫而光，并攻陷了位于亚细亚南部的海盗窝点奇里乞亚。他用一种较为典型的流行方式纪念了这一伟绩，也就是给奇里乞亚的首府起了个新名字——庞培波利斯。这也是对他心目中的英雄亚历山大大帝的一种效仿。

在获得空前胜利之后，庞培趁热打铁，又取得了正在进行中的米特拉达梯战争的指挥权。本都国王米特拉达梯是罗马最顽固的敌人，他和罗马之间的战争打打停停进行了20多年。但当庞培成为这场战争的罗马统帅之时，米特拉达梯已是强弩之末。他最终于公元前63年被杀，此后庞培对罗马在东方的领地进行了重新规划。在罗马首次将霸权延及希腊东方世界的一个多世纪后，沿海地区的本都、比提尼亚、奇里乞亚和叙利亚最终成为罗马行省。在这些行省之外的疆域则由认可罗马霸权的依附国 107
施行统治，其中包括犹大和亚美尼亚。尤其是亚美尼亚充当了罗马和公元前1世纪崛起的劲敌——位于伊朗地区的帕提亚帝国之间的一个重要缓冲带。新建行省贡献的税收是罗马国家收入的两倍有余，但庞培又从那些急于用钱保住王位的国王手中取得了大量财富。此外，广大的地中海东部地区的众多人口成了庞培的依附民。作为历史首富的庞培回到罗马城，并于公元前62年举办了迄今为止最令人叹为观止的一场凯旋式。

> 游行队列最前方高举着一张张牌子，其上标有他所征服的那些民族的名字。它们是：本都、亚美尼亚、卡帕多奇亚、帕夫拉戈尼亚、米底、科尔基斯、伊比利亚、阿尔巴尼亚、叙利亚、奇里乞亚、美索不达米亚、腓尼基、巴勒斯坦、犹大和阿拉伯。还有那些海盗势力，在海洋和陆地均被肃清。征服途中，他攻陷了不下1 000个设防地区，以及将近900个城市、800艘海盗船只。他还建立了39座城市。

他人如何才能与如此辉煌的胜绩相匹敌？罗马贵族竞争的标杆几乎被抬到高出视线以外的地方，因此元老院内许多人对庞培创立的不世之功感到恐惧。对策就是与之保持距离。一回到罗马，庞培就要求元老院批准他在东方做出的调整，同时要求授予他曾允诺过的老兵以土地。此举得到老对手克拉苏的支持，因为后者希望通过东方地区的税收来敛财。但庞培遭到了来自保守派元老的集体反对，其领头羊是令人畏惧的马尔库斯·波尔奇乌斯·小加图。他在道德节操和坚守原则拒绝妥协两方面以曾祖父老加图为榜样。庞培并没有试图用武力解决问题，因为他担心苏拉当年遭到的怨恨会落到自己头上，同时他也缺乏政治手腕来达到目的。正是这一僵局将迄今为止一个相对
108 较小的角色推向了舞台中央，他就是盖乌斯·尤利乌斯·凯撒。

凯撒和庞培

生于公元前100年，凯撒是著名的尤利乌斯家族的后裔。该

家族可以通过罗慕路斯一直上溯到埃涅阿斯和女神维纳斯时代。古老而辉煌的家族史是个人享有尊威的巨大资源，但凯撒的家庭在政治领域却表现得没那么突出。凯撒政治生涯的早期阶段要比庞培循规蹈矩得多。他在常规年龄按惯例出任较低级别的官职，最突出的业绩是在公元前63年赢得了大祭司竞选，此为国家宗教最高职位。在远征西班牙的战争中获得了几次小胜后，凯撒于公元前60年返回罗马，他希望元老院为其举行凯旋式，并要求执政官竞选。在加图和保守派元老的强迫下，他只得从凯旋式和职位竞选中选择其一。凯撒选择了后者。政治天赋和个人魅力的完美结合使他将对手庞培和克拉苏团结在身后。凯撒答应满足二人心愿，作为回报，克拉苏和庞培为凯撒竞选公元前59年的执政官提供金钱和影响力。

“前三头”就这么形成了。这是一个三人之间结成的非正式同盟，庞培迎娶凯撒的女儿尤利娅象征着同盟的缔结。凯撒如期当选执政官，尽管他的同僚，加图的朋友马尔库斯·卡普尔尼乌斯·比布鲁斯是个坚定的反对派。由于无法获取元老院的支持，凯撒把他的法律带到了公民大会的现场。在庞培和克拉苏的支持下，法律得以顺利通过。在广场上被人泼了一身“污秽之物”后，比布鲁斯就辞去了公职。赋闲在家的他宣称观察到了不吉的预兆。从技术层面讲，这种宗教干预可以让凯撒的法律变为非法，因为其未得到神的同意便得以通过。在凯撒晚年这一控诉又为他带来困扰。而此时，三巨头的统治已无人能够挑战。凯撒的法律给了庞培老兵孜孜以求的土地，并批准了他在东方的规划和税收征缴。执政官任期刚结束，凯撒便前往高卢，为自己寻求财富和荣耀。

高卢全境分为三部分，分别住着贝尔盖人、阿奎塔尼人，另一部分自称凯尔特人，尽管我们称之为高卢人。

这是凯撒所写《高卢战记》的开头语。此书（以第三人称写成）是他为证明高卢战争的正当性并庆祝征服高卢而创作的。《高卢战记》的大受欢迎让凯撒征服带上浪漫的色彩，尤其是记录他和高卢酋长维钦格托里克斯之间战争的故事，后者在阿莱西亚战役中被征服前曾于格尔戈威亚一役中击败了凯撒。用一种苛刻的眼光看，高卢战争可以更精确地被称为种族灭绝战争，因为十年战争期间被凯撒所杀及俘虏的人口大约在100万。凯撒的军事行动另一重要之处在于，罗马第一次越过莱茵河进入日耳曼，并横跨英吉利海峡进入不列颠。虽然这些征服行动收效甚微，它们却无可置疑地证实了凯撒的野心和军事实力。他现在拥有了荣耀、财富和足以对抗庞培霸权的老兵力量。

回到罗马，麻烦进一步酝酿。因反抗三头统治而遭到驱逐被迫暂时流放的西塞罗和元老院保守势力联合起来，致力于将庞培从凯撒一边拉拢过来。由于“前三头”出现式微的苗头，凯撒中断了正在进行中的高卢战争，于公元前56年在卢卡召开会议，会见了另外两头。卢卡会谈延续了三者间的同盟。凯撒继续保有高卢战争的指挥权，而在克拉苏远征东方以寻求荣耀之前，他和庞培再次联手，担任了次年的执政官。但此时裂隙已经显现。公元前54年，庞培和尤利娅之间幸福的婚姻因后者难产致死而画上句号，这给庞培和凯撒的同盟以致命一击。在两个更具野心的同僚之间充当平衡角色的克拉苏对帕提亚帝国发起

图11　庞培（左）和凯撒（右）的头像

了侵略战争，而罗马还未认识到后者的实力。克拉苏及其率领的军队于公元前53年的卡莱战役中被帕提亚重装骑兵和马上弓 110
箭手合力屠杀。自此，罗马世界分裂为两大阵营。庞大如罗马帝国，也已无法容下庞培和凯撒这两只猛虎。

两个军阀之间的斗争揭开了共和国灭亡的序幕，这是一场非常典型的罗马内战。战争并不是看谁更爱国，或是否为罗马的未来而战。这是关乎权力、荣耀和尊威的较量，是罗马贵族自私自利本性的体现，标志着自我毁灭的罗马竞争精神的最高峰。由于凯撒的十年高卢征服战争很快就要结束，其敌人开始聚在一起围攻他。对凯撒可以威胁到自身崇高地位这一事实认识得十分清楚的庞培，联合了加图和其他保守派元老开始大打“共和”牌。就像上一代的苏拉那样，当面临战争和政治沉默的抉择之时，凯撒选择了战争。通过号召自己的士兵为维护其尊威而战，伴随着那句永镌史册的名言“骰子掷出去了”（*alea iacta est*），凯撒于公元前49年1月11日渡过卢比孔河进入了意大利
111 境内。对于这一行径，生活于一个世纪之后的尼禄皇帝统治时期的罗马诗人卢坎简练地评论道：“凯撒不接受平庸，庞培不接受平等。”

在此后的五年里，暴力遍布地中海的各个角落。庞培向东方撤离以团结支持者的力量。凯撒军团一路追去，在公元前48年希腊中部的法萨卢斯战场上，双方最后一次碰面。凯撒手里的人数只有庞培的一半，但其军队全由老兵组成，并且他亲自上阵指挥军团向庞培军队的侧翼发起进攻。在被俘的囚虏中，得到凯撒饶恕的有西塞罗和布鲁图斯。庞培逃往埃及，受命于13岁的托勒密十三世，他被人杀死于埃及的一处海滩。凯撒把凶手处死，并和托勒密17岁的姐姐克莱奥帕特拉七世（据传她被裹在一个地毯里被人悄悄送进凯撒的帐中）缔结了盟约。随后，托勒密十三世被杀，凯撒让克莱奥帕特拉在其弟托勒密十四世的协助下接管了埃及。后者很快死去，克莱奥帕特拉给刚出生的儿子取名为凯撒里昂。

尽管庞培已死，凯撒依然要面对许多敌人。其中有些威胁性很小，比如米特拉达梯的儿子——本都王国的法那西斯。公元前47年，凯撒用不到一周的时间就将其打败。凯撒用了寥寥数词纪念自己取得的功绩：“我来过了，我见到了，我征服了（*veni, vidi, vici*）。”更具威胁性的是残存的共和国卫士们，以小加图为首。凯撒在公元前46年于北非的塔普苏斯击败了一支共和国军队。面对凯撒的仁慈，小加图选择了自杀。他是共和国的殉道士，许多保持共和国信念的罗马人随后也以同样的方式

死去。甚至在此时，庞培从前的支持者又在西班牙集结起来，公元前45年的蒙达战役是罗马内战中最残酷，也是最血腥的一场战斗。凯撒的最终获胜稳固了他作为罗马世界独裁者的地位。 112

三月十五日

内战的摧残给共和国造成了严重破坏。行省陷入一片混乱之中，而作为罗马统治实体的元老院也失去了最后的权威。落在凯撒肩膀上的重任是他必须在其参与过的破坏之上进行重建。在其实施独裁统治的那段极短的时间内，他为随后罗马帝国的历史奠定了几块关键性基石。他重新厘定了行省管理和税收政策，罗马公民权的授予范围超出意大利，进入高卢、西班牙及其他地区。他还在某些荒废的城市（如迦太基和科林斯）建立殖民地，安置自己的退役老兵以助其恢复生机。在罗马城，凯撒用一年含365.25天的阳历算法取代了已不再精确的阴历。同时，一系列公共建设工程增加了就业率，并给这座城市和凯撒带来了荣耀。

凯撒的所有改革几乎都未遭到直接的反对。引发仇恨的是他实施权力而采用的方式。为了维持统治，凯撒坚持将独裁官保留在自己手中，其时限甚至比遭人憎恶的苏拉独裁官任期还要长。公元前45年通过的一项法令规定任期为10年。到了公元前44年，凯撒宣称他将终身担任独裁官一职，这暗示着凯撒已彻底抛弃共和国情愫。高级官员的遴选不再通过选举，而是由凯撒任命。人选甚至在其上任的五年前就已定好。元老院依然对决策进行投票，只不过它们已是凯撒决定好了的。因此西塞罗抱怨说他的名字被添加在了他从未见过的法令之上。昆克提利乌斯月（Qinctilius）更名为尤利乌斯月（July）。有流言称凯撒希望成为被逐走的罗马人的国王，尽管他在公元前44年2月举行的牧神节上公开拒绝了马尔库斯·安东尼为其献上的一顶王冠。在罗马，“王”（*rex*）这一头衔被人仇视了数世纪之久，而
113 身处这一文化中的凯撒竟成了一个赤裸裸的独裁者。

在公元前44年最初的几个月里，凯撒正在准备一场针对帕提亚的庞大军事征服行动，一方面为克拉苏报仇，同时也想从罗马紧张的气氛中解脱出来。计划好的离开让他的敌人最终定下了奋起反击的具体日期。凯撒对其所遭受的敌视十分清楚。他的妻子卡普尔尼娅曾梦到他被杀。同时，占卜师斯普利那告诉凯撒要警惕3月15日这一天。在凯撒被刺当天（3月15日）前往元老院的途中，他遇到了斯普利那。凯撒跟他打了个招呼，还开玩笑地说了句：“3月15日已经来了啊。”占卜师轻轻回复说：“是的，但这一天也还没有过去。”（见普鲁塔克）在元老院会堂内，凯撒被人围住，遭砍杀身亡，倒在他修缮一新的庞培雕像旁边。

有60位甚至更多的人参与到刺杀凯撒的阴谋中去，这强有力地证明了他引发的巨大仇视。西塞罗，这个对凯撒的恐惧和对他的敬仰同样强烈的人，在一封读来令人胆战心惊的信函中对凯撒之死欢呼雀跃，称之为“最为华丽的宴席”。“解放者”（这是他们给自己起的一个称呼）的领头人物是马尔库斯·尤尼乌斯·布鲁图斯。他是小加图的女婿，也是公元前510年驱逐国王的那个布鲁图斯的后裔。凯撒临终前最后几个字就是讲给他的——“还有你，我的孩子”（*kai su teknon*），这句话在莎士比亚戏剧中被换成了“还有你，布鲁图”（*et tu Brute*）。法萨卢斯战

役后，布鲁图斯得到了凯撒的宽恕，甚至他未来的仕途去向也给安排好了。这表明布鲁图斯的举动并非纯粹出于野心驱使。但这一原因并不能解释所有那些参与阴谋的同僚们的动机，因为每个人的动机都十分不同，如有人和凯撒有私仇，还有人希望能和凯撒竞争，从后者那里夺取官职和荣誉等。但这些“解放者”中没有一人想到过凯撒死后的将来。或许他们只是单纯希望原来的共和国能够回来。但共和国已经死了，凯撒之死留下的权力真空只能由其他人来填补。

凯撒曾准确地预测过他的死会导致另一场内战的爆发。布鲁图斯和“解放者”们被凯撒的副将马尔库斯·安东尼赶出了
罗马城。但是安东尼又因盖乌斯·屋大维乌斯的出现而受到挑 114
战。屋大维是凯撒年仅18岁的孙外甥，他因为凯撒的遗嘱而被过继成为凯撒的继子兼继承人，因此名字就改成了盖乌斯·尤利乌斯·凯撒·屋大维亚努斯。他和马尔库斯·埃米利乌斯·雷比达以及安东尼一起组成了“后三头”。西塞罗就是公元前43年“后三头”权力崛起中的众多牺牲者之一。公元前42年，在发生于希腊腓立比的两次战役中，“解放者”被击败，布鲁图斯自杀身亡。但是“后三头”的关系并不如“前三头”那样稳固。无能的雷比达被搁在一旁，罗马世界再一次分为两极阵营，分别是位于意大利的屋大维，以及同新盟友埃及女王克莱奥帕特拉站在一起的安东尼。在公元前31年的阿克提乌姆海战中，安东尼和克莱奥帕特拉被击败，两人逃往埃及，随后自杀身亡。屋大维成了罗马世界的统治者。四年后，他取号“奥古斯都”。

罗马共和国历时近500年。其故事发端于国王被逐，结束于皇帝出现。罗马从一个为生存而奋斗的意大利小城转化成为

庞大地中海帝国的霸主，唯有来自内部的冲突才威胁到了她的统治。然而，罗马的成功和失败又是不可分割地纠缠在一起的。在元老院集体权威的领导下，共和国特有的政治体制为罗马提供了稳定性和前进的方向，而贵族之间的竞争所导致的社会压力及其对荣耀的渴望驱使罗马不断向外扩张。但扩张激发的社会、政治和经济力量令共和国不堪其重，并且随着竞争日益激烈，权力落入少数军阀之手，他们之间的敌对最终演变为内战。然而，罗马共和国的故事并未因庞培和凯撒，安东尼和屋大维之间的流血和徒劳战争而终止。罗马对地中海世界的霸权还将存在于接下来的几个世纪中，罗马帝国则在共和国的功绩中扎根生长。即使在罗马以外，罗马共和国的遗产仍旧保留下来，成为
115 后世乃至今日的理想典范和警世预言。

第九章

共和国的余响

时至今日，罗马共和国灭亡已逾两千年，但其遗产却被保留下来。从废墟中诞生的罗马帝国沿用罗马共和国的传统，尽管这时皇帝独裁已取代了元老院集体统治。罗马帝国渐渐皈依基督教又为其增添了新的元素，对古罗马的尊敬又受制于针对异教根源进行的谴责，这一张力清晰地体现在来自希波的奥古斯丁（公元354—430）所著的杰作《上帝之城》中。在此后的多个世纪里，罗马共和国的影响力逐渐消亡，直到为人熟知的文艺复兴时代，古典文学和艺术迎来伟大的复苏。从马基雅维里的政治哲学到莎士比亚的戏剧，罗马共和国历史上的理想与教训、英雄与恶棍在一个新的世界中得到重生。伴随着美国和法国爆发的伟大革命，其间从罗马共和国乌托邦处获取灵感，人们对罗马历史的欣赏在动荡的18世纪具有了更大的意义。时至今日，罗马共和国遍及从知识分子话语到电影电视作品等西方文化的各个角落，以许多甚至不易察觉的方式影响着我们的生活。

从共和国到帝国

> 116 十九岁时，我用私人财产自行组建了军队，借此我恢复了为独裁派系所压制的共和国的自由。

刻于奥古斯都陵墓上的追悼铭文《功德碑》的开篇词，让墓主作为共和国捍卫者的自画像变得不朽。奥古斯都拒绝暗指其实施独裁统治的一切称号，他喜欢用更传统的指称“*princeps*”，即“第一公民”来称呼自己。事实上，奥古斯都就是皇帝，他治理的共和国的架构仅存在于名义上。元老院不再拥有权力，其功能是为了支持奥古斯都提出的请求，年度官员由皇帝任命而不再通过公民大会选举产生，军队听命于作为国家代表的皇帝。到公元14年奥古斯都逝世时，皇帝统治已牢固建立起来。罗马共和国让位给了罗马帝国。

但是，奥古斯都的形象，即所谓“元首制”（Principate）的门面，其本身就是将共和国继续保留在罗马的一个证明。奥古斯都从尤利乌斯·凯撒的命运中吸取教训，后者毫无遮掩的独裁统治直接导致其被刺身亡。奥古斯都对元老院怀有敬意，捍卫共和国价值观，同时尊崇道德和宗教。他安抚了经历整代人的内战而疲惫不堪的民众，并准备用传统的方式接受赋予他的权力。奥古斯都的直接继承人被迫做出类似的让步。公元1世纪，每一名赤裸裸地崇拜独裁政权的皇帝，从卡里古拉到尼禄再到多米提安，全部被消灭掉。如果不认可罗马共和国的过去，第一公民是无法实施统治的。

在日常生活层面，从共和国到帝国的转变虽是渐进式的，但变

化深远。一个时空旅行者若从公元前1世纪早期进入到公元1世
纪末期，他对于眼前的不同或许与其观察到的相同之处所产生的
惊讶程度大致相当。服装风格、房屋设计以及阶层和性别的差别
鲜有不同。人们继续阅读罗马共和国时代创作的文学作品，其艺 117
术也被用来为帝国服务。但也有新元素的出现，因为“罗马人”这
一称呼的定义在帝国时代发生了巨大的变化。在罗马共和国时
期，只有在同盟者战争后，罗马公民权才被给予其他意大利民族以
及受罗马特别恩宠的非意大利人。在整个公元1世纪和2世纪，罗
马人的身份遍布地中海，直到3世纪，罗马公民权才扩展至整个帝
国。在一个日益罗马化的世界，共和国的传统在罗马以外的地方
缺乏纽带。高卢、西班牙或者希腊东方行省内新增的罗马人口没
有动力庆祝当年抵抗罗马共和国军队而遭遇的失败斗争。有关罗
马共和国的知识随着岁月的流逝而衰减，虽然直到公元4世纪，对
于那些骄傲地宣称自己是某些伟大的罗马共和国英雄们后裔（尽
管这是虚构出来的）的贵族家庭，这些知识显得依然重要。

上帝之城

到4世纪，一个新事物已在罗马世界深深扎根。在罗马第一个基督徒皇帝君士坦丁于312年皈依后的数年，基督教已发展成在罗马帝国处于支配地位的宗教。对基督徒来说，罗马共和国的历史既有一种吸引力，又是一个挑战。许多基督徒，尤其是他们中的知识精英们以拥有罗马遗产为傲。但是，他们已背弃了曾造就罗马霸权的那些古老神祇（根据罗马人的传统说法）。公元410年哥特人攻破罗马是该城在800年来首次遭遇浩劫。这一历史事件将宗教矛盾带到一个新的高度。罗马城的陷

落是否源于基督徒抛弃罗马神灵而引发的诸神愤怒？正是在此背景下，希波的奥古斯丁写出了最具影响力的从基督教角度诠
118 释罗马共和国的早期论文，并将其并入自己的巨著《上帝之城》中。奥古斯丁看待罗马共和国历史的视角和李维或西塞罗十分不同。他反对那些依然将罗马共和国的兴起和衰亡归因于罗马人的道德以及古老神灵的看法。相反，奥古斯丁对早期罗马人及其诸神进行谴责。当罗马人崇拜的魔鬼因其罪恶而闻名时，又怎能说它们能够给予追随者以美德呢？朱庇特就是一个连环通奸者，维纳斯抛弃了丈夫伏尔甘去勾引马尔斯。罗马共和国宗教中的诸多神灵只不过是个笑料，同时他们也并未能保护罗马免遭皮洛士和汉尼拔的摧残。早期罗马配不上“充满美德的黄金时代”这一名声。罗马历史肇端于罗慕路斯杀死雷穆斯以及劫掠萨宾妇女的鲜血中。卢克雷提娅因自尊而非出于基督徒妇女卑微的谦逊而自杀。罗马人喜欢标榜“忠诚”（*fides*），但又摧毁了他们的盟友。他们对尊威和荣耀的痴迷引发的权力欲望使晚期罗马共和国深陷内战的泥沼。因此，奥古斯丁手持罗马共和国的传统价值观反过来攻击罗马人，并指出只有随着基督的到来，罗马人才能了解到真正的美德。

不过，奥古斯丁也确实承认罗马共和国具有的某些卓越之处。和罗马前辈一样，他也将罗马的帝国征服视作神圣天意，即基督上帝的意旨。为何上帝允许异教罗马拥有支配整个古代世界的权力？在奥古斯丁眼中，上帝将这一统治权

> 优先交给那些人而非其他任何人手中。他们出于名誉、赞美和荣耀而服务于自己的国家。他们探寻发现祖国安全之

> 荣耀高于个人之安危。他们压制对金钱及诸多其他不端之事的贪婪，以拥护其中一点，即对赞美之爱。

罗马人对荣耀的渴求如果本身并非一项美德的话，那么它抑制了更加严重的罪恶不断滋生，从而赢得了上帝的爱。罗马共和国的英雄们拥有基督徒应当学习并赶超的优秀品质。辛辛 119
那图斯来自垄亩，接过独裁官一职，然后回归贫寒。盖乌斯·法布里奇乌斯拒绝了皮洛士送上的贿赂。

> 当我们为至上荣光的上帝之城服侍时，若未能展示出罗马人曾在地上之城追逐荣耀树立榜样中呈现出的那些品质，那我们应因羞耻而感到刺痛。如果我们确实展现出了这些美德，那我们也丝毫不能以此为傲。

正是出于对其卓越品质的奖励，罗马人在尘世的地位被拔得很高。但他们将无法获得最高的那份奖赏，它们是留给在天堂里的基督徒的。不像真实、永恒的上帝之国，罗马共和国如尘世间的所有领域一样，都是暂时性的。

奥古斯丁死后的数世纪中，有关罗马共和国的知识变得湮灭不闻。在东方，罗马帝国以拜占庭帝国的形式存活下来，而拜占庭作家继续展现出对古罗马的兴趣，声称要保护罗马的历史传统。但在罗马帝国灭亡后的西部世界，罗马共和国的英雄和故事被圣经《新约》和《旧约》中记载的人物和事迹所替代，就像奥古斯丁和其他教会神父们的著作取代了普劳图斯、卡图卢斯和西塞罗的作品一样。一件保存于罗马梵蒂冈博物馆的手抄本最初藏在意大利北部的博比奥修道院内。大约7世纪末，一个无名僧侣在今天仅存的这部完整的西塞罗《论共和国》复本之上，誊写了拥有无数版本的奥古斯丁的《诗篇注释》。西塞罗这部伟大的政治学论文的残稿，以及无法追忆的无数亡佚的共和时代的作品，是有关罗马共和国的记忆在中世纪走向衰落的一个悲哀的证明。

马基雅维里和莎士比亚

西方对罗马共和国以及古人曾经生活过的那个世界的兴
120 趣随着14世纪文艺复兴的开始而复苏。对于古典艺术和文学的欣赏首先发端于像佛罗伦萨这样的意大利城市，罗马文化的兴起在这些城市里获得了特别的反响。意大利学者如彼特拉克（1304—1374）开始收集散落在各地的罗马共和国文化的遗物，罗马共和国的那些理想也被用来服务于新的社会和政治模型。随着文艺复兴传播至整个欧洲，古罗马以不同的形式被重新诠释以广泛满足各类需求。这一改造过程具有的绝对多样性，体现在处于文艺复兴时代两个截然不同顶峰的两人所写的著作中：佛罗伦萨人马基雅维里的政治哲学，以及英国人威廉·莎士比亚的戏剧。

在今天，尼科洛·马基雅维里（1469—1527）这个名字通常和“马基雅维里政治原则之信徒”（Machiavellian）一词所表达的愤世嫉俗和阴险狡诈的权力实践联系在一起。马基雅维里最著名的作品是《君主论》，在书中他为统治者如何获得和维持权力提供了建议。同时，就共和国政府本质这一问题的探讨，特别是关于他自身所在的城市佛罗伦萨，马基雅维里也是首屈一指的思想家。他孜孜以求的共和国模型不可避免地将他的目光聚焦在了古罗马。正如他在《论李维前十书》开篇附近所谈到的那样：

> 那些阅读了关于罗马城是如何建立的，由哪些人建立的，以及罗马城邦的法令和法律都有哪些的读者，将不会对以下这类事实感到吃惊：在经历过诸多世代以后，罗马依然能维持其众多卓越之处，或者她能够在日后成长为一个如此伟大的帝国。

尽管取了这么一个标题，但马基雅维里的这部著作涵盖了整个罗马共和国时期，而不仅仅只是涉及李维《建城以来史》的前几卷。通过罗马共和国历史上的事例，它为国家和政治家应如何行动提供了实践性纲领。这些例子涵盖了从“阶层斗争”及贵族和平民政府之冲突，到从汉尼拔和西庇阿·阿非利加努斯的政治生涯汲取的军事建议等等。透过马基雅维里实用性的眼光而非奥古斯丁的宗教视角，作为获取灵感之源，罗马共和国 121
在文艺复兴时期意大利复杂的政治环境中获得了新的重视。

当然，马基雅维里充分意识到了将古罗马标榜为共和国理想模型的缺陷。罗马的成功为自身带来了毁灭，它的社会和政治结构无法应付帝国的扩张。对马基雅维里而言，原因非常明确：

> 如果我们对罗马历史之进程详加审视，则能发现有两点原因导致了罗马共和国之瓦解：第一，和土地法有关的分歧之出现；第二，军事指挥之延长。

因为这两点，罗马共和国面临着同人民的矛盾，并逐渐失去了对贵族及其军队的控制。马基雅维里为罗马随着皇帝的出现失去自由而感到痛心，但他也没有找到医治的良药，因为这就是罗马为其胜利所付出的代价。他认为，一个共和国必须在两条道路上做出抉择：是像罗马一样意在扩张，还是像古代斯巴达或今天的威尼斯一样更倾向于保全自身。马基雅维里的选择非常明了。那些拒绝扩张的国家或许能稍长时间地维持统治，同时避开困扰罗马共和国的一些冲突，但这么一来也就远离了荣耀之路。所有国家要么兴盛，要么灭亡，最好是接受不和以及野心带来的挑战，“将其视作无法避免的灾祸，我们才能实现古罗马般的伟大”。

伊丽莎白时代英格兰的剧院和马基雅维里的佛罗伦萨政治委员会是两个截然不同的世界。但对威廉·莎士比亚（1564—1616）来说，罗马共和国对他的吸引力并不小。在生动呈现古罗马上，莎士比亚戏剧的影响力不逊于任何现代媒体。莎士比亚对罗马人的兴趣体现了他那个时代的潮流（已知最早的古罗马历史戏剧是其对手克里斯托弗·马洛受维吉尔的《埃涅阿斯纪》启迪而写的《迦太基女王狄多》）。但正是莎士比亚的作品最佳
122 地保留了伊丽莎白时代的人看待罗马史的视角。有三部莎士比亚的戏剧是基于罗马历史事件创作的，分别是：《尤利乌斯·凯撒》（1599）、《安东尼与克莱奥帕特拉》（1606）以及《科利奥兰纳斯》（1608）。这三部作品均大量参考了普鲁塔克的《传记集》，其由托马斯·诺斯爵士于1579年翻译成英文，尽管普鲁塔克并非莎士比亚创作的唯一来源。《泰特斯·安德洛尼克斯》（1592）和《辛白林》（1610）的剧情同样以古罗马为背景，但被

设置在共和国衰亡之后。《错误的喜剧》（1594）中的故事发生在希腊亚细亚，但它以普劳图斯的罗马喜剧为原型。除戏剧作品外，莎士比亚还在他的一部叙事诗中描绘了引向罗马共和国诞生的事件，即《卢克丽丝受辱记》（1593—1594）。

不像马基雅维里，莎士比亚对于被视作理想国家的罗马共和国几乎没有什么兴趣。当时的英格兰是个君主制国家，英国国王的名字出现在许多最优秀的莎士比亚历史剧中。但是，罗马共和国的社会和政治矛盾在当时同人民代表、贵族特权及独裁权力相关的辩论中引发了强烈共鸣。莎士比亚为与罗马共和国相关的戏剧所选择的主题反映了当时的辩论及诗人在选角和戏剧潜力方面的敏锐眼光。罗马对外扩张及政治上相对稳定的那几个世纪被忽略了。取而代之的是，莎士比亚将其笔墨放在了共和国的诞生和衰亡这两个端点上。

在《卢克丽丝受辱记》（“卢克丽丝”即卢克雷提娅）中，莎士比亚首先以诗歌的形式探究了罗马共和国的起源，并以布鲁图斯誓言复仇以及反抗塔克文·苏佩布结尾。差不多20年后，通过对或许只是传说人物的盖乌斯·马尔奇乌斯·科利奥兰纳斯的发掘，莎士比亚又回到罗马共和国这一题材。被对手流放出罗马城的科利奥兰纳斯和罗马的敌人结盟，决意报仇。他对罗马的进攻最终因母亲和妻子的苦苦请求而放弃。此后，他因背叛众人而被新盟友杀害。莎士比亚将他的《科利奥兰纳斯》
放在“阶层斗争”的开始阶段，而骄横的贵族和民众反复无常的 123
拥护之间的对比在观众中间激起了明显的反响。和历史上的债务奴隶制无关，莎士比亚戏剧中的穷人因贵族囤积粮食而被激怒。在《科利奥兰纳斯》剧本创作前夕，这种不满激发了血腥的骚乱，被称作“米德兰暴动”。悲剧英雄身陷不同党派和他自己的骄傲营造的困境中，其行为暴露的紧张局势最终由于他的死亡而未能得到解决。

对当代观众来说，《科利奥兰纳斯》是莎士比亚戏剧中的一部知名度较小的作品。但《尤利乌斯·凯撒》和《安东尼与克莱奥帕特拉》就不一样了。总的来看，这两部戏剧讲述了从凯撒担任独裁官到屋大维（未来的奥古斯都）取得胜利之间的历史。莎士比亚再次对导致罗马共和国灭亡的内在原因缺乏持久兴趣。但凯撒被杀引发的政治继承和弑君的正当性这两个相伴而生的问题，在都铎和斯图亚特王朝时期的英格兰备受争议。对莎士比亚来说，这些问题和他剧中的角色体现的人性纠缠在一起。剧中人物的复杂动机既不是罗马式的，也不是伊丽莎白式的，而具有普世性。莎士比亚的成就在安东尼于凯撒葬礼上的那篇著名演说中得到了集中体现：

> 各位朋友，各位罗马人，各位同胞，请你们听我说；
> 我是来埋葬凯撒，不是来赞美他。
> 人们做了恶事，死后免不了遭人唾骂，
> 可是他们所做的善事，往往随着他们的尸骨一齐入土；
> 让凯撒也这样吧。尊贵的勃鲁托斯
> 已经对你们说过，凯撒是有野心的；
> 要是真有这样的事，那诚然是一个重大的过失，
> 凯撒也为了他付出惨痛的代价了。
> 现在我得到勃鲁托斯和他的同志们的允许——
> 因为勃鲁托斯是一个正人君子，

图12 在根据莎士比亚《尤利乌斯·凯撒》剧本改编的电影(1953)中,马龙·白兰度所扮演的马可·安东尼

他们也都是正人君子——
到这儿来在凯撒的葬礼中说几句话。
他是我的朋友,他对我是那么忠诚公正; 124
然而勃鲁托斯却说他是有野心的,
而勃鲁托斯是一个正人君子。

(《尤利乌斯·凯撒》,第三幕,第二场)[①]

在《尤利乌斯·凯撒》中,更受人喜爱的角色到底是凯撒还是勃鲁托斯(即历史上的马尔库斯·布鲁图斯),观众对这一问题从未达成一致,而这正是莎士比亚的天才之处。凯撒所具有

① 译文引自朱生豪译,《莎士比亚全集》第五卷,人民文学出版社,1994年,148—149页。朱译剧名为《裘力斯·凯撒》。——译注

的野心是非常典型的罗马人品质，而痴迷于勃鲁托斯身上体现出的荣誉感或尊威同样如此。但这些都是普世性价值观，它们并不和安东尼对朋友的忠诚以及随后众人看到残缺不全的凯撒尸体而产生的恐慌有什么差别。勃鲁托斯是一个正人君子，他因其死亡而被赞颂为“最高贵的罗马人”。但荣誉感驱使他去刺杀待他如亲子的那个人。莎士比亚剧中的勃鲁托斯要比普鲁塔克笔下的同一人物更具野心，也更具人性。同样的分析可以用在《安东尼与克莱奥帕特拉》剧中的主人公上，尽管无论是这对骄奢淫逸的夫妇还是精于算计的屋大维都没有勃鲁托斯那样充满吸引力或具有悲剧性。不管缺乏浪漫主义的纯化论者对莎士比亚剧中的历史精确性问题提出什么样的批判，莎士比亚仍
125 将古代罗马人生动地刻画了出来，其采用的手法鲜有他人能够匹敌，而正是在这种手法中蕴含着他的罗马戏剧之所以拥有持久吸引力的奥秘。

共和国与革命

文艺复兴对于罗马共和国记忆产生的影响极其深远，这种影响没有比在18和19世纪大革命时代的激荡岁月里表现得更为明显的了。罗马古老知识的复兴为席卷欧洲和新大陆日益高涨的反对专制王权的斗争又添了一把火。罗马共和国为去君主化的政府提供了一个理想范本。在这样一个国家中，在至高无上的人民以及由人民选举的官员管理下，自由通过法制得到保障。托马斯·霍布斯在《利维坦》（1651）一书中已将英格兰内战与西塞罗的影响，以及“被教导仇视君主制的罗马人的观念”联系起来。在18世纪的美国和法国，以罗马为模板，共和派的观

点不断积攒力量，拥有截然不同的命运走向。

一名21世纪的旅行者在华盛顿特区或许依然能够察觉到罗马共和国对美利坚合众国的开国元勋们产生的影响。当新的联邦政府在1791年成立时，城市的那些地标被重新命名以向罗马表达敬意。古斯克里克（Goose Creek[1]）更名为台伯克里克（Tiber Creek），詹金斯山（Jenkins Hill）变成了卡匹托尔山（Capitol Hill[2]）。美国议会的召集地就叫卡匹托尔，这让人想起罗马的至尊至大朱庇特神庙。对于所有参与到为合众国宪法制定而辩论的那些人来说，这些关联十分熟悉。许多人借用罗马共和国的名字，如布鲁图斯、加图和辛辛那图斯来发表自己的观点。《联邦党人文集》（1787—1788）的作者詹姆斯·麦迪逊和亚历山大·汉密尔顿——两位美国宪法的主要起草人——就用过
普布利乌斯这一笔名。这让人想起了在罗马共和国和布鲁图斯 126
并肩作战的那位普布利乌斯·瓦列里乌斯·普布利考拉。

这些影射并非只是为了华丽的修辞。对于形塑美国的先驱者来说，罗马共和国提供了一个现实可行的模板，借此他们可以获得指引。约翰·亚当斯就是这批人中的一员。他在1787年发表了那篇杰出的论文——《为美利坚合众国政府宪法辩护》。作为继乔治·华盛顿后的美国第二任总统，亚当斯笃信历史上以罗马为原型的均衡政体。他最为青睐的政治家是西塞罗，后者对共和国政府的设想被亚当斯放在了序言部分以示敬意：

① 又名鹅溪，“creek”一词在英文中有小河、溪流之意。——译注

② 即国会山，美国国会所在地。——译注

> 古往今来，世间尚未诞生一位身兼政治家、哲学家，比西塞罗更为伟大之人。其应掌握重大之权力。其对政府三分之笃信建立在不可变更之理由上。法律，于任何时代及任何形式之政府，乃唯一规章、度量及司法之保障，定能得到保护。共和国之名，意为人民财产应在立法机关内得到代表，并决定司法之规章。

在西塞罗的理想共和国中，政府的三个分支分别是官员、元老院和公民大会。而根据亚当斯的宪法，这三个分支变成了总统（掌握执政官的裁决权）、参议院（作为审核机构，负责批准条约以及监督其他分支）和众议院（负责法律的通过和宣战）。像马基雅维里一样，亚当斯及其同辈知道罗马共和国最后灭亡了。他们的解决方案有二。首先，出于实际考虑，以及为了避免被许多人认为是简单的多数人民主而造成的暴政，选举产生的众议院替代了公民大会。一般民众就被排除在扮演政府任何集体角色之外，作为元老院精英的西塞罗一定会对此报以热心的支持。第二，再次和西塞罗的理想相契合，这种制度的监督和制衡功能
127 得到了加强。如果任何一个分支或者个人掌握了过多的权力，就像在罗马共和国灭亡之时所发生的那样，那么其他分支将联合起来进行抑制。因此，新美国从过去的历史中得到教训，实现了罗马自身得而复失的稳定。

法国的共和主义从未获得像美国那样的凝聚力和稳定性，但它依然借鉴了许多古典的范例。在1789年大革命爆发的前几年，法国人对罗马共和国的兴趣十分强烈。孟德斯鸠的《论法的精神》发表于1748年，该著作对美国的建国先父们产生了深远

影响，尤其是他对政府行政、立法和司法三个功能分立的坚持。然而，他从罗马历史中吸取的教训是极其不同的。根据孟德斯鸠的说法，“在将国王驱逐后，罗马政府本应该走上民主制”。然而这一切并未发生。元老贵族集团继续把持着权力，同时，随着罗马霸权的扩张，个人财富和野心将罗马引向暴政。孟德斯鸠总结说：“对一个共和国而言，拥有一小块领土是正常的。否则，共和国是不可能持续存在下去的。”一个像罗马这样大的共和国必将不可避免地走向腐败并陷入专制主义而抛弃对美德的爱，后者被孟德斯鸠视作所有共和政府赖以生存的一个根本原则。

卢梭在他的《社会契约论》（1762）中采用并完善了孟德斯鸠对罗马共和国的看法。任何一部作品都未能像这本书一样激发了法国大革命的理想。在寻求理想社会的过程中，卢梭将目光投向古代罗马，试图理解“地球上最为自由和最为强大的民族是如何行使其至高无上之权力的”。卢梭对自由通过法律之规章得以保障的强调和美国同辈们的观点密切契合。但卢梭高度重视人民主权和保持公共道德的需求，以此防止滑向 128
专制主义，就像孟德斯鸠所预言的那样。因此，在《社会契约论》中，卢梭的首要目标是鼓励公民过一种其理想中的共和国政府所需要的德行生活。根据这些主张，卢梭将罗马共和国视作他所生活的时代需致力效仿的一个象征。在罗马共和国时代，卢梭认为：

> 当时的人民不仅是最高统治者，而且也是政府官员和法官。元老院只是一个下属的仲裁法庭，来调和集中处理政府事务。至于执政官自己，尽管他们出身于古老的权贵

> 世家，是第一执政官，是战场上的绝对统帅，但在罗马只不过是人民的首领罢了。

这种人民主权论转而受到罗马美德的保障。卢梭所认为的古罗马人的基本特点就是美德，正如古犹太人的特点是宗教，迦太基人的特点是商业一样。甚至罗马共和国堕入无序和专制都丝毫不影响卢梭对罗马人民的赞誉，在卢梭看来，罗马人民“从未停止选举官员，通过法律，裁决案件，处理各种公私事务”。卢梭将罗马共和国灭亡的原因直接归为导致内战的“贵族制的滥用”。

无论是卢梭对罗马政治做出的解读还是他对罗马美德的景仰都无法承受严格的历史批判。但是卢梭产生的影响是深远的，其关于古罗马的看法对法国读者的吸引力不亚于约翰·亚当斯的理论在美国国父们中产生的效应。事实上，通过两人对罗马共和国历史所做的截然不同的判读，卢梭和亚当斯揭示了美国和法国的共和主义踏上的不同之路，后者在法国大革命中发挥了作用。不同于亚当斯所推崇的权力监督和制衡这种西塞罗模式，法国的革命家们沿着卢梭的指引前行，强调对人民主权和公共道德的捍卫。试图建立“美德共和国”的愿望在罗伯斯
129 庇尔恐怖时代达到高潮。在不到10年间，法国重演了500年的罗马史。它推翻君主制后建立了共和国，接着共和国又在无序状态下瓦解，最后迎来的是独裁政权。但罗马的吸引力是持久的，其因雅克-路易·大卫的名画《萨宾妇女的调停》（1799）而不朽，这幅画在作为法兰西第一执政的拿破仑·波拿巴篡夺权力的同一年被揭示。

图13　雅克-路易·大卫，《萨宾妇女的调停》(1799)

从罗马帝国到教父时期，再到文艺复兴，最后至大革命时代，不同世代都在对共和国的记忆进行重新解读，以服务于这个正在变化的世界的需求。这是一个持续的过程，一直前进，未加中断，直至今日。在19世纪，关于罗马共和国时代的征服有一个流行的“防御性帝国主义”的解读。也就是说，罗马持续不断的战争并非因其侵略性和贪婪性，而是出于保护罗马自身及其盟友的安全之需要。这样的解读在李维和其他的罗马史料中找到了支持。但“防御性帝国主义”同样为当时欧洲的帝国权力提 130
供了正当性，这些欧洲强国以类似的借口扩张自己的海外帝国。在20世纪下半叶，随着对罗马式好战越来越多的效仿以及在与驱使罗马进行扩张同样的压力下，这些帝国轰然解体。更晚近的学者对政治和战争这些传统领域之外的罗马共和国的生活产生了更强烈的兴趣。21世纪早期以来，对研究者来说，罗马人的家庭纽带、性别角色以及社会和宗教价值观有了新的意义。

罗马共和国也继续渗透在西方文化中。其中某些影响因扎根太深以至于被人们轻易忽视。帝国时代遍及欧洲许多地区的罗马道路和城市网络首先成形于罗马共和国时期，作为晚期罗曼语之根基的拉丁语的传播同样如此。罗马共和国时期出现的一些术语和概念在今天的政治辩论中具有重要作用，同一时期产生的词语和图像也激发了现代作家和艺术家的灵感。罗马共和国跌宕起伏的历史在我们的想象里从未停止拨动我们的心弦，无论是遭高卢洗劫的罗马城，还是穿越阿尔卑斯山的汉尼拔，抑或是
131 卢比孔河岸边以及三月十五日殉难的尤利乌斯·凯撒。

在转向罗马共和国的历史寻求灵感时，每一代新人都能在试图吸取某些教训的同时，揭示出自身的某些特性。今天，当透过2 000余年的历史回顾以往，罗马共和国的灭亡再次吸引了大

图14　塞伦·希德在HBO/BBC系列剧《罗马》中扮演的尤利乌斯·凯撒

众的眼球。罗马向外扩张、不断取得胜利的年代很少出现在电影和电视作品中，制片人和观众都更加喜欢罗马共和国那充满暴力和悲剧的结尾。从柯克·道格拉斯主演的经典电影《斯巴达克斯》（1960）到BBC制作的电视剧《罗马》（2005），共和国的最后岁月对那些渴望重现古罗马历史的人们产生的吸引力十分明显。但是，在这个变化比以往都更为迅速的世界里，我们依然希望能从罗马共和国的失败以及向罗马帝国的转变中，为自我寻求经验和教训。 132

年　表

（下文纪年均为公元前）

约1220年？　特洛伊战争

约1000年　罗马广场出现火葬坟墓

约800年　迦太基建立

753年　传统上的罗马建城年

约750年　帕拉丁山上出现铁器时代搭建的小屋

753—510年　罗马七王统治

罗慕路斯

努马·庞皮利乌斯

图鲁斯·霍斯提利乌斯

安库斯·马尔奇乌斯

卢修斯·塔克文尼乌斯·普利斯库斯

塞尔维乌斯·图利乌斯

卢修斯·塔克文尼乌斯·苏佩布

510—509年　卢克雷提娅遭强暴；末代国王卢修斯·塔克文尼乌斯·苏佩布被逐；罗马共和国成立

499/496年	在雷吉鲁斯湖畔罗马人打败拉丁人
494年	第一次平民撤离运动
约450年	《十二铜表法》
390/387年	高卢人洗劫罗马
280—275年	和皮洛士的战争
264—241年	第一次布匿战争
241年	西西里成为第一个罗马行省
237年	罗马占领撒丁尼亚
218—202年	第二次布匿（汉尼拔）战争
211年	攻陷叙拉古
200—196年	第二次马其顿战争；“希腊自由”
191—188年	和叙利亚的安条克三世（大帝）的战争
186年	镇压酒神节
184年	马尔库斯·波尔奇乌斯·老加图担任独裁官
172—168年	第三次马其顿战争
149—146年	第三次迦太基战争
149—148年	安德里斯库斯暴动；马其顿成为罗马行省
146年	攻陷科林斯和迦太基；阿非利加成为罗马行省
133—121年	提比略和盖乌斯·森普罗尼乌斯·格拉古
113—101年	和辛布里人以及条顿人的日耳曼战争
112—105年	朱古达战争
104—100年	盖乌斯·马略连续五年担任执政官；马略改革
91—89年	同盟者战争
88年	卢修斯·科尔涅利乌斯·苏拉进军罗马
82—79年	苏拉独裁统治

73—71年	斯巴达克斯起义
70年	格涅乌斯·庞培·马格努斯和马尔库斯·里奇尼乌斯·克拉苏担任执政官；马尔库斯·图利乌斯·西塞罗控告盖乌斯·维雷斯
67年	庞培击败海盗
66—63年	庞培重新规划东方
60年	庞培、克拉苏和盖乌斯·尤利乌斯·凯撒形成“前三头”
59年	凯撒担任执政官；庞培和尤利娅结婚
58—49年	凯撒在高卢
54年	尤利娅死亡
53年	帕提亚人在卡莱击败并杀死克拉苏
51年	西塞罗完成《论共和国》
49—45年	罗马内战
44年	凯撒于3月15日被害；盖乌斯·屋大维乌斯被过继，更名为盖乌斯·尤利乌斯·凯撒·屋大维亚努斯
43年	马尔库斯·安东尼、马尔库斯·埃米利乌斯·雷比达和屋大维形成“后三头”；西塞罗死亡
42年	腓立比战役；马尔库斯·尤尼乌斯·布鲁图斯自杀
31年	阿克提乌姆战役，屋大维击败安东尼和克莱奥帕特拉
27年	屋大维获得“奥古斯都”头衔

索　引

（条目后的数字为原书页码，见本书边码）

D

E

F

G

H

I

J

Q

R

索引

S

T

V

W

David M. Gwynn

THE ROMAN REPUBLIC

A Very Short Introduction

Contents

List of illustrations

List of maps

The publisher and author apologize for any errors or omissions. If contacted they will be happy to rectify these at the earliest opportunity.

Introduction

The rise and fall of the Roman Republic occupies a special place in the history of Western civilization. From humble beginnings on seven hills beside the River Tiber, the city of Rome grew to dominate the ancient Mediterranean world. Led by the senatorial aristocracy, Republican armies defeated Carthage and the successor kingdoms to Alexander the Great, and brought the surrounding peoples to east and west under Roman rule. Yet the triumph of the Republic was also its tragedy. The very forces that drove the expansion of Rome, and the rewards that expansion brought, led to social, economic, and political crisis and plunged the Republic into a descending spiral of civil war. The institutions of Republican government failed under the pressures of maintaining Rome's empire, and sole power finally passed into the hands of Augustus, the first Roman emperor.

For subsequent generations, the Roman Republic has offered a model, a source of inspiration, and a cautionary tale. The myths of the Roman past, its literature and art, and the heroes and villains of the Republic have never ceased to stir the imagination. Novels, films, and television series continue to exploit that legacy to this day, with widely varying degrees of historical accuracy. Yet the Republic's history is as gripping as any fiction. It includes moments of highest drama, from the Gallic Sack of Rome and Hannibal crossing the Alps to Julius Caesar on the banks of the Rubicon and the Ides of March. Only when set within their wider historical context can these events and their participants come alive, and that is what this book seeks to achieve.

Chapter 1 looks back through the mists of time to the origins of Rome. Roman legends paint a vivid picture of the foundation of the city and of the kings who ruled before the expulsion of the monarchy and the creation of the Republic. Whatever the truth of those legends, they reveal how the Romans understood their past and the world in which the Republic emerged. Chapter 2 continues the story as the political structures of the Republic took shape and Rome established itself as the dominant power of the Italian peninsula. The unique Republican constitution was one of Rome's greatest strengths and a source of much admiration in later centuries. But the rise of Rome was no less due to forces from within Roman society, reflected in the roles expected of Roman men and women and the social and religious principles that governed their lives. This is the subject of Chapter 3. Only by exploring the Romans' own values and beliefs is it possible to understand the Republic's dramatic rise and fall.

Chapters 4 and 5 take up Rome's transformation from an Italian city-state into the mistress of an empire. The epic clash between Rome and Carthage for dominance in the western Mediterranean was fought out across three destructive Punic Wars, in which even Hannibal's genius could not save the Carthaginians. Rome's eventual triumph in turn drew the Romans into the complex Greek-speaking world of the eastern Mediterranean. Victory over the successor kingdoms to Alexander the Great raised Rome to new heights, and allowed Greek influences to spread throughout Roman society. The expansion of Rome, however, came at a cost. Chapter 6 explores the consequences of expansion for the Republic, and the crises of the 2nd century that marked the beginning of the end.

There was far more to the Roman Republic than politics and the might of the legions. Chapter 7 turns to the Republic's literature and art, from the words of Plautus, Catullus, and Cicero to the monuments of Rome, and the images from Republican times preserved in the doomed city of Pompeii. Yet as Republican culture reached its zenith, the Republic's days were numbered. The rise of the warlords described in Chapter 8 plunged the Republic into an escalating sequence of civil wars, from which Gaius Julius Caesar emerged triumphant. The murder of Caesar on the Ides of March 44 BC only brought further violence, until finally the Republic disappeared, replaced by the Roman Empire under the sole rule of Caesar's adopted son, the emperor Augustus. Even then, the Republic's legacy endured. In Chapter 9, that legacy is traced through the Roman Empire and the early Christian Church to the Renaissance of Machiavelli and Shakespeare and the 18th-century revolutions in the United States and France. Still to this day, the Roman Republic compels our fascination and pervades Western culture, offering to the present both an ideal and a warning.

Chapter 1
The mists of the past

According to legend, the story of Rome begins with the fall of Troy. When the Greeks poured forth from the Wooden Horse and brought the ten years of the Trojan War to an end, the Trojan prince Aeneas gathered around him the last survivors of the burning city. Under his leadership, the refugees from Troy sailed first to Carthage in North Africa and then to Italy, where they settled on the plains of Latium. Aeneas, the son of Venus, the goddess of love, did not actually found Rome. But his son Iulus Ascanius became the king of the Latin city of Alba Longa and the ancestor of the Julian clan, from whose ranks would later arise Julius Caesar and the emperor Augustus.

The descendants of Iulus Ascanius ruled Alba Longa for many generations. Then a discontented prince, Amulius, deposed his older brother Numitor and seized power. Numitor's sons were executed and his daughter, Rhea Silvia, was made a Vestal, a virgin dedicated to Vesta, the goddess of the hearth. Fate, however, intervened. The virgin Rhea was raped and gave birth to twin sons, whose father she believed was Mars, the god of war. Abandoned beside the River Tiber by their great-uncle, the twins Romulus and Remus were suckled by a she-wolf and raised by the king's herdsman. Upon reaching manhood, the brothers overthrew Amulius and restored their grandfather to power. They then returned to the site of their abandonment by the Tiber to

1. Bronze wolf (possibly of Etruscan origin), with the children below added by a 15th-century pope

found a new settlement on the Palatine Hill. Sibling rivalry swiftly came to a head. Unable to agree upon who would lead the emerging community, the twins turned to violence and Remus was killed. From that bloodshed the state that would rule the Mediterranean world was born. In 753 BC, on the traditional reckoning, Romulus gave his name to the city he had founded and became the first king of Rome.

The new settlement faced immediate social crisis. In order for his community to grow Romulus welcomed all who came to him, among them slaves, fugitives, and brigands. But Rome lacked sufficient women to provide the next generation. A solution had to be found. The Romans held a great festival to which they invited the nearby tribes, of whom the most prominent were the Sabines. At a chosen moment, the Roman men sprang out and seized every young woman they could catch. By the time the Sabines had prepared their counter-strike, those women were wives and mothers. Separating the armies, they demanded that their fathers and husbands make peace. The 'Rape of the Sabine Women' secured the future of the Roman community and began Rome's influence over its neighbours.

In Roman tradition, Romulus was the first of seven kings who successively ruled Rome for almost two and a half centuries. Romulus himself disappeared under mysterious circumstances during a storm, and was said to have ascended to the heavens as the god Quirinus. His successor, Numa Pompilius, was a Sabine. He was credited with the organization of the Roman calendar and of the most ancient rites of Roman religion. By contrast, the third king, Tullus Hostilius, was a warrior. During his reign the Romans destroyed their ancestral city of Alba Longa, of which only the temples were spared. Ancus Marcius, the fourth king, was the grandson of Numa, and like his grandfather placed great importance on the correct conduct of public religion. But he was also a warrior, who established the rituals by which Rome might justly go to war and defeated the surrounding Latin peoples. On Ancus' death power passed to Lucius Tarquinius Priscus, who had come to Rome from the Etruscan people to the north. His reign saw the expansion of the Roman city, particularly around the central Forum, and he laid the foundations for the great Temple of Jupiter on the Capitol above the Forum. These civic works were continued by the sixth king, Servius Tullius, Tarquin's son-in-law, who devised the census by which the Roman population was mustered and defined the city by the erection of the Servian Wall.

The seventh and last king of Rome was Lucius Tarquinius Superbus, 'Tarquin the Proud'. The son of Tarquinius Priscus and married to Servius' daughter, Tarquin overthrew Servius and seized power. He ruled by fear as a tyrant and ignored the Senate, whose role was to advise the king. Tarquin's sons shared their father's character, and from their crimes came the downfall of the monarchy and the creation of the Republic. At a drinking party outside Rome, the princes and their guests began to boast of the qualities of their wives. When they rode home to determine the truth, the princes discovered their own wives enjoying themselves in luxury. Lucretia, the wife of their friend Collatinus, was on the contrary the model of female virtue and was found spinning and directing the domestic servants. Her beauty aroused the lust of Sextus Tarquinius, the youngest prince, who returned in secret and raped her at sword point. Innocent of guilt, Lucretia nevertheless sought atonement and before her father and husband she drove a knife into her heart. The man who drew forth the knife was Lucius Junius Brutus, the ancestor of the conspirator against Julius Caesar. Rallying the Roman people, Brutus expelled Tarquin and his sons. In 510 BC, the Roman monarchy was dissolved. The kings were replaced by two elected consuls, of whom the first were Collatinus and Brutus, and the Roman Republic was formed.

From myth to history

What truths lie hidden within these legends of the ancient Roman past? No written sources survive from the centuries before the Republic's foundation. The story of the Trojan prince Aeneas was immortalized in the *Aeneid* of Virgil (70–19 BC), an epic poem composed over a thousand years after the estimated date of the sack of Troy. For Romulus and his successors, our most valuable account was composed by one of Virgil's contemporaries, far removed once again from the age of the kings. The historian Livy (59 BC–AD 17) concluded Book 1 of the 142 books of his *History of Rome* with the Rape of Lucretia and the expulsion of the Tarquins. Virgil and Livy lived through the Republic's final collapse and the rise of Augustus (31 BC–AD 14), the first Roman emperor. Their writings can hardly provide an accurate record of the distant centuries before the monarchy's fall.

This should not deny the importance of Roman tradition. The early years of Rome were held up by later generations as a golden age in which the structures of Roman society were laid down and the virtues which made Rome great were revealed. Important customs and practices were associated with the early kings, and heroes of the past established models for true Roman behaviour. Lucretia set the pattern for Roman women in the domestic sphere and defended her honour with her life. Brutus' liberation of Rome from Tarquin's tyranny drove his distant descendant to conspire against the dictatorship of Caesar. These models were more than rhetorical ideals. They influenced how later Roman men and women acted, and they reveal how the Romans themselves envisioned where they came from. The stories from the mists of the Roman past are crucial to our understanding of the Republic, even if they do not always shed light on Rome's historical origins.

In the absence of reliable literary sources, the modern historian of early Rome must turn to other forms of evidence and place the first Romans within their physical and cultural setting. Rome is located in the fertile plain of Latium which lies halfway down Italy's western coast. Italian geography is dominated by the Alpine mountains and the Po River valley to the north and by the Apennine range, which runs like a backbone down Italy. The Apennines are steeper and closer to the coast in the east than the west, and the majority of the fertile soil in central Italy is on the western side. The plain of Latium could support a dense farming population, although the land had to be defended from the raids of the hill people of the Apennines, of whom the most notable in early Roman history were the Samnites.

The Indo-European Italic people who would become known as the Latins occupied the plain of Latium in c. 1500–1000 BC. For these early arrivals, Rome was a natural site for settlement. A ring of seven hills offered defensive protection, and nearby lay the Insula Tiberina, the island that marked the easiest point at which the River Tiber could be crossed. To the north was the region of

Map 1. Early Rome and Italy

Etruria, which by approximately 900 BC had been settled by the people known as the Etruscans. To the south from 750 BC onwards were a number of cities founded by colonists from the Greek world, including Syracuse in Sicily and Neapolis ('New City', Naples), from whom southern Italy would take the name Magna Graecia ('Greater Greece'). Latium in central-western Italy was at the natural junction for land communication between Etruria and Magna Graecia. This interaction of cultures was to exert a major influence on early Rome.

Archaeology has revealed a human presence in the area of Rome in the Bronze Age (before 1000 BC). The first significant settlement on the Palatine Hill is then attested by Iron-Age huts from the 8th century, suggesting that the traditional Roman foundation date of 753 may be more accurate than we might have assumed. During the 7th century this initial Palatine settlement united with settlements on the other hills, and the urban landscape of Rome began to emerge. The causes of this crucial development are only hinted at in our literary record. One striking feature of the legendary seven kings of Rome is that the names of two of the later kings, Lucius Tarquinius Priscus and Lucius Tarquinius Superbus, are not Latin but Etruscan. The transformation of the scattered hill settlements into the city of Rome would appear to have taken place under Etruscan rule.

Who were the Etruscans? This is a question that scholars have debated for centuries. Their origins are unknown, but the Etruscans had settled northwest of Rome in what is now Tuscany by at least 900 and perhaps as early as 1200 BC. Thousands of Etruscan inscriptions have been found, but frustratingly they cannot be read, for the Etruscans were not an Indo-European people and their language has no surviving parallel. Our knowledge of Etruscan culture derives from archaeology, particularly the elaborate *necropoleis* (cities of the dead) around their towns. Magnificent tomb paintings depict feasting, dancing, and athletic contests, including gladiatorial combats, which formed part of Etruscan funerary rites. Their surviving art and craftwork drew extensively on Greek influences, and it was through the Etruscans that Greek culture first entered Rome.

The Etruscan influence upon early Rome was profound. The very name Roma (Ruma) may be Etruscan, and the city that emerged in the 6th century followed an Etruscan pattern. At the city's heart on the Capitoline Hill stood the greatest temple of Rome, dedicated to the triad of Jupiter, Juno, and Minerva. In Roman tradition the temple was begun by the Etruscan Lucius Tarquinius

Priscus, and the Capitoline triad recalls the Etruscan divine trinity of Tini, Uni, and Menvra. The urban layout of Rome imitated the grid pattern typical of Etruscan towns, and Roman houses again followed an Etruscan model with an *atrium* (open court) leading into the *triclinium* (banqueting hall) from which doors opened into sleeping quarters. Etruscan architectural designs also left their mark. Aqueducts and bridges, drainage systems, and the extensive use of arches and vaults were all Etruscan features which were to become characteristic of Roman architecture.

Nor was Etruscan influence limited to Rome's physical appearance. As Roman tradition acknowledged, a number of Roman religious practices were derived from the Etruscans, including divination through haruspicy, seeking the gods' will by inspecting the organs of sacrificial animals. It is possible that the gladiatorial contests so popular in Rome were inspired by Etruscan funeral games. The Roman Republic also drew on the Etruscans for symbols of authority. Livy attributed to the Etruscans both the *toga praetexta* (a white toga with a broad purple border) that senior Roman magistrates wore and the curule chair (*sella curulis*) in which the magistrates sat when performing their duties. The *fasces*, bundles of rods within which was bound an axe, were originally carried by the 12 lictors who accompanied Etruscan kings as attendants and bodyguards, and under the Republic the same honour was paid to each of the consuls.

By the late 6th century the Etruscans had become the dominant force in northern and central Italy. Despite the scale of Etruscan influence, however, Rome never became an Etruscan city. As the Romans would repeatedly demonstrate, it was a cardinal gift of the Roman genius to absorb and adapt the strengths of those they encountered without sacrificing their own identity. The Etruscans, like the Greeks in later centuries, contributed greatly to Roman culture yet ultimately fell under Roman dominion. The expulsion of the kings did not end Etruscan influence but reaffirmed Rome's political independence and began its slow rise to power. The Republic that now took shape was a uniquely Roman creation.

Chapter 2
The Republic takes shape

The Roman Republic did not come into existence overnight. Tarquin Superbus' expulsion in 510 BC only marked the first step on the long and winding path that led Rome to greatness. The centuries that followed were years of intense external and internal conflict. In this crucible the Republic was forged. Gradually, Rome conquered its region of Italy and began to extend its reach further afield. The unique political and social structures of the Republic took shape and created a force the like of which the ancient world had never seen.

Our knowledge of the Republic's formative years is greater than for the legendary kings but still far from extensive. More than 200 years separated the monarchy's fall from the Pyrrhic War (280–275 BC) which confirmed Roman control over central and southern Italy. Livy's *History of Rome* offers a confusing story of near-constant warfare and internal strife, and earlier records were lost when a Gallic warband sacked Rome itself in c. 387 BC. Yet the essential narrative is reasonably clear. Between 510 and 275 BC, Rome became the dominant power of the Italian peninsula. Roman rule united the Italian peoples, from the Etruscans to the north to the Greek city-states in the south, in an expanding web of alliances that played a fundamental part in Roman success. Rome's external expansion was inseparably intertwined with developments inside its borders. During these same years, Roman society and politics were transformed through a series of crises traditionally known as the Conflict of the Orders. By the early 3rd century, the Conflict had resolved into the characteristic structures that defined the Republic under the collective leadership of the *senatus populusque Romanus (SPQR)*: the Senate and People of Rome.

The conquest of Italy

The Romans had first begun to exert authority over the surrounding Latin peoples under the Etruscan kings. The overthrow of the monarchy inspired a reaction against the nascent Republic. A coalition of towns formed the Latin League, whose army was joined by the exiled Tarquins. Early in the 5th century BC, perhaps in 499 or 496, the Romans faced off against the Latin army at Lake Regillus near Tusculum. The struggle was fierce, and legend attributed Rome's final victory to the aid of the divine Dioscuri (Castor and Pollux, the twin brothers of Helen of Troy) who appeared as young horsemen and rallied the Roman troops. Victory established the military superiority of the Republic over its immediate neighbours and laid the foundation for the unification of Latium.

The network of alliances that Rome created with the Latins over the two centuries that followed the Battle of Lake Regillus marked a key step in the Republic's rise to power. As allies of Rome, each Latin town did not pay tribute but was required to provide a fixed number of soldiers who served in the Roman army under Roman generals. The Latins were entitled to a fair share of any plunder gained in war and were promised the protection of Rome against outside aggressors. The Latin allies were also integrated more closely into Roman society. Romans and Latins could contract valid economic agreements that were legally binding on both parties, and they could inter-marry without the children being regarded as illegitimate.

It is difficult to convey just how revolutionary the Roman–Latin alliance was by the standards of antiquity. The contemporary world of ancient Greece was dominated by individual city-states, fiercely independent and jealous of their rights. Seen in these terms, the relationship between the Republic and its Latin allies was one of remarkable sophistication. The Latins dramatically increased the population base and military power that Rome commanded, and so enabled Rome to transcend the limitations of a city-state in a way that Greek *poleis* like Athens and Sparta would never achieve. The privileges that Rome offered were attractive and so its superiority rested on consensus more than oppression, and in later centuries the Latin allies largely stayed loyal despite the pressures of expansion and Hannibal's invasion of Italy. As Rome did not require financial tribute from its allies, however, its superiority was only explicit in times of war when the allied contingents were summoned for the army. The need to assert this superiority, as well as to fulfil its promise to protect its allies, would help to drive Roman aggression throughout Republican history.

Even with the aid of its Latin allies, the Republic initially struggled to impose Roman authority beyond the region of Latium. A century of conflict saw Rome slowly gain the upper hand within central Italy, but then disaster struck. In 390 BC (the traditional date), or more probably 387, an army of Gallic raiders swept down from the north. The Gauls passed through Etruria, defeated a Roman army, and closed on Rome. The last defenders held out on the Capitoline Hill but the city fell to the invaders, an event that would not occur again for eight centuries until Alaric and the Goths entered Christian Rome in AD 410.

The Gallic Sack of Rome is one of the most famous episodes of early Roman history, and stories from the disaster passed into legend. Livy recounts how the senators remained seated in their houses like statues, until an awestruck Gaul touched one noble's beard. The noble brought his ivory staff down on the barbarian's head, and the senators were butchered where they sat. The Citadel on the Capitol would have fallen to a night assault had not the sacred geese of Juno raised the alarm, and the Senate even debated abandoning the site of Rome until a centurion nearby was heard to tell his men 'we might as well stop here', a remark heralded as a divine omen.

In truth, the significance of the Sack of Rome has almost certainly been exaggerated. The disaster had an undoubted psychological impact, reflected in the Roman hatred of Gauls still apparent over 300 years later in Caesar's Gallic Wars. But archaeology has revealed few traces of destruction, and the Sack does not appear to have undermined Roman power. The Republic revived swiftly, and to deter future invaders the city was defended by the Servian Wall later ascribed to the penultimate king Servius Tullius. The remainder of the 4th century BC saw ongoing Roman advances, now directed particularly towards southern Italy. It was here that the Romans encountered their greatest Italian rivals: the Samnites.

The Samnites were a tough hill people of the Apennine mountain range. In the 5th century BC they had moved into the plain of Campania and captured the originally Etruscan city of Capua. Roman expansion south towards Campania sparked tensions and three Samnite wars. The first war (343–341 BC) was little more than a minor skirmish, but had one major consequence. In 338 BC Capua signed a treaty with Rome. This marked an extension of Rome's allied network beyond the region of Latium, and the rights granted differed slightly from those offered to the Latins. Capua and Rome's other Italian allies again had to provide men for military service in return for Roman protection and a share of the plunder, but also had to pay a set annual tribute and received fewer civic privileges. Rome's relationship with its Italian allies further increased its resource base and army strength, although the restrictions placed on the Italians led to tensions which exploded into war in the last century of the Republic.

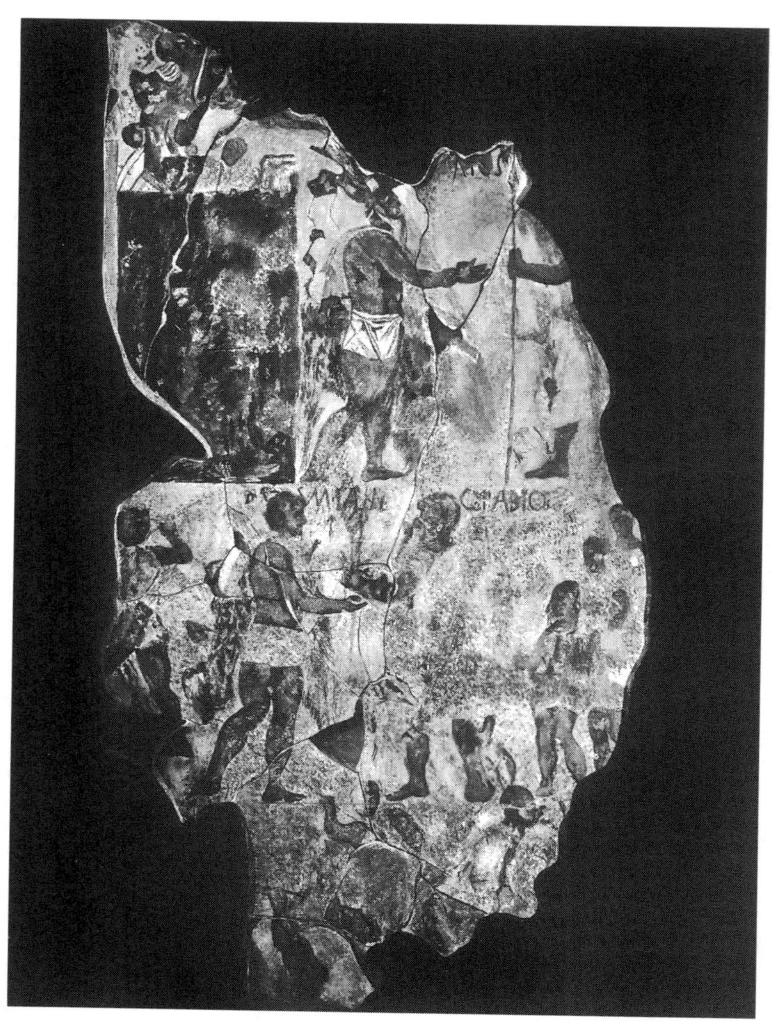

2. Esquiline Historical Fragment depicting the Roman general Fabius meeting the Samnite chieftain Fannius

Rome's rivalry with the Samnites came to a head in the second Samnite War (327–304 BC). A Roman attack led to humiliating defeat at the Caudine Forks in 321 BC, after which the defeated Roman army was forced to march under a yoke as a token of submission. Defeat only hardened Republican resolve. The secret of Roman success lay not just in its military might but perhaps even more in Rome's conviction of its own destiny and refusal to back down. In a pattern that would be repeated many times in the future, Rome regrouped its forces and returned to exact revenge. Unable to resist Rome alone, the Samnites formed a coalition with Gauls, Etruscans, and other Italians in a final attempt to oppose the spread of Roman dominion. At the Battle of Sentinum in 295 BC, Rome and its allies crushed the coalition and confirmed the Republic as the chief power of the Italian peninsula.

The last enemy whom the Republic faced during its conquest of Italy posed a very different challenge. Rome's expansion into southern Italy brought the Romans into closer contact with the Greek cities of Magna Graecia. Some of those cities welcomed Roman friendship, but amidst rising tensions the city of Tarentum looked to the east for aid in driving Rome back. The Tarentine appeal was answered in 280 BC by Pyrrhus, king of Epirus (modern Albania). Pyrrhus was one of a number of kings ruling the divided Greek-speaking eastern Mediterranean after the death of Alexander the Great in 323 BC. An ambitious man and an experienced soldier, Pyrrhus brought to Italy a powerful army of 20,000 infantry, 3,000 cavalry, and about 20 elephants, which Rome had never before encountered.

Pyrrhus' professional army was superior to anything in Roman experience. In the first two battles, at Heraclea in 280 BC and Asculum in 279 BC, the Romans suffered major defeats. But these Pyrrhic victories came at a high cost. The Battle of Asculum in particular left much of Pyrrhus' elite infantry dead on the field, inspiring his grim remark: 'One more victory like that over the Romans will destroy us completely.' The ferocity of Roman resistance caused Pyrrhus to withdraw to Sicily, and when he returned to Italy in 275 BC he was finally defeated by the Romans at Beneventum. Pyrrhus abandoned Italy (he was later killed in Greece attacking Argos after an old woman threw a roof tile at his head), and Tarentum surrendered. By 270 BC all of Magna Graecia had been incorporated within the Roman alliance, and Rome stood unchallenged as the mistress of Italy.

Senatus populusque Romanus

Throughout the years of Italian expansion, the social and political structures of the Republic continued to evolve. After the monarchy's fall, the ruling aristocracy of Rome was initially restricted to certain great families collectively known as the patricians (*patres*, 'fathers'). Only members of patrician families, such as the Claudii, Julii, and Cornelii, could hold religious or political office. All Roman citizens who were not patricians were classed as plebeians. While the plebeians did therefore include the poorest citizens, the plebeians were not simply 'the poor' as opposed to the patrician 'rich'. Some wealthy plebeians owned as much land as any patrician, but because they did not come from a patrician family they were excluded from holding office. Tension between patricians and plebeians was inevitable. The earliest disputes arose in reaction to patrician exploitation of the plebeian population. Over time, wealthier plebeians also sought to rally the wider plebeian body to support their claims to an equal share of political power. The long plebeian struggle for social and political rights has become known as the Conflict of the Orders.

Less than 20 years after the Republic's creation, if we are to believe the chronology of our sources, the Conflict of the Orders began. In 494 BC opposition arose against patrician treatment of plebeians who fell into debt. The poorer plebeians provided the bulk of the Republican army, and while on military service they struggled to maintain the farms from which they derived their livelihood. Many turned to patricians for aid, which left them open to abuse and even enslavement by their creditors. As the patricians controlled Roman politics, the plebeians found no help from within the existing system. Their solution was to go on strike. When the army was ordered out in 494 BC, the plebeians instead gathered outside Rome and refused to move until the patricians gave them some form of representation. This was the First Secession of the Plebs. Forced to make concessions, the patricians gave the plebeians the right to meet in their own assembly, the *Concilium Plebis*, and to elect their own officials to protect their rights, the tribunes of the plebs.

A second flash-point arose over patrician control of the law. Early Rome had no written legal code. Questions of justice were decided by customary unwritten law, preserved and judged by the patricians. Like debt-enslavement, this left the plebeians vulnerable to patrician abuse despite the protection provided by the tribunes. In c. 450 BC opposition to this arbitrary patrician justice led to the composition of the Twelve Tables, the first recorded Roman laws. Henceforth, plebeians could at least know the law, and their position gradually strengthened. By the end of the 4th century, the enslavement of Roman citizens for debt had been banned and all citizens possessed the right of *provocatio ad populum*, the right of appeal to the whole people against decisions made by a magistrate. This culminated in 287 BC with the *Lex Hortensia*, a law which declared that a plebiscite, a decree passed by the *Concilium Plebis*, was binding on the entire population, including patricians.

In the course of the Conflict of the Orders, the Roman people thus secured a degree of protection and of participation in the activity of the state. For the wealthier plebeians, this was not enough. They demanded a greater role and challenged the patrician monopoly on positions of power. Once again, the patricians were forced to make concessions. After more than a century of ongoing tensions, a law was passed in 367 BC allowing plebeians to stand for election as consul. The first plebeian consul was elected the following year, and from 342 BC onwards one of the two consuls had to be plebeian. Eventually, plebeians gained access to almost all major political and religious offices. The distinction between patricians and plebeians by birth still existed, but the Republic's ruling class had widened and a new aristocracy had emerged which contained both patrician and plebeian nobles. By the early 3rd century, this combined nobility was firmly established. So too were the three key elements that comprised the unique government structure of the Roman Republic: the magistrates, the Senate, and the popular assemblies.

The magistrates were the officials elected annually from the nobility to run the daily business of government. First and foremost were the two consuls who held the *imperium* (executive power) once wielded by the king. During their year in office, the consuls were the political and military heads of the state. They presided over the Senate, proposed laws if required, and commanded armies in the field. The consulship was usually the pinnacle of a Roman noble's career, and the Roman calendar dated each year by the names of those who held this highest office. The hatred of autocracy that had inspired the expulsion of Tarquin Superbus, however, remained strong. The election of two consuls prevented any one man from having too much power, and the consulship was held only for a single year.

Below the consuls were lesser magistrates, again elected annually. The major offices were those of praetor, aedile, quaestor, and tribune of the plebs. The praetor was the only magistrate apart from the consul to hold *imperium*, the right to command armies and preside over the Senate. The authority of the praetor was inferior to that of the consul, and the praetor's main role was civil and later provincial jurisdiction. Below the praetors were the aediles, who were responsible for the urban maintenance of Rome, including roads, water supply, food, and games. The most junior magistrates were the quaestors, who performed financial and legal duties. The exact roles and numbers of these three lesser magistracies expanded over time as the growth of Roman power increased the burden on the Roman state.

Tribunes of the plebs differed somewhat from the other magistrates. The office of tribune appeared after the First

Secession of the Plebs in 494 BC and was originally the only office open to wealthy plebeians. Ten tribunes were elected each year, and their intended role was to defend plebeians from unjust actions by patrician magistrates. For this reason the tribunes held considerable powers, including the right to intervene in support of a citizen being arrested by a magistrate, the right to veto the action of another magistrate, and the right to propose legislation in the *Concilium Plebis*. In theory the person of a tribune was sacrosanct, although this did not always protect those who used the office to pursue radical policies, most famously the Gracchi brothers in the 2nd century.

The other slightly unusual office was that of censor. Two censors were elected approximately every five years, but they held office only until they had completed their functions and never for longer than 18 months. Their primary role was to revise the list of citizens and assess both their property and their morality. This duty included a review of the Senate, into which they could enrol new members and remove any found guilty of improper behaviour. The censorship was therefore a prestigious office and was almost invariably held by ex-consuls. The most notorious censor of the Republican period was Cato the Elder (also known as Cato the Censor), who held the office in 184 BC. Cato strongly believed that the Republic of his day was declining from the moral standards of the early Romans. As censor he expelled from the Senate those whom he regarded as flouting traditional Roman behaviour, condemning one senator who had embraced his wife by daylight in the presence of their daughter.

These offices together formed the *cursus honorum*, the sequence of magistracies that a leading Roman noble might hold. In a conventional career, a man held his first office as a quaestor at a minimum age of around 28. He then became either an aedile or a tribune of the plebs, before seeking election as praetor. Those of sufficient renown could then aspire to the consulship and later perhaps stand as censor. A gap of two years was expected between

3. Census scene from the so-called 'Altar of Domitius Ahenobarbus' (actually a statue base) from the early 1st century BC

the possession of each office, and in the 1st century, when age requirements were imposed for the major magistracies, they were set at 39 for praetor and 42 for consul. These expectations could not always be enforced. Competition among the elite for office was intense, and exceptional individuals repeatedly challenged the *status quo*. Only in the last century of the Republic, however, did individuals emerge with sufficient power to dominate the highest offices and threaten the very basis of the Republican system.

All Republican magistracies shared certain key characteristics that reflected the Roman desire to check individual power. Office had to be earned through election, occupied for a limited period, and exercised together with one or more colleagues. There were certain exceptions to these rules. A consul or praetor at the end of their year in office could be granted an extension of their *imperium* should the need arise. They then became pro-consuls and pro-praetors, although such extended authority became common only in the 1st century. The other great exception was the position of dictator. Despite the Roman hostility to autocracy, the Republic recognized that there were occasions when a single leader was required. In such an emergency, a dictator was appointed with superior *imperium* to oversee the state. A dictator could hold office only for six months or for the duration of the emergency, whichever was shorter. The 'perpetual dictatorship' later held by Julius Caesar was in Roman eyes a contradiction in terms, and a major cause of his murder.

The magistrates were the executive arm of the Republic, responsible for daily government and for political and military leadership. Yet true political power in the early Republic did not lie with the individual magistrates but with the collective authority of the Senate. A Roman noble held office only for short periods of time during his adult life, and the tradition of annually elected magistrates gave those in office limited experience. At times this proved a weakness, notably when consular generals faced professional soldiers like Pyrrhus and Hannibal. Magistrates were therefore expected to follow the guidance of the Senate, which had evolved from the noble council that had advised the kings. A magistrate was himself part of the Senate, and after his year in office resumed his role as a normal senator. Major decisions were always first debated in the Senate, and in particular the Senate oversaw foreign policy, civil administration, and finance. It was the Senate that was the real foundation of Republican government.

Decisions proposed by the Senate had to be confirmed by the third element of the Republican system, the popular assemblies. It was the assemblies that approved laws and elected all the annual magistrates. There were several different forms of public assembly in Rome, but the two most important under the Republic were the *Comitia Centuriata* and the *Concilium Plebis*. The *Comitia Centuriata* elected consuls and praetors and made declarations of war. The *Concilium Plebis* elected tribunes of the plebs and passed plebiscites proposed by the tribunes. Although these popular assemblies had theoretical sovereign power, in reality they too followed the guidance of the Senate. The magistrates who summoned the assemblies only brought before them issues that had been debated already by the Senate, and the assemblies almost invariably endorsed the Senate's decision. It was a sophisticated system that acknowledged the right of all citizens to have a say in government while in practice keeping control in the hands of the nobility. The Republic was governed by the Senate and People of Rome, very much in that order.

The Republican constitution was a uniquely Roman creation. The people had a degree of sovereign power, but Rome was not a democracy and was far less vulnerable to popular whims than classical Athens. The ruling patrician and plebeian aristocracy was clearly defined but nevertheless open to new blood, and possessed a practical flexibility that the equally militaristic Spartans lacked. The magistrates held executive authority in their year in office, but the limitation of annual elections and the collective leadership of the Senate prevented any one individual from seizing autocratic power. The Republic was a stable, conservative, yet adaptable form of government that provided the platform for Rome's rise to greatness. Driven by its competitive and warlike senatorial elite, Rome became the dominant power of Italy and the wider Mediterranean world. This was the Republic's triumph. It was also its downfall. For the conquest of an empire generated pressures that the structures of the Republic had never been intended to withstand.

Chapter 3
Men, women, and the gods

The Roman Republic was a living entity, a complex and dynamic world that evolved with time yet always remained distinctively Roman. The social structure was an ordered pyramid from the senatorial aristocracy at the peak to the smaller farmers and craftsmen and the numerous slaves who provided much of the workforce. But this structure was never rigid, and the ability of outstanding men outside the hereditary elite to advance themselves was one of Rome's great strengths. In daily life the fundamental unit was the family household, dominated in theory if not necessarily in practice by the patriarchal *paterfamilias*. Women played largely subordinate roles, although their importance in Roman history is hardly done justice by our male literary sources. Private and public spheres merged together at all levels of Roman society, united through the shared cultural and religious values that shaped Rome's sense of its own identity.

Dignitas and *gloria*

In the middle of the 5th century, the fledgling Republic found itself under attack from the neighbouring peoples of central Italy. The situation was critical and Rome appointed a dictator, Lucius Quinctius Cincinnatus. Livy takes up the tale:

> Cincinnatus, the one man in whom Rome reposed all her hope of survival, was at that moment working a little three-acre farm (now known as the Quinctian meadow) west of the Tiber, just opposite the spot where the shipyards are today. A mission from the city found him at work on his land – digging a ditch, maybe, or ploughing. Greetings were exchanged, and he was asked – with a prayer for divine blessing on himself and his country – to put on his toga and hear the Senate's instructions. This naturally surprised him, and, asking if all were well, he told his wife Racilia to run to their cottage and fetch his toga. The toga was brought, and wiping the grimy sweat from his hands and face he put it on. At once the envoys from the city saluted him, with congratulations, as Dictator, invited him to enter Rome, and informed him of the terrible danger.

Cincinnatus entered Rome and accepted the dictatorship. He summoned all men of military age to gather with their equipment, marched out and won a great victory, and returned to Rome to celebrate his triumph. His chariot was preceded by the captured enemy commanders and followed by his soldiers with their booty. Cincinnatus then resigned his dictatorship. He had been in office for just 15 days.

Is the story true? It does not really matter. Lucius Quinctius Cincinnatus was remembered as a model of the ideal Roman. This leading man of his time was a farmer, who tended his small plot of land with his own hands. When he was approached by the Senate's envoys, he dressed correctly in his toga before receiving their instructions, wiping away the sweat before accepting their request. He won glory through his victories and celebrated in triumph. Then he laid down his power, for he cared more about the good of the state than about his personal prestige. Cincinnatus thus represented in one person all the virtues to which the later Romans attributed the Republic's rise to greatness. The early history of Rome is full of such heroic examples: the sacrifice of Lucretia, which inspired Lucius Junius Brutus to overthrow the monarchy; Publius Horatius Cocles, defending the bridge across

4. Modern statue of Cincinnatus from Cincinnati

the Tiber against the Etruscan king Lars Porsena; Gaius Fabricius, who fought against Pyrrhus but warned the king when Pyrrhus' physician offered to poison his master.

Through these stories, we gain a glimpse of how the Romans saw their ancestors and themselves. Early Rome was held up as a golden age, whose people embraced a simple lifestyle uncorrupted by excessive luxury. From this virtuous life, they won divine favour and drew the strength in adversity that gave Rome superiority over its neighbours. Later generations were taught to emulate and surpass their heroic forebears. It was this emulation that helped to drive the Republic's expansion, which brought wealth into Rome on a previously unimaginable scale. And as the Republic finally collapsed into chaos and civil war, it was moral decline and the loss of ancestral virtue that the Romans invoked to explain their fate.

The early Republic's greatest heroes came from the highest level of Roman society, the senatorial elite. Following the fall of the monarchy, membership of the Senate became the chief marker of social and political status in Rome. The most ancient families such as the Julii, Fabii, and Cornelii traced their descent back to the time of the kings and beyond, and formed a largely hereditary aristocracy prominent throughout Republican history. But the senatorial elite were not a closed caste and remained open to new blood. The Conflict of the Orders saw wealthy plebeians gain equality with the older patricians, and in later centuries a slow stream of outsiders gained senatorial standing. Such an individual was known as a *novus homo* or 'new man', the first of his family to enter the Senate or to reach the consulship, and these included the luminaries Cato the Elder, Gaius Marius, and Marcus Tullius Cicero.

The Roman Senate was in theory a body of equals, but there was nevertheless a hierarchy of honour within the elite. When the Senate met in debate, the first men to speak were the presiding consuls. They were followed by the most senior ex-consuls, then the praetors and ex-praetors, and on down the chain of seniority. Junior senators usually did not speak, and those who did almost invariably followed the guidance of their elders. The Senate was therefore a conservative body in which the oldest and most experienced men had a powerful influence. The leader of the Senate, the man who spoke first after the consuls, was known as the *princeps senatus*, the first among the equals of the Senate. Augustus would later adopt this title of *princeps* as befitting the first Roman emperor.

What determined a man's standing in the Senate was his *dignitas*. This complex concept, far more nuanced than the English word 'dignity', represented the sum of an individual's personal worth and the worth of his family. Those who had held higher offices, especially the consulship, had more *dignitas* than those who had not. Those whose ancestors had won fame inherited greater *dignitas*, and an individual's actions could in turn promote (or erode) his *dignitas* and that of his family. Above all, the single most important means through which a man could enhance his *dignitas* was by winning *gloria*. In Republican Rome, the highest form of *gloria* was achieved through war, through leading armies to victory. Every Roman noble sought *gloria* to increase his *dignitas* and surpass his rivals within the senatorial hierarchy.

The story of Cincinnatus encapsulated the ideal to which senators sought to aspire. When called to the dictatorship, Cincinnatus already possessed such *dignitas* that no one challenged his appointment. He then won further *gloria* through his victories, which was recognized when the Senate granted him a triumph. This was the highest accolade a successful Roman general could receive, the right to parade a victorious army through the city of Rome displaying the prisoners and booty captured on campaign. The triumphal procession began outside the city boundary on the *Campus Martius*, the Field of Mars. From there the route passed into Rome, down the Circus Maximus, and then up the *Via Sacra*

(Sacred Way) through the Forum, culminating at the Temple of Jupiter Optimus Maximus on the Capitol where the general offered sacrifice in thanks for the god's favour.

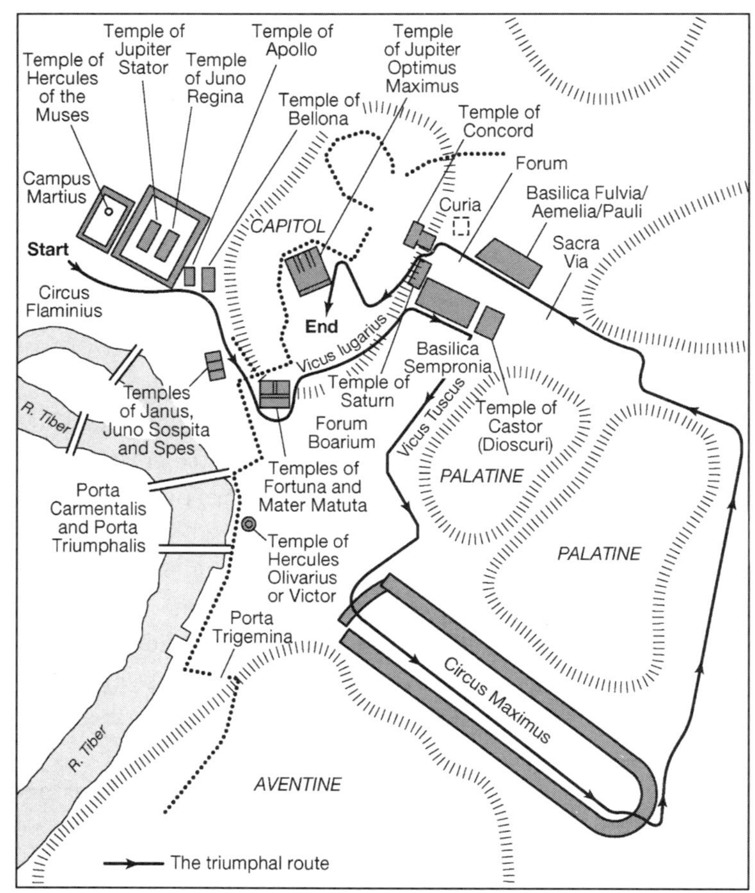

Map 2. The Triumphal Route through Rome

Each new senatorial generation was surrounded from childhood by the stories of past heroes and monuments to their deeds. Even within the home, famous ancestors watched over their descendants. Pliny the Elder, writing in the early years of the Roman Empire, described the images that stood in Republican noble houses:

> They were not statues by foreign artists, not bronzes, not marbles, but wax masks (*imagines*) of members of their family, and these were displayed on individual urns so that their likenesses might be carried in procession at family funerals. For, invariably, when someone died, all the members of his family who had ever existed were present. The family tree was traced by lines connecting the painted portraits. Our ancestors' archive rooms were filled with books, records and written accounts of their achievements while in office. Outside the houses and round the door-lintels were other likenesses of those remarkable men. Spoils taken from the enemy were fastened to their doors and not even a subsequent purchaser of the house was allowed to take these down. Consequently, as they changed owners, houses celebrated an ongoing triumph.

It is impossible to exaggerate the significance for Republican history of the pressures placed upon the senatorial elite by the demands of *dignitas* and *gloria*. The men who dominated Roman social and political life were encouraged from birth to compete for prestige and to emulate and surpass the achievements of their ancestors. The impact this had in driving the military expansion of the Republic was a crucial factor in Rome's rise to power. Yet in the competitive ethos of the elite lay also the seeds for the Republic's fall. The desire for *dignitas* and *gloria* inspired all Republican champions, from Scipio Africanus the conqueror of Hannibal to Pompeius Magnus and Julius Caesar. As individual nobles acquired ever greater stature, they competed not only between themselves but with the collective authority of the Senate. Personal *dignitas* became more important than service to the state, until finally one man gained the power to subordinate Rome to his will.

Farmers, traders, and slaves

Below the senatorial aristocracy, Roman social divisions were less clear cut. In the late Republic, a bloc emerged directly below the senatorial elite known as the *equites* (equestrians or knights). They were heavily involved in trade and industry, which were of only limited importance in early Rome. But the main body of the free Roman population were small farmers who tilled their own fields and served when the army was called up to campaign. They were united with the elite through a bond essential to the harmony of Roman society, the relationship between patron and client. The patron offered protection and financial aid in return for the client's labour and political support through votes and public displays. It was an informal rather than legal relationship and so was open to abuse, but such abuse was rare. The support of numerous and loyal clients was important to a noble patron's *dignitas*, and the patron–client relationship provided one of the few forms of welfare available to the less fortunate in Rome.

During the great years of Mediterranean conquest, the small farmers provided the backbone of the Roman military. The early Republic did not have a permanent or professional army. Soldiers were called up when Rome was at war, which was admittedly frequent, and when not fighting had to maintain themselves on their farms. Those who had no property were not permitted to serve, initially because a soldier had to pay for his own equipment. As the military demands on Rome increased, pay for soldiers was introduced and the state took over the production of armour and weapons, which further ensured the uniform appearance and tactics of the army in the field. Yet the principle remained that only those who possessed a certain level of property should qualify for the *assidui*, those eligible for military service. This would change in the crises of the late Republic, a development that contributed directly to the Republic's fall.

The Roman population also included a significant number of non-citizens, which again increased as Rome's empire expanded. By far the largest and most important bloc were the slaves, who played a crucial role in Roman society and the economy. Slavery was endemic in the ancient world and was already firmly established in Rome when the Twelve Tables, Rome's first law code, were compiled in c. 450 BC. Male and female domestic servants performed many functions in noble households, from cooking and cleaning to teaching and entertainment, while in the countryside slaves farmed noble estates and laboured in state-run mines. In the early centuries slaves were usually prisoners from Rome's Italian wars, but as Roman power spread across the Mediterranean slave numbers skyrocketed: 150,000 slaves were taken from Epirus alone in 167 BC, and Julius Caesar enslaved 500,000 people or more in his campaigns in Gaul.

By comparison to slavery in more modern times, ethnicity does not appear to have greatly influenced Roman practice. There was no Roman equivalent to the later black slave trade to the Americas. Instead, certain peoples were valued for particular roles. The Greeks were prized as teachers and household servants, whereas Gauls and other 'barbarians' were preferred as farm labourers. Domestic workers were probably better off than those in the fields and the unfortunate slaves sent to work in the mines. Although their treatment could be brutal, however, Roman slaves had one unique advantage. Unlike the Greeks, the Romans allowed slaves who were freed to gain some (not all) of the benefits of citizenship. These *liberti*, freedmen, were expected to be loyal to their former masters, and under the Roman Empire some exceptional freedmen were to rise to positions of great wealth and power.

Amidst expansion and social change, the Roman economy remained fundamentally agricultural. For the vast majority of the population the chief concern was simply to grow sufficient food to eat, and even for the aristocracy land ownership was always the basis of wealth. Nevertheless, Rome's transformation into the mistress of a Mediterranean empire inevitably impacted dramatically on its economic life. This is reflected in the emergence of Roman coinage. Early Rome did not mint coins. Any agricultural surplus was exchanged through barter at temporary markets, with the only 'money' being bronze ingots that Rome began to issue at a fixed weight in the 4th century. Contact with the Greeks of southern Italy gradually encouraged Rome to adopt a more sophisticated currency. During the 3rd century Rome first minted its own bronze and silver coins, including the *as*, the *sestertius*, and the *denarius*. Roman minting multiplied in the 2nd century with the influx of precious metals, especially from the Spanish silver mines that Rome seized from Carthage, and by the last century BC Roman coinage was widespread across the Mediterranean world.

The need for a monetary economy reflected the growing demands on the Roman state and the rising importance of trade, both of which required more convenient means of exchange than barter. The state used coinage to pay the soldiers on campaign, a burden that grew with the empire. Taxation then recovered the coinage that the soldiers spent, creating the simple but effective basis for Roman currency circulation. The Roman road system in Italy and beyond, originally intended for military purposes, aided transportation of goods and people alike. Victory over Carthage in the 3rd century similarly gave Rome control over western seaborne trade and new access to eastern routes that extended as far as India and China. Much of this trade was in agricultural products, particularly grain imported from Sicily and North Africa to feed the city of Rome. But the most profitable was the import of luxury goods into Italy, from Greek art to Asian silk and spices. The increasing sophistication of the economy brought great benefits to the Republic. Yet those benefits mainly advantaged those who already had wealth to spend, and throughout Rome's history a large proportion of the population continued to depend upon subsistence agriculture.

Parents and children, husbands and wives

In the daily life of the Republic, as for almost all human societies, the fundamental social unit was the family. A microcosm of Rome itself, the Roman family reflected the principles that shaped Republican history. Roman names were statements of identity, above all for the senatorial aristocracy, while the traditional household roles of men and women reveal the patriarchal ideals of Roman society. The reality was slightly more complex, influenced by the essential factors of life expectancy, child mortality, and marital expectations. Physical setting also played a part. The Roman house, or *domus*, combined private and public space and set expectations for those who lived within.

Names held a special significance in a society where ancestry and inherited *dignitas* were key markers of social status. The tripartite names of the Republican male elite emphasized family rather than individual identity. A man's first name, or *praenomen*, such as Gaius or Marcus, was not distinctive and was used alone in conversation only by those closest to him. Fewer than 20 *praenomina* existed, and an oldest son usually had the same *praenomen* as his father. More important was the middle name, or *nomen gentile*, the name of a man's *gens* or clan. This name could be patrician (Julius, Fabius, Cornelius) or plebeian (Sempronius, Pompeius, Tullius) and was crucial to establishing a man's place in the social hierarchy. Different family branches within a given clan were then identified by a third name, the *cognomen*, which often began as individual nicknames. Thus the *cognomen* of Marcus Tullius Cicero originally meant 'chickpea', while the most famous bearer of the name Gaius Julius Caesar may have found his *cognomen* somewhat embarrassing ('Caesar' apparently indicated a thick head of hair, something the balding dictator lacked).

By contrast to men, naming patterns for women were much more straightforward. Women did not have a *praenomen* and rarely had a *cognomen*. A woman's name derived from the feminine form of her father's *nomen gentile*, and so Caesar's daughter was Julia and Cicero's Tullia. Elder and younger daughters were indicated by the addition of Major and Minor or by numbers (*prima*, *secunda*). A Roman's name therefore revealed his or her social standing, family history, and even whether he or she was the eldest child, while increasing the pressure to conform to the standards set by one's ancestors.

According to the Roman model for the ideal family, the head of a household was the *paterfamilias*, the oldest living male. As patriarch, the *paterfamilias* held *patria potestas* (paternal power) over his wife, their children, and their children's children. In theory at least, his legal authority was absolute. He arranged all marriages, determined whether infants were accepted or exposed to die, and could order even adult children be killed or enslaved without trial. In reality, fathers killing their sons was hardly normal and is known only from stories that were already notorious in Republican times. The few sources that provide glimpses of family life suggest a more complex and even loving environment, notably the letters of Cicero, whose wife Terentia (admittedly a famously strong-willed woman) ran their household and arranged their daughter Tullia's marriages. Cicero's relationship with Terentia was tense and ended in divorce, but he loved Tullia deeply, a reminder that behind the image of the austere *paterfamilias* Roman ideals still allowed for sentiment between parent and child.

The grim truths of life expectancy and child mortality also had a powerful impact upon the Roman vision of the family. Republican Rome was a pre-industrial society. The birth rate was high, perhaps 35 to 40 births per 1,000 people per year, but so too was the mortality rate. Average life expectancy at birth was under 30 and perhaps as low as 25. However, these figures were skewed by the high risk of child mortality, with some 50% of children dying before age 10. The exposure of unwanted girls added to the mortality rate, although how common this practice actually was is uncertain. Adults who survived to reach their 20s had an average life expectancy of around 55. Girls were usually first married by their late teens, men by their mid to late 20s.

This combination of low life expectancy with later marriage for men than for women had significant consequences. Women faced the risk of being widowed young by much older husbands, but men could be made widowers through women dying in childbirth. In addition, marriages among the elite were usually arranged for political reasons, and divorce and remarriage were frequent. Roman families therefore had to be flexible, with wide discrepancies in age and children of different parents within a single household equally possible. In 59 BC, as part of the agreement that formed the so-called First Triumvirate, Pompeius Magnus married Julia, the daughter of his fellow triumvir Julius Caesar. Pompeius was in his late 40s, six years older than his new father-in-law. He already had three children, and Julia was his fourth wife. She was probably in her teens and had never previously married. Against all the odds, the marriage proved a love match and helped to bind Pompeius and Caesar together, until Julia's death in childbirth in 54 BC.

The triumphs and tragedies of Republican upper-class family life took place in a setting that was itself uniquely Roman. The majority of Rome's urban population lived in multi-storey apartment buildings (*insulae*), of which only a few remains survive today. For the very rich, luxurious rural villas began to appear late in the Republican period and flourished under the Empire. But the characteristic domestic residence of the Republican elite was the *domus*. In the reception hall (*atrium*) and the adjoining rooms, the master of the house met his clients and dealt with political business. It was also here that family records were kept, the *imagines* of great ancestors looked down on their descendants, and offerings were made to the *lares familiares*, the protective spirits of the household. Towards the rear of the house were the banqueting hall (*triclinium*) and sleeping chambers (*cubicula*). Women were prominent in those rooms, but the Roman *domus* had no specifically gendered areas and there was no rigid separation between private and public

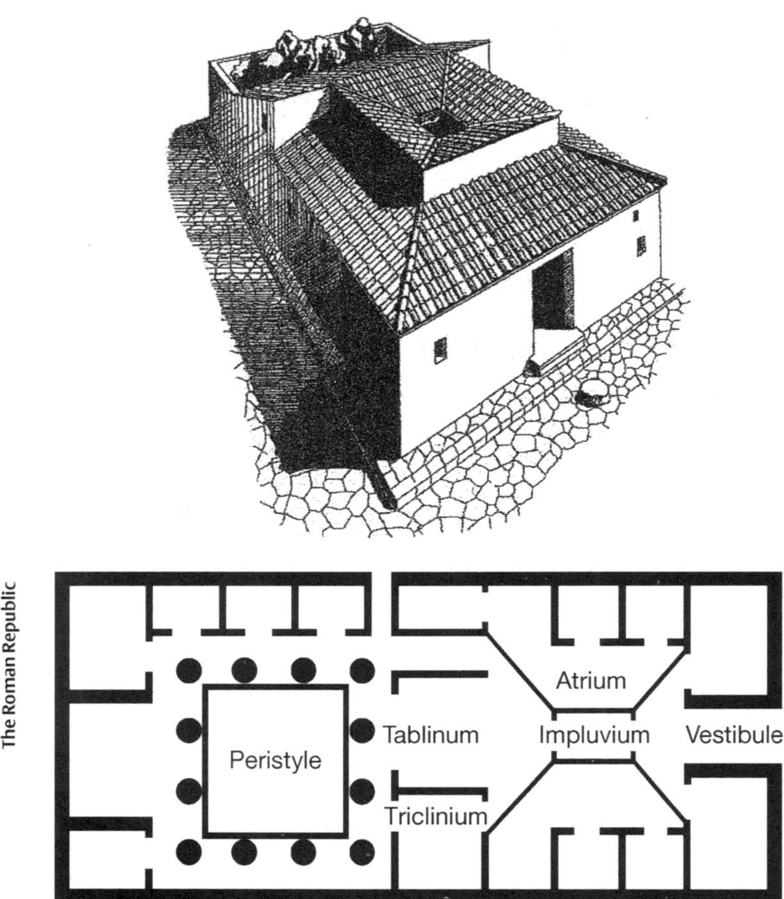

Map 3. Reconstruction and floor plan of a Roman *domus*

space. The *atrium* in particular stood in both worlds as a physical symbol of the privileges and responsibilities of the Roman elite.

Little has been said about the female half of the Roman population outside their roles as daughters and wives. The men who wrote our sources were more concerned with politics and warfare, and in their patriarchal vision of society the ideal woman was Lucretia, spinning as she waited for her husband's return.

Lucretia's sacrifice after her rape placed her family's honour above her own life. Four and a half centuries later Julius Caesar, one of the most notorious adulterers in Republican history, divorced his innocent wife after a dubious party because 'Caesar's wife must be above suspicion'. The women in these stories are placed firmly in a domestic setting, and judged less as individuals than by how their actions reflected upon their husbands.

Few public opportunities were open to Roman women under the Republic. They could not hold office or vote in the assemblies. Female intervention in politics was only acknowledged at moments of great crisis, such as the Rape of the Sabine Women in the legendary past. Almost the only public functions in which women did play a prominent part concerned religion. The Vestal Virgins, the most famous priestesses of Rome, predated the city itself, for Romulus' mother Rhea Silvia is said to have been a Vestal. These priestesses served Vesta, the goddess of the hearth, and their chief duty was to maintain the eternal fire on Vesta's altar. Girls from leading families were appointed Vestals when aged 6–10, and served for a minimum of 30 years. Some chose to serve for life, but former Vestals were eligible for marriage and widely respected. During their period of service, however, their vows were rigidly enforced. Vestals who allowed the sacred fire to die were scourged, while the penalty for loss of virginity was to be buried alive. In times of crisis the college of Vestals was often suspected of laxity bringing down divine wrath, and after the disastrous Battle of Cannae against Hannibal two Vestals were sentenced to burial (one committed suicide before the punishment could be carried out).

Yet Roman women deserved more than to be reduced to a few virgin priestesses and heroic archetypes. Women directed domestic and economic affairs in their households, overseeing cooking, clothing production, and childcare. Outside the elite, wives ran shops alongside their husbands and managed farms while their menfolk were away serving in ever longer and more distant wars. Senatorial ladies could be highly educated and they too shared the aristocratic concern for *dignitas* and emulation of the past, inspiring proper Roman behaviour in their children. Cornelia, the daughter of Hannibal's conqueror Scipio Africanus, is said to have driven her sons Tiberius and Gaius Gracchus into their doomed political campaigns through her repeated reproach that the Romans did not yet speak of her as the mother of the Gracchi. After their deaths, Cornelia was visited by many prestigious guests, from Roman nobles to reigning kings. 'What they admired most of all was to hear her speak of her sons without showing sorrow or shedding a tear, and recall their achievements and their fate to any inquirer, as though she were relating the history of the early days of Rome' (Plutarch).

An anonymous epitaph from the late 1st century, known as the *Laudatio Turiae*, speaks for all the forgotten women of the Republic. In this fragmentary inscription, a husband eulogizes his wife (possibly named Turia), who has died after four decades of marriage. Amidst the civil wars of the 1st century, she supported him when he was in exile and won clemency on his behalf from Caesar Augustus. She is praised for her loyalty and obedience, her industry and modesty. So great was her sense of duty that, when the marriage proved childless, she offered divorce to allow her husband to seek a more fertile partner. His response spoke volumes:

> To think that separation should be considered between us before fate had so ordained, to think that you had been able to conceive in your mind the idea that you might cease to be my wife while I was still alive, although you had been utterly faithful to me when I was exiled and practically dead! What desire, what need to have children could I have had that was so great that I should have broken faith for that reason and changed certainty for uncertainty? But no more about this! You remained with me as my wife, for I could not have given in to you without disgrace for me and unhappiness for us both... You deserved everything but it did not fall to my lot to give you everything as I ought. Your last wishes I have regarded as law; whatever it will be in my power to do in

addition, I shall do. I pray that your Di Manes will grant you rest and protection.

The *pax deorum*

The final crucial element that united Republican society was religion. In an uncertain world shaped by forces that the ancient Romans could neither understand nor control, faith in the gods offered a measure of reassurance and protection. Looking back, the historian Livy explained the rise of Rome less by the Republic's unique constitution and legionary might than by the divine favour that the early Romans won through their piety and morality. However alien Republican beliefs may seem to modern eyes, religion was an integral part of all aspects of Roman life. There were small household rituals that venerated the spirits that watched over the family, and great sacrifices and processions in honour of the highest deities who guarded the state. The gods' will was sought through the flight of birds and analysis of the entrails of sacrificial victims, and no election or declaration of war was undertaken without seeking divine approval.

In religion, as elsewhere, Rome drew inspiration from many sources. The highest gods and goddesses of Rome were the Olympians ruled by Jupiter (Zeus), whose worship was already firmly established in Rome when the Republic came into existence. Alongside the Olympians stood native Italian deities, from Quirinus, who came to be associated with the deified Romulus, to Janus, the two-faced god of doors, whose shrine near the Forum was only closed when all was at peace (a rite that allegedly occurred only twice in Rome's history before the reign of emperor Augustus). Rome 'herself' was revered as the personified Roma, while on a more personal scale stood the domestic shrines to the *lares* and *penates*, the guardians who watched over the home.

This diverse pantheon was always open to new arrivals. The absorption of foreign gods into Rome was a mark of superiority that also established bonds between the Romans and their conquered foes. From the Etruscans, the Romans derived the *haruspices*, diviners who examined the entrails of sacrificial animals. Spurinna, the soothsayer who warned Julius Caesar to 'beware the Ides of March', was a *haruspex*. The Sibylline Books, the most renowned oracle of Rome, were Greek verses acquired by the last king, Tarquin Superbus, from the Sibyl (prophetess) of Cumae. According to legend, the Sibyl offered Tarquin nine books of prophecies but the king refused to pay her price. The Sibyl burned three of the books and offered the remaining six at the same price, and when rejected again burned three more, until Tarquin submitted and bought the three surviving books. They were held in Jupiter's Temple on the Capitol and consulted only at moments of great crisis. It was on the command of the Sibylline Books that worship of Cybele, the Magna Mater (Great Mother), came to Rome from Asia Minor during the war with Hannibal. Her cult image (a meteorite) was installed in a new temple on the Palatine Hill as a guarantee of Roman victory over foreign invaders of Italy, although Roman citizens were barred from participation in Cybele's orgiastic rituals.

Roman religion was thus highly inclusive. The Romans did not impose their gods upon those they conquered, but incorporated the customs of defeated foes into their own cults. Yet we should avoid describing Roman religion as 'tolerant' in comparison to more exclusive monotheistic religions like Christianity and Islam. Tolerance implies a defined truth to which alternatives are then permitted to exist. Roman polytheism was neither tolerant nor intolerant, but absorbed the religious practices of others and offered no motive for persecution on specifically religious grounds. It is true that in 186 BC the Bacchanalia in honour of Dionysus was temporarily suppressed by order of the Senate. This was essentially a matter of public order, to check the drunken riots of Dionysus' followers, and worship of the god of wine continued in more acceptable forms. The Jews with

5. Cult of Dionysus, Villa of the Mysteries (Pompeii)

their unique religious identity likewise posed an exceptional challenge, but a Jewish community in Rome was firmly established by the last century of the Republic. Only under the Empire would major outbreaks of violence occur between Romans and Jews and between both groups and the newly emerging Christians.

The myriad cults of Rome each had their own traditional forms and rites. There was no expectation of uniformity, no holy text or creed that every Roman was expected to uphold. What bound the different elements together was the universal human need for guidance and security in a dangerous world. That need found expression through the fundamental Roman religious principle of the *pax deorum*, the 'peace of the gods'. The gods were powerful; they could also be terrible. Through correct ritual and prayer, the

Romans sought to maintain the gods' favour and placate their wrath. Individuals asked for divine protection during illness and childbirth, or for safety and prosperity at times of danger. Domestic sacrifices were offered for the well-being of the household; public festivals did the same on behalf of the state. To Romans like Livy, the disasters of the last century of the Republic could only be attributed to the loss of the morality and *pietas* that had once made Rome great.

Belief in the *pax deorum* and the essential importance of humanity's relationship with the divine underlay a number of characteristic features of Roman religion. In comparison to Christianity, which places more value upon individual piety and prayer, Roman religion was strongly communal. Personal expressions of belief were less significant than participation in shared rituals, from private household ceremonies to state festivals, which appealed to the gods for the collective good. For the same reason, great weight was placed upon the need to perform all rituals perfectly, without error or interruption. The slightest fault, a stutter in prayer or the misbehaviour of a sacrificial animal, required the entire ritual to be repeated. This obsession with formula and performance reflects the Roman emphasis on correct action (orthopraxy) rather than correct belief (orthodoxy) and to us may seem impersonal. But we would be wrong to dismiss the religion of the Romans as insincere. Roman tradition abounded with stories of what befell those who slighted the gods. Publius Claudius Pulcher, who commanded the Roman fleet at Drepana in 249 BC during the First Punic War with Carthage, ignored unfavourable omens when he went into battle. Informed that the sacred chickens had refused to eat, he threw the birds overboard saying 'let them drink'. His disastrous defeat ended Pulcher's political career, a fitting fate for one who had invited divine punishment.

Rituals were performed for the communal good, and it was therefore appropriate that those who conducted religious ceremonies were those who guided their communities in social and political affairs. Household rites were conducted by the *paterfamilias*, state rites by magistrates who also held priestly offices. Unlike many ancient cultures Rome thus had no distinct religious caste, and only a few priests and priestesses (among them the Vestal Virgins) had full-time duties. The vast majority of Roman priests were men from the senatorial elite for whom religious responsibilities were inseparable from their political careers. There were many different colleges of priests, from the *augurs* responsible for divination to the *decemviri sacris faciundis* ('the ten men for the performance of rites') who inspected the Sibylline Books when requested by the Senate. The highest priest was the *pontifex maximus*, the head of the college of *pontifices*, whose chief role was to oversee religious law and so preserve the *pax deorum*. Julius Caesar was *pontifex maximus* from 63 BC until his death in 44 BC, and after the Republic's fall the title passed to the emperors, who represented the state before gods and humans alike.

The close union between religion and politics in Rome has long worried modern observers who expect a clear separation between 'Church' and 'State'. Roman nobles certainly did manipulate religion for political ends. Marcus Calpurnius Bibulus opposed his fellow consul Julius Caesar in 59 BC by declaring that he was 'watching for omens', a religious claim that technically invalidated every action that Caesar took. Yet such apparently blatant manipulation could only be attempted because such questions mattered. An intellectual like Cicero could express scepticism about contemporary beliefs while still upholding veneration of the gods and the *pax deorum*. Roman attitudes towards religion may seem impersonal or political to our eyes, but this says more of our expectations than theirs. The countless gods, shrines, rituals, and festivals that made up the diverse world of Roman religion filled a very real need for centuries, and continued to do so long after the Republic itself disappeared.

Chapter 4
Carthage must be destroyed

By 275 BC the political and social structures that defined the Roman Republic were firmly established. The collective leadership of the Senate provided stability and channelled the ambitions of the aristocracy. Assemblies and elections gave the populace a voice, and the agricultural economy provided the manpower for Rome's armies. The Roman allied network, extending from the surrounding Latin peoples to the cities of Magna Graecia, increased the Republic's resource base and gave Rome control over central and southern Italy.

Yet the Republic was still no more than a regional power. Its influence was restricted to the Italian peninsula, and Rome played little role in wider Mediterranean affairs. During the 3rd century this changed. The broadening of Roman horizons beyond Italy brought Rome into direct conflict with the most dangerous enemy that the Republic would face, the North African city-state of Carthage. Their struggle for power between 264 and 146 BC brought Rome almost to its knees and inspired some of the greatest drama and heroes of Republican history. In the course of three 'Punic' Wars Carthage was finally destroyed, and Rome was transformed into a true Mediterranean power.

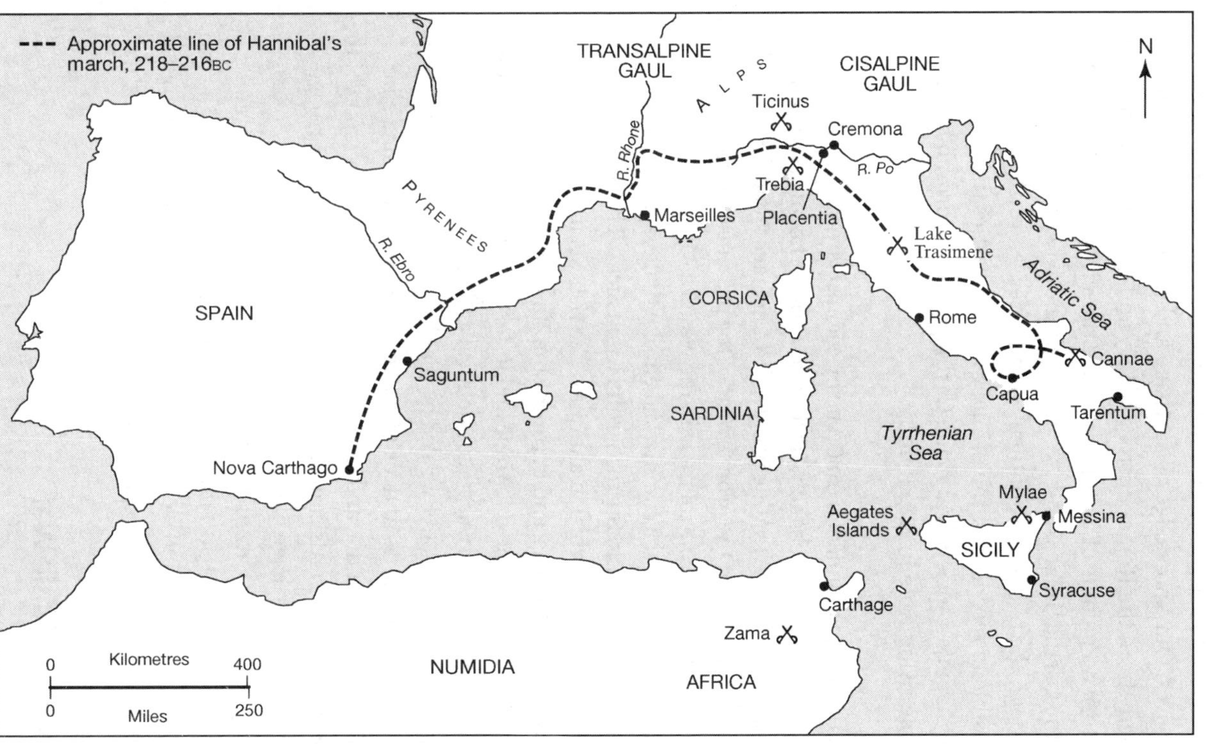

Map 4. The Carthaginian empire and the Punic Wars

History is written by the victors. Ancient Carthage has left few remains, and no Punic account of their long struggles with Rome survives. Our knowledge of Carthage and the Punic Wars derives chiefly from the Roman history of Livy and the pro-Roman Greek historian Polybius of Megalopolis. We therefore know all too little of the Carthaginians, and we view their motives and actions through the biased lens of their Roman foes. Nevertheless, it is possible to reconstruct the primary characteristics that defined Carthaginian society and made Carthage such a formidable rival to the rising Roman Republic.

Carthage was founded in c. 800 BC by colonists from the eastern city of Tyre in modern Lebanon. Its founders were Phoenicians (Latin *punici*), a maritime trading people, and Carthage stood on a superb natural harbour on the promontory of the present-day city of Tunis. Ideally situated to control trade in the western Mediterranean, Carthage established a commercial empire that extended across North Africa and into Spain, Sardinia, and Sicily. The wealth of Carthage was proverbial in antiquity, 'the richest city in the world' according to Polybius, and in contrast to Rome much of its population was devoted to trade and industry rather than agriculture. This was reflected in Carthage's political and military structure. Carthage was an oligarchy, ruled by the richest families. Its army was based on mercenaries under Carthaginian officers, including elite cavalry from Numidia, and the formidable if unreliable weapon of the now extinct North African elephant. More important to Carthage was its navy. Carthage maintained some 200 quinquiremes, oared galleys 45 metres long and equipped with a bronze-encased ram. Each ship required 300 rowers and could carry 120 marines for combat. Powerful and well drilled, the Carthaginian navy dominated the western Mediterranean in the years before the First Punic War.

The First Punic War

The rise of the Roman Republic put it on a collision course with Carthage. Early contact between the two states was relatively amicable, and during the Pyrrhic War Rome and Carthage signed a treaty allowing mutual cooperation against Pyrrhus' aggression. After Pyrrhus' defeat, however, Roman dominion over southern Italy drew Rome into the affairs of Sicily, which lay within the Carthaginian sphere of influence. Carthage had fought for centuries against the Greek cities of Sicily, of which the greatest was Syracuse. In 288 BC a band of Italian mercenaries calling themselves the Mamertines (the sons of Mars) seized the Sicilian city of Messina. Raiding Carthaginian and Syracusan territory indiscriminately, the Mamertines aroused hostility on all sides, and in 265 BC rival factions within Messina appealed to both Rome and Carthage for aid. The Carthaginians reacted first by sending a fleet, but a Roman army then crossed into Sicily and the Carthaginian commander surrendered the town (for which he was later crucified). Syracuse allied with Rome against Carthage, and in 264 BC the First Punic War began.

The Carthaginians had a long history of involvement in Sicily, and their response to the appeal from Messina is easy to understand. Why did Rome come to the Mamertines' aid? One motive was fear, for the Romans were concerned that Carthage might dominate Sicily and threaten Rome's hold on Italy. The Romans were also concerned to maintain the loyalty of their Italian allies. By aiding the Mamertines, Rome demonstrated that it would support its allies in times of danger and so confirmed its *fides* (good faith). Fear and *fides* were the motives that our Roman sources preferred to emphasize, for the Romans claimed that they waged war only in defence of themselves or their friends. These motives were genuine, but they do not tell the whole story. Roman society was geared towards warfare and the economic rewards of conquest, while the nobility competed for military *gloria*. It was the consuls who led the armies and the Senate in which all major decisions were debated, and it was the senatorial nobility who drove the Roman war effort.

After the initial conflict over Messina, the land war in Sicily soon ground to near stalemate. Carthage relied on defending the coastal towns. The Romans had little experience of siege warfare, and the Punic fleet kept the towns supplied and were even able to bring in elephants by sea. This stalemate, combined with recurring Carthaginian naval raids on the Italian coast, drove the Republic for the first time to construct a proper navy. Rome did already have a few ships, but its fleet was small and out of date compared to Carthage's state-of-the-art warships. Then a Carthaginian quinquireme ran aground, and in 60 days the Romans built 120 quinquiremes of their own, manning the ships with crews from their Greek allies in southern Italy.

Roman tradition may have exaggerated a little, but the creation of this fleet almost from nothing is among the most remarkable achievements of Republican history and a tribute to Roman organizational genius. To compensate for the superior skill and experience of the Carthaginians at sea, the Romans added to their ships the *corvus* ('crow'), a boarding ramp with an iron spike at the end to bind ships together and establish the fixed platform of a land battle. Armed with this weapon, the new Roman fleet won a major victory in 260 BC at Mylae. 50 Carthaginian ships were captured and their bronze beaks used to adorn a column in the Roman Forum in honour of commander Gaius Duilius.

The sudden emergence of Roman naval power altered the course of the war. Sensing their opportunity, the Romans used their fleet to send an army to Africa in 256–5 BC to threaten Carthage itself. However, the army was crushed by Carthaginian mercenaries led by the Spartan Xanthippus, and the Roman relief fleet was caught in a terrible storm – 280 ships were lost, with over 100,000 rowers and soldiers on board. A second fleet fell victim to a storm in 253 BC, in part because the *corvus* made the Roman ships more vulnerable in rough weather. Then in 249 BC the Carthaginians won a naval battle at Drepana, after the Roman commander Publius Claudius Pulcher invited divine wrath by throwing the sacred chickens overboard. Like the war on land, the war at sea had become a struggle of attrition, with neither side able to gain an advantage.

By the 240s the war was entering its third decade and both sides were exhausted. Perhaps 20% of Italian manpower had died in storms and battles, yet still the Republic refused to negotiate a peace. Rome dug deep. New taxes were raised and the nobility ordered compulsory loans from themselves, with every three senators responsible for providing a warship. Thus one more fleet was built. A final naval victory was won near the Aegates Islands off western Sicily in 241, and Carthage sued for peace.

Under the terms of the treaty, the defeated Carthaginians abandoned Sicily, though not their other possessions, and paid a heavy indemnity of 3,200 silver talents (approximately 100 tonnes). Bankrupt, Carthage immediately faced a massive mercenary revolt which lasted until 237. The Romans exploited their enemy's weakness by seizing Sardinia, and added insult to injury by threatening renewed war unless Carthage paid a further 1,200 talents in tribute. The Carthaginians had little choice except to submit, but Rome's high-handedness only increased their sense of grievance. Like the Treaty of Versailles 2,000 years later, the end of the First Punic War sowed the seeds for future conflict.

The First Punic War demonstrated the Republic's resilience under military and economic pressure and confirmed the loyalty of its allies under enormous strain. At the war's end, Sicily was taken as the first tribute-paying province of Rome. Unlike the Italian allies, Sicily received a praetor as a Roman governor, supported by a quaestor to oversee taxation and a small garrison. No additional bureaucracy was provided. Rome preferred to leave the existing social and political structures in place and govern through the local elites. It was a simple and flexible system which became the model for all Roman provincial administration under the Republic and was soon extended to Sardinia.

Hannibal and Scipio

In the aftermath of the loss of Sicily and then Sardinia, Carthage turned to its last remaining overseas possession in Spain. There it expanded its territory, exploiting the rich Spanish silver mines to pay the tribute that Rome demanded. The general commanding in Spain was Hamilcar Barca ('Thunderer'). Determined to restore Carthaginian pride and avenge its defeat, Hamilcar is said to have made his son swear at the age of 9 that he would always be the enemy of Rome. His son's name was Hannibal. The greatest single foe that the Roman Republic ever faced, and arguably the finest general of antiquity, Hannibal was immortalized by Livy:

> Under his leadership the men invariably showed to the best advantage both dash and confidence. Reckless in courting danger, he displayed superb tactical ability once it was upon him. Indefatigable both physically and mentally, he could endure with equal ease excessive heat or excessive cold; he ate and drank not to flatter his appetites but only so much as would sustain his bodily strength... Mounted or unmounted he was unequalled as a fighting man, always the first to attack, the last to leave the field. So much for his virtues – and they were great. But no less great were his faults. Inhuman cruelty, a more than Punic perfidy, a total disregard of truth, honour, and religion, of the sanctity of an oath, and of all that other men hold sacred.

It was Hannibal who led the Carthaginian forces into the Second Punic War. For Livy, the war's prime cause lay with Hannibal himself and the 'Barcid Vendetta' against Rome that he inherited from Hamilcar. The reality was more complex. Carthage's Spanish expansion alarmed Rome, and in c. 226 BC a treaty was signed that fixed the River Ebro in northern Spain as the boundary between their respective spheres. Yet Rome also established an alliance of friendship with the Spanish town of Saguntum, located 100 miles south of the Ebro deep inside the Carthaginian sphere. An attack upon that town by Hannibal in 219 BC provided Rome with a perfect *casus belli*, and after Carthage refused to surrender Hannibal for punishment, the Second Punic War began in 218 BC. Hannibal's actions were certainly provocative, but despite Rome's claim to be defending its ally, Rome too was eager to fight. So began 'the most memorable war in history' (Livy).

Rome had intended to fight on Carthaginian territory in Spain and North Africa. By the time that the Roman armies were prepared, however, Hannibal was already marching for the Alps. He was determined to attack the Roman strengths of manpower and resources directly by invading Italy, and so he abandoned his communications and risked the harsh crossing of the mountains. Over half his army and many of his elephants died in the Alpine passes, but Hannibal entered Italy with some 20,000 highly experienced Spanish and African infantry and 6,000 superb cavalry, much of it from Numidia. Cisalpine Gaul, the region of Italy just south of the Alps, had only been conquered by Rome in the years since the First Punic War. The local Gallic population revolted and joined Hannibal on his march south.

Hannibal's Numidian cavalry won an initial skirmish at the River Ticinus in November 218 BC, before the main Roman field army arrived under the consul Sempronius Longus. Confident of victory, the Romans attacked across the River Trebia on a bitterly cold morning in December 218 and were crushed, with the loss of over 20,000 men. Hannibal immediately released all his Italian prisoners without ransom, proclaiming the 'liberation' of Rome's allies. At this stage Hannibal's propaganda had little effect, and after waiting out the winter a second Roman army came to meet him under one of the newly elected consuls for 217, Gaius Flaminius. Pursuing Hannibal through Etruria, the Romans marched round the shores of Lake Trasimene and there fell straight into a trap. On a misty morning, Hannibal's Numidian cavalry cut off the Roman rear and 15,000 men were killed in battle or drowned, including Flaminius.

In this state of emergency Rome appointed a dictator, Quintus Fabius Maximus. Nicknamed Cunctator ('Delayer'), Fabius adopted a new strategy, avoiding open battle and seeking to grind Hannibal down. This un-Roman strategy was deeply unpopular, and Fabius was unable to prevent Hannibal slipping past him into southern Italy. New consuls were elected in 216, and Lucius Aemilius Paullus and Gaius Terentius Varro led the army to meet Hannibal on a flat plain at Cannae. Outnumbered by nearly two to one, Hannibal nevertheless managed to encircle the Romans, and they were trapped and butchered. Perhaps 50,000 Romans died, the greatest Republican defeat for over a century, and Hannibal advanced to within 6 miles of Rome.

The Battle of Cannae was the high watermark of Hannibal's success and secured his reputation as a military genius (his tactics are still taught in officer training courses to this day). For the first time his propaganda began to have an impact and he succeeded in winning over a number of Rome's allies, especially the Greek colonies in southern Italy and Syracuse in Sicily. But he was unable to attack Rome itself, whether from hesitation or because he lacked the resources to do so. Even after the Cannae disaster, the majority of Rome's Italian allies remained loyal. Hannibal had exposed the weakness in the Republican system of annual elected magistrates, and now Rome turned again to Fabius Maximus Cunctator, who was restored to power with the more aggressive Marcus Claudius Marcellus as his colleague. These two men, hailed as the 'Shield and Sword of Rome', oversaw the Roman recovery. In his great victories, Hannibal had killed over 70,000 Romans in just three years. By 212 there were 200,000 Roman soldiers in the field, in Italy, Sicily, and Spain. Some 50,000 men were deployed solely to watch the outnumbered Hannibal, never again offering battle but restricting his movements and crushing those who joined his side. The strain was colossal, but as in the First Punic War the Romans refused to back down.

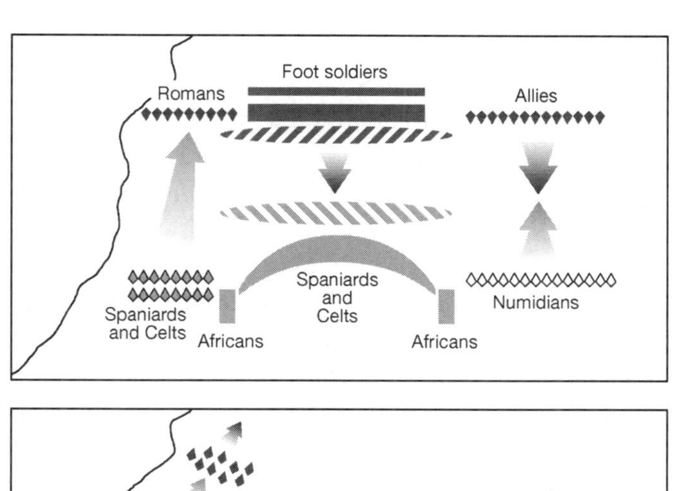

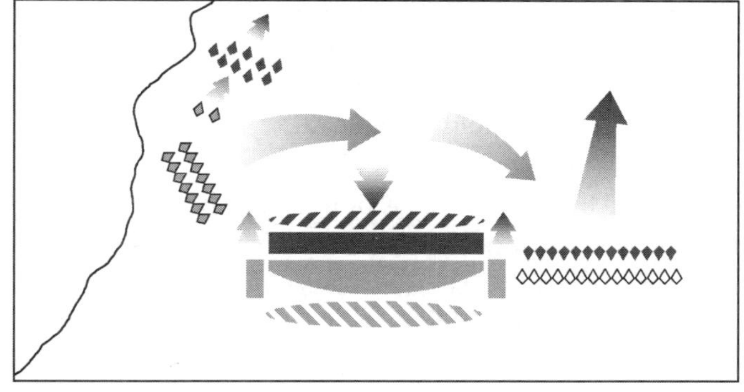

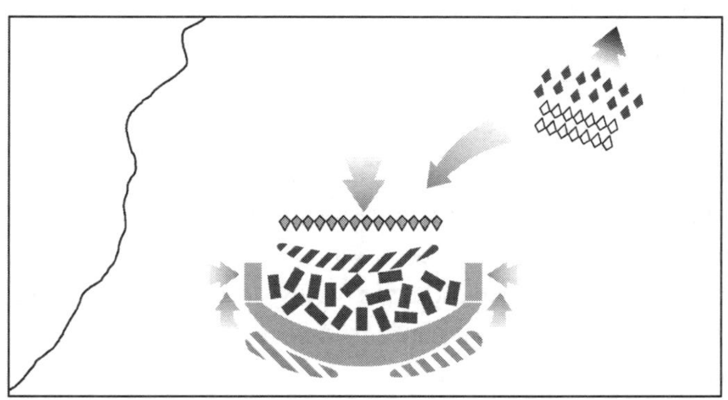

Roman infantry
Roman skirmishers
Roman cavalry
Carthaginian infantry
Carthaginian skirmishers
Carthaginian cavalry
Carthaginian light cavalry

Map 5. Battle plan of Cannae

With Hannibal contained, attention turned elsewhere. Marcellus captured the rebellious city of Syracuse in 211, a siege made difficult by the brilliant inventions of Archimedes which reportedly included a claw that lifted Roman ships from the water and 'scorpions' that shot small iron darts. Archimedes was cut down by an unknown soldier when the city fell, a victory that secured Roman control over Sicily. Marcellus himself was later killed in Italy by another of Hannibal's ambushes in 208, and shortly afterwards the Carthaginians made their only significant attempt to reinforce Hannibal's army. That relief force was destroyed at the River Metaurus in 207, and the head of Hannibal's brother Hasdrubal was thrown into his camp. By this stage, the Italian theatre of war had almost become a sideshow. Decisive events were unfolding in Spain.

After Hannibal had crossed the Alps into Italy, the Roman generals Publius and Gnaeus Cornelius Scipio had launched a series of attacks upon Carthage's Spanish possessions. Then in 211 the two brothers were killed in battle. Their replacement, in an action unprecedented in Republican history, was Publius' 24-year-old son, another Publius Cornelius Scipio. The young Scipio had never held a position of authority and was not eligible for public office, but he was popular, brave, and a good soldier. Upon taking command, he immediately reorganized the army in Spain. He introduced the *gladius* (the Spanish shortsword) and the *pilum* (the heavy spear), and gave the Roman legion a more flexible formation based on maniples of 120 men drawn up in 3 lines totalling 4,200 men per legion. This flexible formation was highly suitable for the rough ground of Spain, and would later prove equally effective against the more rigid Greek phalanx. With his new army, Scipio crossed 250 miles in 5 days to launch a surprise attack upon the Carthaginian headquarters at Nova Carthago (modern Cartagena). Realizing that the town's defences were weak on the seaward side, Scipio crossed a lagoon at low tide and seized the city in 209. The fall of Nova Carthago gave Rome control of the rich silver mines nearby, and by 205 Carthage had been forced to withdraw from Spain.

Scipio returned to Rome to receive a hero's welcome in 205. Riding a wave of popular support, he then secured the consulship and command of the planned Roman invasion of North Africa over the objections of older, more conservative senators led by Fabius Maximus. The Roman landing forced Hannibal to return to defend Carthage itself, a city he had not seen in over 30 years. Scipio's diplomacy won the support of the Numidians, and at the Battle of Zama in 202 BC Hannibal lacked his usual superiority in cavalry. The disciplined Roman infantry opened ranks to allow Hannibal's elephants to pass through harmlessly, and after fierce fighting Scipio won the day. Hannibal survived to sue for terms, which included a 10,000-talent indemnity to be paid in 50 instalments and the loss of all Carthaginian lands outside North Africa. The city of Carthage survived, but its power was permanently crippled. Scipio celebrated the greatest triumph that Rome had yet witnessed, and in commemoration of his victory took the name Africanus.

The Second Punic War reaffirmed both the resilience of the Roman Republic and the remarkable loyalty it inspired from its Italian allies. Hannibal's genius may have been incomparable and his achievements the most memorable, but just as it had in the First Punic War Rome absorbed the punishment and ground out victory. That victory, however, came at a price. The massive manpower losses during the two wars inevitably impacted upon Rome's predominantly agricultural society. The population would recover with time, but the combination of social dislocation and the rising wealth acquired through Roman expansion played a crucial role in the internal crises Rome faced during the following century.

No less significant for the Republic was the emergence for the first time of a man whose personal authority and *gloria* threatened the collective rule of the Senate. When Scipio became consul in 205, before the Zama campaign, he had only just reached 30 years of age. He had never held any of the junior offices usually required before the consulship, and was given command ahead of older contemporaries like Fabius Maximus. Scipio's unprecedented career, encapsulated in his colossal triumph and the name Africanus, raised the bar of competition for all the senatorial elite. With the benefit of hindsight, we can recognize Scipio Africanus as the first of the Republican 'warlords', men whose charisma, wealth, and *gloria* gave them the status to rival the Senate. As yet the Republican principle of collective authority still held strong. But the competitive ethos of the Roman elite made it inevitable that others would seek to rival Scipio's achievements. The long line of warlords who emerged in the last two centuries of the Republic culminated in Julius Caesar and the emperor Augustus.

Carthago delenda est

Rome and Carthage would come into conflict one final time during the 2nd century, although the misnamed Third Punic War was a sad postscript to their long rivalry. After 202 Hannibal led a partial Carthaginian recovery, until he went into exile in 195 to avoid being handed over to Rome. Under the terms of its surrender, Carthage was forbidden to undertake any military action. This was exploited by neighbouring Numidia, who repeatedly seized Carthaginian territory. Every Carthaginian appeal to Rome was rejected. In 151 BC, the year after the last instalment of the indemnity was paid, Carthage lashed out against Numidia. In response, the Romans sent an embassy to investigate led by the hard-line senator Marcus Porcius Cato the Elder. Cato returned convinced of the threat that Carthage posed. From this time onwards, he concluded every speech that he made in the Senate with the famous words *Carthago delenda est* ('Carthage must be destroyed').

In 149 BC Rome once again despatched an army to Carthage. The Carthaginians submitted to every demand, giving up 300 hostages and surrendering all their weapons. The Romans then demanded that they abandon their homes and build a new city at least

10 miles from the sea. Driven to fight out of desperation, the Carthaginians resisted heroically for three years. Eventually, the Romans in frustration appointed as consul another rising champion too young to hold such an office, Publius Cornelius Scipio Aemilianus, the adopted grandson of Scipio Africanus. It was under his command that Carthage finally fell in 146. The city was destroyed, the surviving people enslaved, and the very ground cursed and sown with salt. Carthaginian North Africa was now a province of the Roman Republic.

Chapter 5
Mistress of the Mediterranean

Victory over Carthage made the Republic the leading power of the western Mediterranean. The First Punic War and its aftermath secured Roman rule over Sicily and Sardinia. The Second Punic War extended Roman influence into North Africa and Spain. A Roman province of Africa was only established in 146, but Sicily and Sardinia were governed by Rome from 241 and 237 respectively, and two provinces of Nearer Spain and Further Spain were created in 197. Beyond the borders of its provinces, the Republic exerted pressure through political, military, and economic superiority. There were still those in the west who resisted the dominion of Rome, and Roman armies continued to campaign against hostile Spanish tribes and later against the Celtic peoples of Gaul. But after Carthage's defeat, no western rival posed a direct threat to the Republic.

Rome enters the Hellenistic world

The traditional centres of power in the ancient Mediterranean, however, lay in the east. By 200 BC the glory days of the Greek city-states were lost in the past, but Greek language and culture remained the standard by which civilization was measured. Following the conquests of Alexander the Great, the eastern Mediterranean had been divided between an ever-shifting

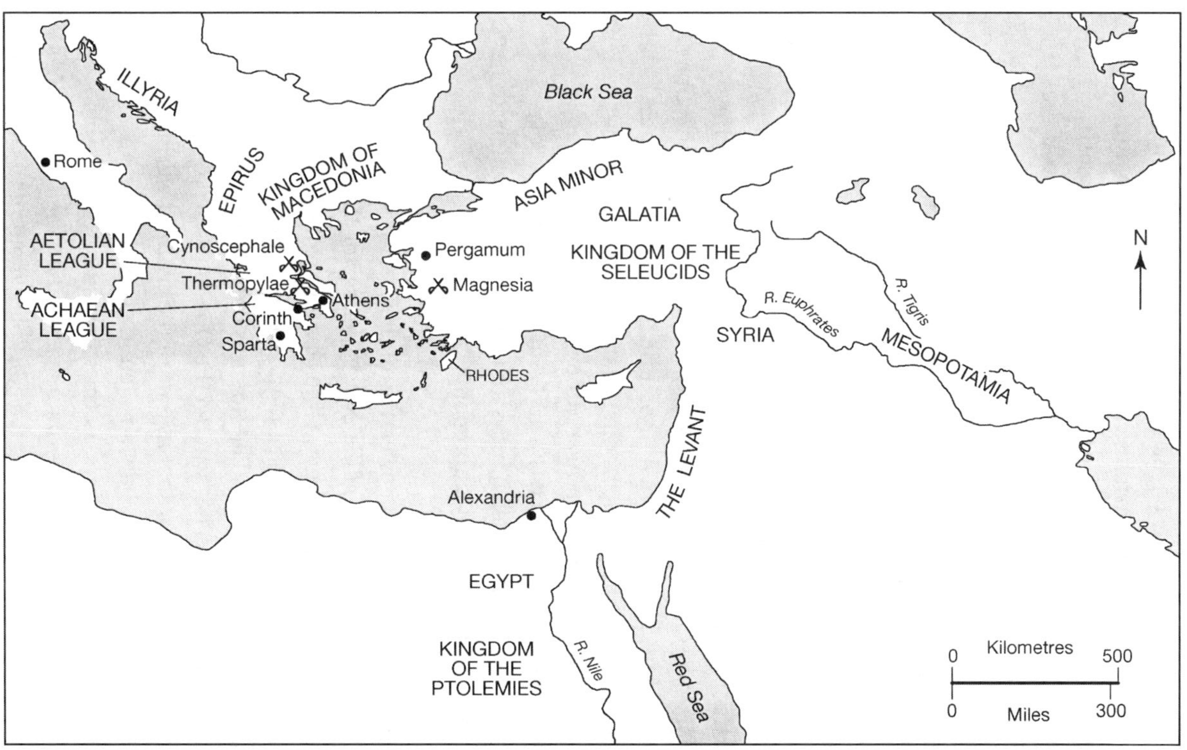

Map 6. Rome and the eastern Mediterranean

number of kingdoms, leagues, and cities. In the course of the 2nd century Rome came to dominate this complex Hellenistic world. Admiration for Greek culture brought new refinement to Rome even as Roman armies crushed those who sought to preserve Greek freedom, while Rome's eastern conquests brought new pressures to bear on the straining fabric of the Republic.

Alexander the Great died in 323 BC, leaving his vast conquests 'to the strongest'. His empire immediately shattered as his generals fought for control, and by the late 3rd century three major kingdoms had emerged: Macedon under the Antigonid dynasty, Syria under the Seleucids, and Ptolemaic Egypt. Greece itself was dominated by leagues of allied cities, notably the Aetolian League north of the Corinthian Gulf and the Achaean League in the Peloponnese. A few cities remained independent, including Sparta and Athens, but they were now of little political importance. Other states included the trading island of Rhodes and the kingdom of Pergamum in Asia Minor. As had been true throughout Greek history, the different states were part of a constantly changing web of wars and alliances, into which Rome came almost completely unprepared.

In military and political power, few of these states could in any way rival the Roman Republic. Nevertheless, for Rome, the Greek east had a higher significance. Greek culture had dominated the Mediterranean for centuries, and the Greeks were recognized as the arbiters of civilization. The Romans did not want simply to conquer the Greeks. They wanted the Greeks to accept them, not as barbarians (*barbaroi*) but as part of the civilized world. This desire for Greek respect had a profound effect on Roman involvement in Greek affairs. At the same time, the Republic remained an aggressive imperial power led by a highly ambitious senatorial elite. The resulting tensions played out in the long, and at times tragic, sequence of events that brought the eastern Mediterranean under Roman dominion.

The earliest direct contact between Rome and the Hellenistic cultures of the eastern Mediterranean had come with Pyrrhus' invasion of Italy in the early 3rd century. After this violent baptism, and faced by the more imminent threat of Carthage, Rome only slowly began to look towards the east. The initial Roman incursion across the Adriatic Sea took place in the years between the two great Punic Wars and was limited to the coastal region of Illyria. Even so, Rome attracted the attention of Philip V, king of Macedon. Determined to oppose Roman interference in his sphere of power, Philip signed a treaty of cooperation with Hannibal after Cannae. He did not act directly to aid Carthage, and the so-called First Macedonian War ended with a negotiated peace in 205 BC. But the Romans did not forget or forgive the king. Carthage was defeated in 202, and in 200 Rome declared war on Macedon.

It is important to step back for a moment and consider the significance of Rome's decision to open the Second Macedonian War. In 200 Rome and its allies were exhausted. The Second Punic War had barely concluded, the Battle of Zama was just two years in the past. Now the Republic deliberately provoked conflict with the homeland of Alexander. Why? Desire for revenge was certainly a factor, as was self-defence against possible Macedonian aggression. Rome also faced pressure to reassure its allies of its support, not only in Italy but in Greece, where a number of cities had appealed for Roman aid. The Roman desire for Greek acceptance must be remembered here, and so Rome demanded that Philip withdraw from Greece as the Greeks were under Roman protection. Yet despite all these motives, the Roman people did not want to fight. For almost the only time in Republican history, the *Comitia Centuriata* in 200 initially refused to endorse the consuls' request for a declaration of war. A second assembly was quickly summoned and persuaded to change its mind, but the hesitation revealed that it was a certain bloc within the elite, and above all the current magistrates, who actually wanted military action. Only through warfare could they emulate Scipio Africanus and attain the status and *gloria* that their competitive ethos demanded.

The Greeks welcomed the arrival of the Roman legions, and the Aetolian and Achaean Leagues rallied behind Rome. The war itself was not so straightforward. Macedon was a formidable kingdom, and the initial Roman armies had limited success. The solution, like the appointment of Scipio during the Second Punic War, was to elect the right man even if this meant ignoring Republican tradition. In 198 Titus Quinctius Flamininus was elected consul. He was a philhellene, a lover of Greek culture, and he spoke fluent Greek. Flamininus was therefore an ideal choice to win Greek support and promote Rome's civilized image. But he was just 30 years of age and had only previously been a quaestor. The career of Scipio had established a precedent to undermine the Republican system.

Flamininus was a cultured man, but he was a Roman noble. He wanted military *gloria*, and in 197 he finally defeated Philip at the Battle of Cynoscephale. In the military history of the ancient world, Cynoscephale confirmed the changing of the guard. The flexible legion formation developed by Scipio proved superior to the rigid Macedonian phalanx. Philip withdrew from Greece, and everyone held their breath awaiting Rome's decision. That decision came at the Isthmian Games of Corinth in 196. There, before the assembled representatives of the Greek states, Flamininus proclaimed the 'Freedom of Greece'.

> The Senate of Rome and Titus Quinctius Flamininus the proconsul, having defeated King Philip and the Macedonians in battle, leave the following states and cities free, without garrisons, subject to no tribute and in full enjoyment of their ancestral laws: the peoples of Corinth, Phocis, Locri, Euboea, Phthiotic Achaea, Magnesia, Thessaly and Perrhaebia.

According to Plutarch's *Life of Flamininus*, the shout of joy that rang out was so loud that ravens flying overhead fell to the ground dead. Greeks even honoured Flamininus as a god, the first Roman noble to receive such worship, and his cult still endured in Plutarch's time three centuries later.

'Freedom' has been a theme of propaganda throughout human history. The word had a particular resonance in the Greek world, where individual city-states had long fought for their autonomy, and the Hellenistic kings after Alexander had always paid at least lip service to that ideal. So too did Rome. What made Rome exceptional was that it acted on its promises. By 194, all Roman troops in the Greek east had been withdrawn. There would indeed be no garrisons, no tribute, and no new Roman provinces. In part, this was a matter of pragmatism. The Republic had neither the standing army nor the bureaucracy required to govern Greece directly. Yet Rome's restraint was also a measure of its admiration for the Greeks and their culture, an admiration Rome did not extend to its neighbours to the west. Throughout the 2nd century, Republican armies in Spain fought a series of wars for *gloria* and plunder. The wars were characterized by brutality, devastation, and treachery, and Spain has been aptly described as Rome's Vietnam. In the Greek east, by contrast, Rome initially relied more on diplomacy. Atrocities did happen, and Roman power was ruthless when threatened, but the Republic remained reluctant to impose direct rule. Rome had to appear 'civilized', and Greek opinion mattered.

Despite the withdrawal of the legions, the declaration of 196 BC confirmed that Rome now regarded the Greeks as under its protection. This was a direct challenge to the most prestigious of the Hellenistic kings, Antiochus III (the Great) of Seleucid Syria. Antiochus was an expansionist ruler who frightened Rome's allies Pergamum and Rhodes. In 195 BC he was joined by Hannibal following the latter's exile from Carthage, which further raised Roman concerns. Supported by the Aetolian League, who had grown disenchanted with Roman freedom, Antiochus marched into Greece in 191 BC.

Rome responded immediately. Antiochus was outflanked at Thermopylae, where the Spartans had resisted the Persians in 480 BC, and withdrew into Syria. He was pursued by the consul Lucius Cornelius Scipio, who had won election in part because his brother Scipio Africanus promised to serve alongside him. Antiochus outnumbered the Romans two to one, but his forces were vastly inferior in quality. Hannibal was wasted as a naval commander, and Antiochus was crushed at the Battle of Magnesia in 189 BC. The 15,000-talent indemnity that he had to pay dwarfed even that imposed upon Carthage after Zama, and revealed the sheer scale of wealth available to successful Roman commanders in the east. Rome then again withdrew its troops, but its dominion over Greece and Asia Minor had been confirmed. As for Hannibal, whom Antiochus was ordered to surrender, he remained elusive until 183 BC, when he was discovered by Flamininus in nearby Bithynia and took poison rather than submit to Rome.

Graecia capta

For the next two decades, the Republic continued the policy begun through the declaration of freedom at Corinth. No Roman troops were stationed in the Greek east, and no eastern territory was made a Roman province. The Greek influence upon Roman life, which had existed since Rome's first contact with the south Italian cities of Magna Graecia, now increased at a dramatic rate. Greek works of art flooded into Italy, knowledge of Greek language and literature attained a new importance for the Roman elite. Greek teachers, whether slaves or free, became a common feature of Roman noble households. A new hybrid Graeco-Roman culture began to emerge, encouraged in Rome by the philhellenes led by Flamininus and Scipio Africanus.

Not all Romans welcomed Greek influence with open arms. There were those who regarded philhellenism as a threat to the traditional virtues and virility of the Republic. Chief among such critics was Marcus Porcius Cato the Elder, who later in life would champion the destruction of Carthage. Cato himself was by no means ignorant of Greek culture (it was he who led the flanking attack at Thermopylae against Antiochus, repeating the Persian strategy of three centuries before). But he and his supporters regarded the Greeks as inferior, and feared that their influence would corrupt Roman values. In 155 an embassy of philosophers came to Rome from Athens. Carneades, a sceptic and the head of Plato's Academy, caused a scandal through his public lectures, in which he first argued in favour of justice and then on the next day refuted his own arguments. Cato caused the embassy to be sent home to prevent Carneades from misleading the Roman youth. It was a minor episode, but it symbolized the tensions within Rome, and the opposition of men like Cato to Flamininus and Scipio encouraged the more hard-line policy the Republic adopted towards the Greeks from the 170s onwards.

Rome may have respected Greek culture, but the Romans in their turn wanted the Greeks to recognize their authority. The Greek states were 'free' to rule themselves, just as Rome's Italian allies were. Like the allies, however, the Greeks were expected to stay quiet and to act only when commanded to do so. The Greeks had other ideas. The history of the Greek world was one of ever-changing rivalries and local conflicts, and this did not change with the coming of Rome. The Republican Senate found itself having to receive a constant stream of appeals requesting Roman arbitration of Greek disputes. Increasingly, the frustrated Romans simply supported whoever appealed to them first or whichever cause suited Rome's interests, regardless of the justice of a given case.

The chief victim of Rome's self-interest was Perseus of Macedon, the son and successor of Philip V. Perseus suffered repeatedly from biased senatorial decisions intended to keep Macedon in check. Those in the east who opposed Roman involvement in Greek affairs looked to Macedon for leadership, and in Roman eyes Perseus thus became a significant threat. In the absence of garrisons, tribute, or provincial government, Rome's influence over the Greeks depended on recognition of its power, and that recognition was being lost amidst rising anti-Roman feeling. The result was the Third Macedonian War, begun by Rome in 172 BC. Our two main sources, Polybius and Livy, reflect the effort that the Romans made to justify their aggression to the Greeks, but it is clear that Perseus did not wish to fight. In fact, Perseus won two minor skirmishes and then immediately offered to surrender and pay an indemnity in return for peace. Rome refused. Macedon had to be humbled permanently, and in 168 Perseus was defeated at the Battle of Pydna. The Macedonian monarchy was suppressed, and the region of Macedonia was divided into four weak republics that each paid tribute to Rome.

Even at this stage, Rome did not desire to seize land or create provinces in the east. What Rome did want was recognition of its power, and in the aftermath of the destruction of Macedon this was brutally enforced. 500 leading Aetolians were executed and 1,000 Achaeans were taken as hostages to Italy, one of whom was the future historian Polybius. Pyrrhus' former region of Epirus suffered still more, with 150,000 people enslaved, and Rome also reduced the power of Pergamum and Rhodes. Yet perhaps the most vivid statement of Rome's authority involved just a single man. While Roman attention was focused elsewhere, Antiochus IV of Syria invaded Ptolemaic Egypt. Near Alexandria, he was met by Roman envoys led by Gaius Popillius Laenas. When Antiochus received the Senate's command that he withdraw, the king requested time to consult with his advisors. Laenas 'drew a circle round the king with the rod he carried in his hand and said: "Before you move out of this circle, give me an answer to report to the Senate"' (Livy). Antiochus bowed to the will of Rome.

By 167 BC, no Greek state could doubt or challenge Roman power. Polybius wrote his *Histories* as a hostage in Rome and urged his fellow Greeks to accept Roman authority and avoid 'the fate that awaited those who opposed Rome'. His grim assessment was all too accurate. Following two decades of relative peace, the Macedonian republics revolted in 149 under a pretender to the throne named Andriscus. The revolt was destroyed, and Macedonia finally became a Roman province. Shortly afterwards, the Achaean League clashed with Sparta, and Rome decided that enough was enough. In 146, the same year that Carthage was destroyed, Corinth was razed to the ground at the orders of the Roman general Lucius Mummius. The devastation was recalled three centuries later by the Greek traveller Pausanias:

> At first, although the gates were open, Mummius hesitated to enter Corinth, suspecting that some ambush had been laid within the walls. But on the third day after the battle he proceeded to storm

6. Temple of Hercules Victor, Forum Boarium (Rome), dedicated by Lucius Mummius

> Corinth and set it on fire. The majority of those found in it were put to the sword by the Romans, but the women and children Mummius sold into slavery. He also sold all the slaves who had been set free and had fought on the side of the Achaeans but had not fallen at once on the field of battle. The most admired votive offerings and works of art were carried off by Mummius.

It was an appropriate symbolic end to the 'freedom' granted to the Greeks in Corinth 50 years before. Greece was not officially made a province until the time of Augustus, and Syria and Egypt remained nominally independent. But the Roman Republic now held dominion over the legacy of the Greek city-states and Alexander the Great. The anger aroused by the decades of conflict and misunderstanding still simmered, and the tensions between Greeks and Romans never entirely faded away. In the longer term, however, the benefits for both cultures would far outweigh the costs. Roman rule ultimately brought peace, stability, and prosperity to the eastern Mediterranean, and in later centuries the Greek-speaking Byzantine Empire of Constantinople proudly proclaimed itself the heir of Rome. The Greeks for their part gave to Rome, not always willingly, their literature and art, and brought refinement and a new impetus to Roman life. In the words of the Augustan poet Horace, *Graecia capta ferum victorem cepit* ('captive Greece captured her savage conqueror').

Chapter 6
The cost of empire

The destruction of Carthage and Corinth in 146 BC reaffirmed the Roman Republic's dominance over the Mediterranean world. No enemy remained who could threaten the authority of the Senate or the military might of the legions. Little more than a century later, the Republic had collapsed. The political and social balance on which the Republic depended disintegrated into chaos and civil war, and ultimate power passed from the Senate and people of Rome to the solitary figure of an emperor.

In a very real sense, the Republic was the victim of its own success. The Republican constitution evolved to fulfil the needs of a small Italian city-state. As a political system it was a remarkable achievement, stable yet flexible and maintaining a careful balance between collective and individual rule. But that system was never intended to govern an empire. Expansion placed ever-increasing pressure on the Republic's political structures and on the collective authority of the senatorial elite. The same pressure fell no less strongly on Rome's social and economic structures. The early Romans had lived in a small agricultural world. An army of farmer-soldiers serving on seasonal campaigns struggled to meet the demands of the long wars with Carthage and of conflicts that spanned the length and breadth of the Mediterranean. The agrarian Roman economy could not help but be transformed by the flood of wealth and slaves that came with military victories. It was in the 2nd century that the full impact of these pressures came to bear upon Rome and Italy, setting in motion the chain of events that culminated in the 1st century in the fall of the Republic.

The seeds of crisis

The Second Punic War and the extension of Roman influence into the Greek east heralded a new generation within the Roman elite. The unprecedented career of Scipio Africanus challenged the fundamental Republican ethos of senatorial equality. For the first time, a Roman noble had emerged with the authority and popularity to oppose the collective will of the Senate. Nor would Scipio be the last. The competitive mentality of the Roman elite made it inevitable that other nobles would seek to equal or surpass Scipio. Flamininus defeated Philip of Macedon at the same young age as Scipio defeated Hannibal, and his triumph after the declaration of the 'Freedom of Greece' was nearly as magnificent. Scipio in turn reasserted his prestige by aiding his brother in the campaign against Antiochus of Syria. This escalating competition for wealth and *gloria* extended throughout the elite. In 188 BC a little-known noble, Gnaeus Manlius Vulso, exploited the war with Antiochus to launch an unprovoked plundering raid from Syria into the neighbouring region of Galatia. Vulso acted without senatorial approval, but was nevertheless awarded a triumph on his return to Rome. Such selfish actions would become a recurring feature of Roman foreign relations and highlighted the difficulty of controlling ambitious nobles, especially when they were far from Rome.

In the early 2nd century, the Senate's collective authority could still keep individual nobles in check. Even Scipio Africanus departed into voluntary exile after he was asked to provide financial accounts for the war with Antiochus, despite his protest that 'it was not proper for the Roman people to listen to anyone who accused Publius Cornelius Scipio, to whom his accusers owed it that they had the power of speech at all' (Livy). Efforts were made to prevent future nobles from emulating the careers of Scipio and Flamininus. In 180 BC the *Lex Villia Annalis* formalized the traditional structure of the *cursus honorum*, laying down the legal ages at which the different magistracies could be held. In c. 151 BC a subsequent law decreed that no individual could hold the consulship more than once. But the nobility's competitive ethos was too strong to be held in check by legal measures. Exceptional individuals continued to emerge to threaten the Senate's dominance, beginning with Scipio Aemilianus' illegal election as consul during the Third Punic War.

The expansion of Roman power, and the riches expansion brought, affected more than just the senatorial class. The 2nd century saw the appearance of the *equites* (equestrians or knights) as a separate bloc within Roman society. Originally, as the name suggests, the *equites* were the wealthier citizens who served in the cavalry when the Roman army was mustered. In the early Republic this included those of senatorial birth, and there was no clear division between senators and equestrians. Over time the influx of riches into Rome led to the emergence of a distinct social class, who possessed considerable wealth but lacked the status of the old senatorial families. Finally, in 129 BC, the senators were formally separated by law from the *ordo equester* (the equestrian order). Equestrians could not belong to the Senate unless they were elected to a magistracy and so passed into the senatorial order. Many were involved in industry and trade, areas traditionally barred to senators in theory if not always in practice, and equestrians were active in building projects and the collection of provincial taxes. The destruction of the great trading cities of Carthage and Corinth further assisted the rise of the equestrians, and they played a prominent part in Roman society and politics in the late Republic.

For the wider population of Rome and Italy, the economic consequences of expansion were even more far-reaching. Like all ancient societies the Roman Republic was characterized by a vast gulf between rich and poor, which only widened with the flood of wealth from the great wars of conquest. The rich became richer, for it was the nobility who received the greater proportion of the plunder. The poor suffered, as inflation brought rising prices and there was a sharp increase in the availability of slave labour. The numbers reveal the stark disparity. A Roman peasant could live on 240 sesterces per year. Yet a member of the equestrian order was expected to possess property valued at over 400,000 sesterces, and the traditional minimum wealth for a senator was 1,000,000 sesterces. Such mathematics may appear less exciting than the rise of the warlords, but the economic impact of expansion posed no less of a threat to the unity and stability of the Republic.

In a world where agriculture was the chief basis of wealth, the rich devoted their new-found resources to their estates. Slaves provided the labour for larger fields (*latifundia*, 'wide lands') and aided the cultivation of grapes and olives for the commercial production of wine and olive oil. So high were slave numbers, with 150,000 taken from Epirus alone in 167 BC, that slave revolts became a serious danger as Spartacus would demonstrate in the early 1st century. No less significantly, this growth of noble estates and slave labour, combined with a gradual rise in population numbers, placed pressure on the Roman and Italian small farmers who provided the backbone of the Republican army. Those unable to hold land of their own drifted to the towns and to Rome, where they swelled the volatile Roman urban mob. And as those without land could not meet the property requirement needed to qualify for the *assidui* (those eligible for military service), they could not now serve in the army.

The exact scale of the social crisis that the Republic faced in the 2nd century is difficult to judge from the limited evidence. Certainly not all small farmers disappeared, and when Rome really needed to rally sizeable armies, as in 146 BC, it was able to do so. Nevertheless, army recruitment did become a problem. The ongoing wars in Spain were particularly unpopular, and in 151 and

137 BC there was such opposition to the military levy that the consuls were thrown in prison by the tribunes of the plebs. The Italian allies, whose manpower and loyalty were so crucial to Rome's success, were also unhappy. They were asked to provide troops for longer and more distant wars, and while they received their share of the plunder they were still denied any political voice. The emergence of the equestrians desiring a greater role in public affairs and the volatility of the urban mob added to the discontent. All that was required was a spark to ignite the tensions. In 133 BC that spark was lit with the election as tribune of the plebs of Tiberius Sempronius Gracchus.

The Gracchi

Tiberius Gracchus (born c. 163 BC) came from the Republic's highest nobility. His father of the same name twice held the consulship and his mother was Cornelia, the daughter of Scipio Africanus. The young Tiberius thus faced enormous pressure to achieve the success expected of him. The conventional path to *gloria* was through military success and the consulship. But Tiberius instead made a conscious choice to pursue social reform through the office of tribune. According to his younger brother Gaius, Tiberius once passed through northern Italy en route to Spain. As he travelled:

> He saw for himself how the country had been deserted by its native inhabitants and how those who tilled the soil or tended the flocks were barbarian slaves.

Tiberius' solution was simple but inspired. Upon his election as tribune in 133 BC, he proposed that land should be given to unemployed small farmers, thereby in one stroke easing social tensions, reducing the urban mob, and improving army recruitment. To achieve this, he wished to redistribute the *ager publicus*, state-owned land taken during Rome's earlier conquests in Italy and rented out by the state to the nobility. Legally, no Roman could own more

7. Cornelia and the Gracchi (1861)

than 500 *iugera* (312.5 acres) of public land, although this limit had long been ignored. Tiberius intended to confiscate all land held in excess of the limit, and divide that land among the unemployed smallholders in blocks of 30 *iugera* (20 acres). These blocks would be inalienable, and so the rich could not buy the land back.

Any proposal to tamper with land ownership in a conservative agricultural society aroused intense fear. Much public land had been held by families for generations and had been inherited, sold, and even used for family tombs. Above all, Tiberius was opposed by the senatorial nobility, who had the most to lose. Unable to convince the Senate to support his bill, Tiberius invoked the legislative power of the tribune and turned to the *Concilium Plebis*, the popular assembly. This was not illegal, but proposed laws were traditionally agreed in advance by the Senate. Moreover, Tiberius' fellow tribunes were again nobles, and in the assembly they continued to resist him. One, Marcus Octavius, imposed his tribune's veto. In response, Tiberius declared that a tribune must serve the people: 'If he annuls the powers of the people, he ceases to be a tribune at all.' Octavius was deposed and dragged from the assembly, an action without precedent in a system based on precedent, and Tiberius' *Lex Sempronia agraria* became law.

The new law could not be enforced. Land markings were blurred, records were poor, and Tiberius found himself constantly blocked. Desperate, he turned to an unexpected source for aid. In mid-133 BC, King Attalus III of Pergamum died without heirs and left his kingdom to Rome. Tiberius seized Attalus' treasury to fund his land redistribution, and decreed that the people would decide the organization of the new province of Asia. By doing so, Tiberius challenged the whole order of Roman government, for finance and foreign affairs had always remained in the hands of the Senate. Rumours spread that Tiberius desired personal power, even that he aspired to the hated status of king. Then he sought re-election as tribune to continue his reforms. This was the final straw, a rejection of the Republican principle of annual magistracies. Rioting broke out as he presented himself for re-election. Over 300 were killed, and Tiberius was struck down by a senatorial mob, his body thrown into the Tiber.

With Tiberius' death, his agrarian reform programme collapsed. Only to be revived in 123 BC, when Tiberius' younger brother

Gaius (born 154 BC) followed his lead and won election as tribune. No one could question Gaius' courage, for his brother's fate lay before him and still he chose the path of reform. Like Tiberius, he sought the redistribution of land to aid the small farmers, but Gaius' proposals were much broader and impacted on all levels of Republican society. To support the growing urban poor of Rome, he set a fixed price at which the state would sell grain. There was little organized welfare or charity in Republican Rome, and the importance of keeping the people happy with food and entertainment was immortalized by the later satirist Juvenal as the 'bread and circuses' of the Roman Empire. Gaius also aided the newly emerging equestrian order. He organized the tax farming of the Roman provinces, through which equestrian companies paid an agreed sum to the state and then oversaw tax collection, keeping any profit made. At the same time, he gave the equestrians control over the criminal courts that previously had been in the hands of senatorial juries. This prevented senatorial abuse of the courts, but opened the provinces to the equestrians who could and did prosecute honest senatorial governors who tried to check their exploitation.

Gaius' wide-ranging programme secured him enormous prestige, to the extent that, unlike Tiberius, he was able to stand successfully for re-election as tribune in 122 BC. And even more than Tiberius, he aroused the hatred of the Senate. Gaius' appeal to the urban populace and the equestrian order threatened senatorial authority, and his personal standing once again led to accusations of excessive ambition. Gradually, the Senate chipped away at Gaius' popularity. Other noble tribunes were used to counter or outbid his policies, forcing Gaius to seek new supporters. He therefore proposed a law that would grant full Roman citizenship to the Italian allies. Such a law would have eased the tensions rising in Italy, but was opposed both by the nobility and by the Roman plebs, who feared competition for food and jobs. Gaius' failure further weakened his position, and his appearance in armour at the elections for 121 BC triggered another massive riot. The Senate passed the first ever *senatus consultum ultimum* (the final decree of the Senate), giving the consuls authority to take whatever action was necessary to defend the Republic. 3,000 of Gaius' supporters were killed, and Gaius himself committed suicide. Whoever brought Gaius' head was promised its weight in gold, and the man who did so first removed the brain and poured in molten lead before claiming the reward.

Later generations remembered the Gracchi as champions of the Roman people, and their statues received worship like the shrines of the gods. But the problems that Tiberius and Gaius had sought to resolve still remained, and their controversial careers undermined the stability of senatorial government. The Gracchi thus marked the beginning of the chaotic century that led to the Republic's collapse. As tensions over landholding, army recruitment, and allied rights continued to simmer, a series of military crises opened the way for the next generation of warlords to challenge the Senate's collective authority.

The rise of the warlords

The first crisis to break out was the Jugurthine War (112–105 BC). Jugurtha was the king of Numidia, on the border of the Roman province of Africa. In 112 he ordered a massacre of the Roman and Italian traders in the region, an insult to which the Republic had to respond. Militarily, Jugurtha posed little danger to Rome. But his exploitation of Roman corruption was legendary, celebrated in his notorious remark that Rome 'is a city up for sale, and its days are numbered should it find a buyer'. The incompetence and greed of the senatorial generals sent against him allowed the war to drag on, until in 107 Gaius Marius was elected consul and took over command. Marius was a *novus homo*, the first of his family to reach the consulship. He owed his election to his reputation as an experienced soldier, while he had also married a Julia, the aunt of Julius Caesar, from the ancient if politically insignificant Julian clan. Jugurtha's forces were swiftly defeated, although the war

8. Silver denarius depicting the capture of Jugurtha (minted 56 BC)
Obverse: Head of Diana
Reverse: Sulla seated on a raised chair while King Bocchus of Numidia kneels before him offering an olive-branch and Jugurtha kneels behind Sulla's chair with his hands tied behind his back

only ended in 105 with the king's capture by Marius' subordinate and rival Lucius Cornelius Sulla.

While the war in Africa slowly drew to a close, a far more real threat to Rome emerged from the north. In the late 2nd century massed German tribes moved into Gaul and northern Italy. Reportedly over 300,000 strong, these were not raiding warriors but entire migrating peoples, the first of many waves of Germanic tribes that moved into Roman territory due to pressures further east. The Cimbri and Teutones inflicted a series of crushing defeats upon Roman armies, culminating at Orange in 105 BC where 80,000 Roman soldiers died, a defeat even worse than Cannae a century before. In this state of emergency, Marius returned from Africa and celebrated his triumph over Jugurtha. Hailed as Rome's saviour, he was elected consul every year from 104 to 100 by popular demand. Five successive consulships made a mockery of the annual Republican magistracies, but Marius justified the people's faith by destroying the German tribes in two great victories at Aix-en-Provence in 102 and Vercellae in 101. The *gloria* from his successes and his domination of the consulship gave Marius unprecedented status, and once again raised the stakes of Roman noble competition.

Marius was the first of the great warlords who dominated the last century of the Republic. In the long term, however, no less important than his career was Marius' reorganization of the Republican army. During his campaigns in Africa and against the Germans, Marius accepted as recruits anyone prepared to volunteer, not only the *assidui* who met the traditional property requirement but those without land, the *capite censi* or 'head count'. In consequence, Rome for the first time acquired a truly uniform professional army. As Marius' new soldiers had no land to farm, they could serve for extended periods with rigorous training and discipline. As they were poor, they were all equipped alike by the state. The men were known as 'Marian mules', marching in heavy legionary armour and carrying a 25-kilogram pack as well as two *pila* and the Spanish *gladius*. One of the two spears had a head weakly secured by nails, an invention of Marius which meant that when the spear hit a target the head bent and the spear could not be thrown back. Marius likewise revised army formation. The 120-man maniple of Scipio Africanus had been ideally suited to defeat the elephants at Zama and the more rigid Macedonian phalanx. Now the smaller maniple was replaced as the basic army unit by the 600-man cohort, a denser body of men better able to resist massed Germanic charges. From these reforms emerged the famed legions of the Roman Empire.

The Marian reforms forged a tough professional infantry army. They also marked the abandonment of the old ideal of a Roman citizen militia. Marius' landless volunteers were promised a farm at the end of their service as an inducement to recruits. Responsibility for fulfilling that promise lay with the general to whom the new soldiers took their oath of loyalty. Thus the armies became personal, loyal to their general not to the Senate or the Roman state. Earlier in the 2nd century, the Senate had managed to keep a check on great individuals like Scipio Africanus and preserve collective leadership of the Republic. Now the social and economic pressures that the Gracchi had been unable to resolve led to the emergence of private armies in the service of men driven to compete for status and *gloria*. The man who exploited the new possibilities was not Marius, who was more soldier than politician. It was Marius' rival Lucius Cornelius Sulla, and another of the unresolved tensions of the 2nd century provided just the opportunity that he desired.

Throughout the crises of the previous three decades, the status of Rome's Italian allies had remained a point of contention. Many of Marius' recruits were Italians rather than Roman citizens, and by 100 BC Italians made up two-thirds of the army. Yet they still had no political rights in Rome. Italian demands for a share in Roman citizenship steadily grew more strident, until in 91 BC the murder of their champion, the tribune Marcus Livius Drusus, sparked the Social War (*socii*, 'allies'). Confronted by a numerous enemy trained and equipped on Roman principles, Rome initially struggled. Fortunately for the Romans, the aim of the vast majority of the allies was not to destroy Rome but to force concessions. In 88 Rome finally acknowledged the allied demands and conflict immediately subsided. With hindsight, the Italians' hard-won victory in their struggle for Roman citizenship was a crucial stage in the creation of a lasting empire. Over the following centuries the rights granted to the Italians were gradually extended to all Rome's subject peoples, uniting the Mediterranean under the umbrella of Roman identity.

In the course of the Social War, Sulla supplanted Marius as Rome's premier general through a series of victories in southern Italy. At the war's end he was elected consul, just as Rome received warning of a new enemy, King Mithridates of Pontus on the Black Sea. Sulla was given command of the army gathered to drive back Mithridates' invasion of the Roman province of Asia. What happened next was a grim omen for the future of the Republic. Before Sulla could leave for the east, a radical tribune named

Sulpicius Rufus passed a law that transferred the command from Sulla to Marius. Like Caesar 40 years later on the banks of the Rubicon, Sulla faced the choice between political oblivion and civil war. And like Caesar, Sulla would not back down. For the first time in Republican history, a Roman army advanced upon Rome.

Sulla's march on Rome was the natural consequence of Roman noble ambition and the Marian reforms. In his desire for *gloria* and pre-eminence, Sulla appealed to his soldiers to fight to defend his *dignitas*. Those soldiers were loyal to him, not to the state, and depended upon him for the land grants that they had been promised. The Senate's collective authority, already weakened by the pressures of expansion and the challenge of the Gracchi, had no power over the warlord with his private army. The Republic's fate now lay in the hands of individual generals whose competitive ethos and striving for supremacy could not be restrained. The disintegration of the Republic had begun.

Chapter 7
Word and image

The rise and fall of the Roman Republic is an extraordinary tale. Yet the metamorphosis of Rome from a small city-state to the mistress of an empire was not simply a story of military conquests and political crises. Literature and art bring to life the world of the ancient Romans, looking beyond the marching legions and senatorial debates. The voices of Republican authors have echoed down to modern times, from the early playwrights Plautus and Terence to the great generation of Catullus, Cicero, and Caesar. The quality of Republican art has not always received the admiration it deserves, but is visible in superb statue busts and in many of the finest paintings preserved in the buried town of Pompeii. These achievements merit attention in their own right, and laid the foundations for the golden age of Roman culture under the first emperor Augustus.

In culture no less than in political and military history, the earliest years of Rome are hidden behind the veil of the past. There is no trace of Roman literary activity from before the 3rd century, and while artistic accomplishment certainly existed all too little has survived the passage of time. What can be said with confidence is that Roman culture, like every other aspect of Roman life, drew from the very beginning on the traditions of the neighbouring peoples. The Etruscans to the north and the Greeks to the south were early influences, and Greece's cultural impact upon Rome inevitably grew with increasing involvement in the Greek-speaking east. Nevertheless, Rome's culture remained its own. Here, as elsewhere, we recognize the particular Roman genius to absorb and assimilate the qualities of others and transform those models into something new and uniquely Roman.

The first flowering of Latin literature

The origins of Latin literature bear witness to that genius for assimilation and transformation. From what little evidence we possess, down to the 3rd century writing was used in Rome for record-keeping and for legal and religious formulae. Literacy was limited to the elite, and public entertainment was provided through games and local dramatic performances. It was from the Greek cities of southern Italy that literature arrived in Rome, and the large-scale adaptation of classical Greek works and genres into Latin forms began. The earliest Latin poet whom we know by name was himself a Greek from Tarentum, Livius Andronicus (c. 280–200). Brought to Rome as a slave, Andronicus was later freed and made a living as a teacher and playwright. Only a few fragments of his works survive, but it is not difficult to identify his chief source of inspiration. Andronicus' Latin translation of Homer's *Odyssey* was used in Roman schools for centuries, and his tragic plays likewise drew heavily on the stories and heroes of the Trojan War.

In the next generation, this dependence upon Greek inspiration and models found a new expression through the rise of Roman comedy. The early Latin writers from whom the greatest volume of material has been preserved were two comic playwrights, Titus Maccius Plautus (c. 254–184) and Publius Terentius Afer (c. 195–159). Neither was born in Rome, for Plautus came from Umbria and Terence was a slave born in North Africa, but both had a lasting impact on Roman culture. Some 21 plays of Plautus survive more or less complete (a little under half of his original output), together with all 6 of the known plays of Terence. Their works were performed at state games and during the funerary celebrations of leading families, and they provide a goldmine of information about Republican society and values. Yet their plays were once again adapted from Greek originals. We get a sense of how that adaptation was achieved from the prologue of one of Plautus' best-known plays, the *Miles Gloriosus* (the Swaggering Soldier):

> Now you're all settled, I'll tell you about the plot
> And explain the title of the play you're about to see
> On this happy and festal occasion.
> In the Greek this play is entitled *Alazon – The Braggart*;
> Which in Latin we have translated by *Gloriosus*.
> This town is Ephesus. The soldier you saw just now
> Going off to the forum – he's my lord and master;
> He is also a dirty liar, a boastful, arrogant,
> Despicable perjurer and adulterer.

Plautus' play was based upon a (lost) Greek original and was set in the Greek-speaking city of Ephesus in Asia Minor. The title character of the arrogant mercenary soldier was more Greek than Roman, as is his name Pyrgopolynices (roughly 'mighty conqueror of fortresses'). Yet the star of the play is Palaestrio, the slave who delivers the prologue and masterminds the soldier's downfall. The clever slave is a recurring Plautine character who figures more prominently in his works than in their Greek originals and clearly appealed to Plautus' Roman audience. Plautus' choice of moral emphasis similarly suits his Roman context, set alongside the vulgarity and slapstick that also characterize his plays. The result is a hybrid Roman–Greek form of drama whose influence can be traced far beyond its Republican roots, from Shakespeare's *The Comedy of Errors* to *A Funny Thing Happened on the Way to the Forum.*

Roman historiography no less than drama traced its origins to the Greeks, who had coined the term *historia* ('inquiry'). Quintus

Fabius Pictor, a senator who fought in the Second Punic War, became the first Roman to write an historical account of Rome around the year 200 BC. Strikingly, he wrote not in Latin but in Greek. A number of Greek histories of Rome had already been composed by this time, and it was these Greek historians who originally traced Roman descent back to the Trojan War and the travels of Aeneas and other Homeric heroes. Romans like Fabius Pictor embraced and developed such stories. Pictor's work is now lost, but he drew upon Rome's association with Aeneas and intertwined with that legend the local Italian fables that became the foundation myth of Romulus and Remus. From this fusion of Greek and Italian traditions emerged the Roman perception of their origins and historical identity. Fabius Pictor set out Rome's story in Greek terms incorporated into a Greek vision of antiquity, but his values remained Roman and he affirmed Rome's special place in the wider Mediterranean world.

Before Fabius Pictor, the only Republican historical sources were the family records of the great noble houses, which were somewhat prone to self-glorification, and the record of magistracies and major events kept by the priestly college of *pontifices*. Finally, in the early 2nd century, Latin historical writing began. Quintus Ennius (c. 239–c. 169) was not a prose historian but a poet, and his *Annales* was an historical epic that told Rome's history from the fall of Troy to his own time. Near the beginning of the poem Ennius hailed himself as the reincarnation of Homer, who had appeared to him in a dream, and like Fabius Pictor he combined Homeric legends with Roman traditions. The *Annales* was the national epic of Rome until supplanted by Virgil's *Aeneid*. Sadly, however, Ennius' text is again largely lost, and is remembered today through passages quoted by other authors. Perhaps the most famous, and very apt from a man who lived through the Second Punic War, being *Qui vincit non est victor nisi victus fatetur* ('The victor is not victorious if the vanquished does not consider himself so').

The last great name of the early years of Latin literature is the familiar one of Marcus Porcius Cato the Elder (234–149). The conservative Cato was famed for his hostility towards Greek culture, and it was appropriate that he wrote the first Latin prose history of Rome. His now fragmentary work, begun after 170, was entitled *Origines*. Determined to uphold Republican ideals, Cato emphasized service to the state as greater than the individual and preferred to identify military commanders by their rank rather than their name. Yet this did not prevent him from glorifying his own achievements, and despite Cato's aversion to Hellenism he too traced Roman descent back to Aeneas and the Trojan War.

Cato was not alone in his devotion to preserving Roman traditions and virtues. Knowledge of Greek language and literature was expected of the Roman nobility by the 2nd century, but so too was adherence to the values of the Republic. This determination found literary expression in the one genre that the Romans claimed as their own without Greek inspiration: satire. Combining scathing social and political criticism with literary parody and moral judgement, satire offered a contemporary commentary on the Republic's rapidly changing world. The first true Roman satirist was Gaius Lucilius (d. 102 BC), a friend of Scipio Aemilianus who had gathered around himself a literary circle. Only fragments of Lucilius' verse satires survive, but the genre he established endured. Lucilius offered a model for the Augustan poet Horace and for Juvenal, perhaps the finest of the Roman satirists, whose works gave us the sayings 'bread and circuses' and 'who guards the guards themselves?'.

Catullus and Cicero

The cultural history of Rome under the Republic reached its zenith in the 1st century. Even as the Republican system itself collapsed into civil war, writers of genius raised Latin literature to new heights. The lyric poetry of Gaius Valerius Catullus (c. 84–54 BC) combined subtle Greek allusions with everyday Latin expressions to achieve a power that would stand out in any age. Catullus drew on the refined Hellenistic poetry of Alexandria, and on the greatest female poet of antiquity, Sappho of Lesbos. He could describe sexuality in the crudest possible terms, yet his insight into the psychology of love was profound and earned from hard experience. To quote in full one of his shortest but most compelling poems:

> *Odi et amo: quare id faciam, fortasse requiris,*
> *Nescio, sed fieri sentio et excrucior*
>
> I hate and I love. And if you ask me how,
> I do not know: I only feel it, and I am torn in two.
>
> (Poem 85)

Catullus' prime source of torture and inspiration was the woman he named 'Lesbia', a pseudonym derived from Sappho which probably concealed the identity of Clodia Metelli, the wife of Quintus Metellus Celer. Clodia is known from a damning speech by Cicero, and among other dubious activities she was accused of poisoning her husband and of incest with her brother (and Cicero's great enemy) Publius Clodius. For Catullus, 'Lesbia' was a figure of lust, love, and pain. He envied the pet sparrow she played with and mourned its death (Poems 2–3), counting as numerous as grains of sand or stars in the sky the number of her kisses needed to satisfy his desire (Poem 7). But he denounced her infidelity ('live with your three hundred lovers, open your legs to them all at once': Poem 11) and prayed for release:

> I do not now expect – or want – my love returned,
> Nor cry to the moon for Lesbia to be chaste:
> Only that the gods cure me of this disease
> And, as I once was whole, make me now whole again.
>
> (Poem 76)

The themes of Catullus' poetry strike at the heart of the human condition, hence their appeal. His works refer only in passing to the conflicts of the Republic's closing years, and illuminate the living social world of Rome that political narratives tend to conceal. Our other principal guide into that world was far more politically minded than Catullus, but his voluminous writings are of even greater value in bringing Rome alive: Marcus Tullius Cicero (106–43 BC).

We know more of the life and character of Cicero than of any other man or woman in the long history of ancient Rome. He is at the same time our single most valuable source for the last age of the Republic and a leading participant in the dramatic events of those years. Above all, to a greater degree than any of his contemporaries like Pompeius Magnus or Julius Caesar, Cicero through his writings comes down to us as a human being. He was a flawed and inconsistent man, but idealistic, principled, and at times courageous, and he gave his life in the doomed defence of the failing Republic.

Cicero ('chickpea') was born in Gaius Marius' home town of Arpinum, southwest of Rome, and like Marius he was a *novus homo*. Unlike Marius, and very unusually for a Roman 'new man', he was never a good soldier. What brought Cicero to prominence was his gift as an orator. Public speaking was an essential skill before the rise of modern mass media, and Cicero was the greatest orator Rome ever produced. Near the end of his life, he delivered one speech so powerful that Julius Caesar, himself Rome's second greatest orator, dropped the papers he was carrying in shock. More than 50 of Cicero's speeches survive, preserving his talent and providing a priceless glimpse into the murky depths of Republican law, society, and politics.

In 70 BC Cicero burst onto the Roman political scene with the prosecution of Gaius Verres, the corrupt senatorial governor of Sicily who had exploited his post to loot the province. Verres' defence team was led by Quintus Hortensius Hortalus, the leading trial orator of the time. But Cicero's opening speech and the flood of witnesses and evidence that he presented were so damning that Hortensius simply quit and Verres went into voluntary exile.

The trial of Verres saw Cicero first lay down the political manifesto that he upheld throughout his career. Essentially a conservative, he believed in the collective leadership of the Senate and the traditional structures of the Republic. However, he was also an idealist, who so admired the traditional Republican system that he ignored its flaws. Verres' abuses reflected the corruption that grew within the Roman elite as the government structure struggled to cope with the demands of ruling the Mediterranean. Cicero described his vision of Rome in the *De Re Publica* (completed in 51 BC), a now fragmentary treatise modelled on Plato's *Republic*. A Senate that ruled with clear moral authority guided a quiet, passive populace and channelled the ambitions of the individual nobility. Cicero simply assumed that such a system would ensure peace, and he offered no solution to the socio-economic problems of the 2nd century, the urban mob, or the private armies of warlords like Marius and Sulla. His state was an ideal, not a reality.

Yet Cicero cannot be dismissed as merely a philosophical dreamer. He was a leading figure in the transmission of Greek philosophical ideas into Latin, but like Plautus and Catullus in their fields he adapted his Greek models to serve Roman ends. In particular, Cicero sought far more strongly than Plato to make his dream a reality. Like most of his contemporaries, Cicero saw ethical and political philosophy as utterly inseparable. Political decline was understood as a consequence of moral decline, and so in turn political reform required moral reform. Cicero therefore offered practical advice on how one should live in a troubled world. In one of his last works, the treatise *On Duties* (44–43 BC), Cicero turned to the morality of the Roman past to provide guidance on correct behaviour in the present. The greatest good is service to the state, and the greatest service to the state is to oppose a tyrant. Written in the immediate aftermath of Caesar's murder, there is a very real contemporary force behind Cicero's insistence that it is not only necessary but morally right to kill those who seek autocratic power.

Cicero's speeches and treatises reveal his vision of the Republic and his conception of a proper moral Roman life. They do not reveal the man himself. For this, we must read the richest treasure that Cicero bequeathed to posterity, his letters. Over 800 letters survive, spanning the last 25 years of his life. Many are to Cicero's confidant and closest friend, Titus Pomponius 'Atticus' (so named as he loved Athens and often lived there). It was Atticus who helped organize the publication of the letters after Cicero's death, although he first removed his own replies. Through the letters we see Cicero respond to events as they occur without the benefit of hindsight or later editing, from his shifting relationships with Pompeius and Caesar to his savage glee at Caesar's death and the end of his dictatorship ('How I should like you to have invited me to that most gorgeous banquet on the Ides of March').

In his letters, the orator and philosopher is revealed with all his failings. He is weak, indecisive, vain, vindictive, and often mistaken in his judgement of himself and others. But he is also intelligent, caring, idealistic, and on occasion heroic. He tried to live according to his ideals, even though at times he knew that he failed, and ultimately he gave his life in defence of those ideals. Cicero died a year and a half after Caesar, killed at the orders of the Second Triumvirate led by Marcus Antonius and Gaius Julius Caesar Octavianus (the future Emperor Augustus). Yet it was Augustus who provided Cicero's fitting epitaph. Seeing his grandson reading one of Cicero's works, he picked up the book to study and then returned it: 'A learned man, my child, a learned man and a lover of his country.'

Brick and marble

Across the span of over 2,000 years that separates us from the Roman Republic, the writings of Plautus, Catullus, and Cicero provide our most accessible window into the Roman world. The evidence of material culture, of art and architecture, is more fragmentary and difficult to interpret for the non-specialist. Yet it is an essential part of Rome's cultural achievement and no less essential for our understanding of the physical environment in which Roman men and women went about their lives. Much has been lost to the passage of time or lies concealed beneath the later monuments of the Roman Empire. But what has survived from the Republic includes works of both utility and great beauty. Like every other aspect of Roman culture, Republican art and architecture drew on numerous outside influences and yet remained distinctively Roman.

Few physical traces of early Rome have been preserved. The bronze Capitoline Wolf (Figure 1) is probably of Etruscan craftsmanship, although the accompanying infants were added under Pope Sixtus IV (1471–84), and the Etruscan influence on Roman material culture was extensive. Roman house and temple design built upon Etruscan models, while the Etruscans were likewise known for decorated pottery and for statues and sarcophagi made from local terracotta (early Italy had no accessible source of marble). The Etruscans in turn drew inspiration from the Greeks, and the increasing impact of Greek culture on the Republic is visible in art no less than in literature. The adaptation of these external influences to serve Rome's changing needs drove some of the finest work of the Republican age.

The Romans themselves regarded their architectural prowess as one of their greatest contributions to ancient civilization. In part, that contribution was highly functional. The Greek Dionysius of Halicarnassus was moved to write that the three most magnificent achievements of Rome were 'the aqueducts, the paved roads, and the construction of the sewers'. Such constructions were hardly Roman inventions, but they were raised by the Romans to new heights of design and efficiency. Existing architectural elements were used on a new scale, particularly arches and vaults, and the

Romans made extensive use of concrete, which was more readily available in Italy than quality cut stone and did not require skilled labour.

Only a tiny fraction of the architectural works of the Republic can be reconstructed today. The houses of everyday people leave little physical trace, and the surviving monuments of ancient Rome primarily glorify Augustus and the later emperors. Nevertheless, we can gain a glimpse of the setting in which Republican history unfolded. The urban focus of Rome remained the Forum at the foot of the Capitoline Hill, where the Senate met and magistrates performed their civic duties. In the area around the Forum and along the triumphal *Via Sacra*, monuments commemorated Roman achievements and the heroes of previous generations. The glories of the past pervaded Republican social and political life, reinforcing the pressure on those in the present to emulate and surpass their ancestors.

9. The Forum Romanum

It is a reflection of Roman piety as well as Roman noble competition that the most characteristic public architectural form under the Republic was the temple. Roman temples followed an Etruscan-Italian model that differed significantly from the temples of ancient Greece. The most famous temple of Rome, that of Jupiter on the Capitoline Hill, can now be reconstructed only from the outline of its ground plan. The temple stood on a high podium and had to be approached up a flight of steps at the front, unlike most Greek temples which were built on a lower base and could be approached from any direction. It was here that the celebration of a triumph culminated, as the returning general offered sacrifice to Jupiter for his victory.

The temples of Rome proliferated with its expansion and the accompanying wealth. For the nobility, construction of a temple was an ideal way to commemorate their success publicly while at the same time thanking the gods for their favour. According to legend, the original temple of Castor and Pollux in the Roman Forum was built to honour the aid that the divine twins had given to Rome at the Battle of Lake Regillus in the early 5th century. A few columns survive from a later rebuilding of that temple under the emperor Tiberius. Further temples were dedicated by nobles from the proceeds of war. In the mid-2nd century, the round temple was built that still stands in the Forum Boarium (Figure 6). The exact identity of this temple and its deity is debated, but most probably this was the temple of Hercules Victor, and the most likely dedicator was Lucius Mummius, who destroyed Corinth in 146 BC. If true, there is a certain irony that his temple is the oldest extant marble building in Rome and the first known Roman temple to include columns of the Corinthian order.

Temples were not the only monuments through which the Roman nobility celebrated their accomplishments. The triumphal arch was a Republican creation, although all surviving honorific arches in Rome belong to the imperial period. Scipio Africanus erected the most prominent Republican arch, on the road that led up the

Capitoline Hill. More unusual monuments appeared in the 1st century as the intensity of noble competition grew ever stronger. The Theatre of Pompey, begun by Pompeius Magnus in 55 BC, was Rome's first permanent theatre in contrast to the temporary wooden structures previously in use. This theatre building was only one part of a much larger complex, which also included numerous images celebrating Pompeius' deeds and a temple to his personal patron deity, Venus Victrix. Here, beneath the statue of his rival, Julius Caesar would be murdered in 44 BC.

Caesar's own monument was on an even grander scale. Beside the sprawling Forum Romanum he began the Forum of Julius Caesar, with a temple at one end to Venus Genetrix, Venus the ancestress of the Julian family. Rome's rising population and the demands of governing an empire made an additional forum a practical necessity, but in scope and ambition Caesar's Forum prefigured the imperial age. Unfinished at the time of Caesar's murder, the Forum was completed by his adopted son Augustus, who would go on to dedicate his own Forum and to declare without much exaggeration that 'I found Rome built of bricks, I leave her clothed in marble'.

Painting and sculpture

The interaction of external influences and noble competition drove the evolution of Roman art no less than architecture. Painting is a fragile medium, yet has survived from Republican Rome on a surprising scale. A few damaged examples come from Rome itself, including the earliest extant Roman wall painting, the so-called Esquiline Historical Fragment (Figure 2). Approximately dated to the 3rd century BC, the Fragment celebrates a victory over the Samnites won by a Roman general from the Fabian family, in whose tomb the triumphal scene was depicted. But the greatest treasures of Republican painting we owe to the tragedy that befell Pompeii and Herculaneum with the eruption of Mount Vesuvius in AD 79. As the tragedy occurred over a century after the Republic's fall, it is easily forgotten that much of the art preserved by the ash and pumice that buried Pompeii dates to Republican times. It is primarily from the evidence of Pompeii that we can reconstruct the evolution of Roman painting in the 2nd and 1st centuries BC.

The First or 'Masonry' Style of Roman painting was a product of Rome's growing wealth and the universal human desire of the less well-off to copy those more fortunate. During the 2nd century, luxurious villas with rich marble fittings appeared in Italy. Those who could not afford expensive marble turned instead to painted plaster. Rectangular panels were decorated to imitate coloured stone. More impressive to modern eyes is the Second or 'Architectural' Style which flourished in the 1st century. This style used images of colonnades and other architectural features to give an illusion of depth, with the view extending into the distance, and also featured figural characters and mythological scenes. The beautifully preserved villa at Boscoreale near Pompeii, from the very end of the Republican period, provides a number of magnificent architectural depictions from the bedroom of the owner, the little-known Publius Fannius Synistor (Figure 10). Perhaps the most famous set of images are those that gave their name to Pompeii's Villa of the Mysteries. Against a deep red background we see depicted rituals of the cult of Dionysus, as one woman is whipped and another dances naked clashing her cymbals (Figure 5). Such images offer a vision of Roman life far removed from the political and military narratives of our literary sources.

Sculpture in Rome had a long history, but as with painting the bulk of our evidence derives from the 2nd and 1st centuries. A few earlier terracotta statues survive, drawing on Etruscan models, but bronze and marble statues first came to Rome in any quantity after the sack of Syracuse in 211 and then Corinth in 146. Possession of such works became a mark of status and those who could not possess originals commissioned copies, creating a new

10. Second Style painting, from the bedroom of a villa at Boscoreale

industry that furnished the luxury villas. These Roman copies have proved highly valuable to scholars seeking to reconstruct lost Greek masterpieces such as the Diskobolos ('Discus-Thrower') of Myron and Polykleitos' Doryphoros ('Spear-Bearer'). They also attest again to Rome's deep-rooted admiration for Greek culture.

Even in the field of sculpture, however, the Romans were far more than passive emulators of the Greeks. Sculpture, and particularly the portraits of living individuals, had a special significance in Roman life. The wax images of a noble man's ancestors were held in the *atrium* of his house and carried during funeral processions, a further inspiration to emulate the achievements of the past. Roman marble portraits reflect the importance placed on such images as representative of traditional Roman virtues. In contrast to the classical Greek ideals of symmetry and youthful beauty, Roman portraits depict older mature men with lined battle-hardened faces, symbolizing Roman *virtus* and *auctoritas*. This characteristically Roman style of portraiture is often described as 'veristic', although the features shown still reflect an ideal as much as a specific individual's true likeness. Two of the earliest Republican portraits that can be identified with certainty are the busts of Pompeius and Caesar (Figure 11). The broad face of Pompeius Magnus, his frontal hairstyle recalling that of Alexander the Great, contrasts to the angular, aristocratic Julius Caesar.

In a much-quoted passage from Virgil's *Aeneid*, Aeneas' father Anchises prophesied Rome's destiny:

> Others shall hammer forth more delicately a breathing likeness out of bronze, coax living faces from the marble, plead causes with more skill, plot with their gauge the movements in the sky, and tell the rising of the constellations. But you, Roman, must remember that you have to guide the nations by your authority, for this is to be your skill, to graft tradition onto peace, to show mercy to the conquered, and to wage war until the haughty are brought low.

Anchises does not do justice to the Roman cultural achievement. Republican Rome would never rival the sheer breadth of the Greek genius, which the Romans themselves recognized and admired. Nevertheless, the Republic possessed its own genius, not only for conquest and government but for literature and art. Drawing on influences from many directions, the writings of Plautus and Cicero and the paintings of Pompeii reflect Roman values and reveal the living Roman world. Without that Republican legacy there would have been no golden age of Augustan culture, which in turn paved the way for the monumental splendour of the Roman Empire.

Chapter 8
The last years

Few periods of history have proved more compelling for later generations than the last traumatic years of the Roman Republic. The greatest power that the ancient world had yet known collapsed upon itself in an orgy of bloodshed. The crises of the 2nd century undermined the Senate's collective authority and witnessed the first of the line of warlords who dominated the late Republic. Gaius Marius and Lucius Cornelius Sulla were succeeded by Marcus Licinius Crassus, Gnaeus Pompeius Magnus, and Gaius Julius Caesar, who together formed the First Triumvirate. After Crassus' death, the alliance of Pompeius and Caesar dissolved into civil war, from which Caesar emerged triumphant. His murder on the Ides of March 44 BC could not save the failing Republic. The desperate act of Marcus Junius Brutus and his fellow 'Liberators' only served to plunge Rome into another decade of civil strife. Finally, Caesar's adopted son Gaius Julius Caesar Octavianus defeated Marcus Antonius and Cleopatra at Actium in 31 BC, and four years later took the name Augustus as the Roman Republic gave way to the Roman Empire.

With hindsight, it is tempting to view the Republic's decline as almost predestined, an inexorable fall from a height that could not be sustained. No external danger played a decisive part in the events that unfolded. The conflicts sprang from within, from the struggles of Republican society and government to adjust to the demands of controlling an empire and from the very pressures of noble competition, *gloria*, and *dignitas* that had driven Rome's expansion. Private armies and ever-increasing riches raised the stakes, until one man possessed the *dignitas*, wealth, and military might to rule alone. Yet few historical narratives are truly inevitable, and even at the end men were prepared to die for the Republic and its ideals. The fall of the Republic is not a tale of fate but a very human story of ambition and self-sacrifice, genius and folly. It is this universal human quality that underlies the enduring appeal of the Republic's last years.

The setting and the rising sun

The first critical blow was struck by Sulla. When he marched on Rome in 88 BC to prevent the transfer of his command to his rival Gaius Marius, Sulla threatened the very nature of the Republic. Through his private army, the warlord possessed power that neither the Senate's collective authority nor the popular assemblies could resist. But after seizing Rome, Sulla did not set himself up as an autocrat. His immediate concern was to defeat Mithridates of Pontus, whose invasion of Roman Asia had triggered the crisis, and for five years Sulla turned his back on Roman politics to campaign in the east. In his absence, his opponents rallied. Although Marius died in 86 BC shortly after beginning his seventh consulship, Sulla returned to Italy in 83 BC to discover his enemies allied with the Samnites, old Roman foes who were the only Italians still fighting after the Social War. Sulla's response was to march on Rome once more. He was joined by Crassus and Pompeius, who had raised their own private armies, and with their aid Sulla crushed his foes in a bloody battle at the Colline Gate of Rome.

Sulla now ruled the Republic. In order to formalize his position he revived the old office of dictator, which had not been held since the Second Punic War. Unlike a traditional Roman dictator he took the office indefinitely, not for a maximum of six months, and

Map 7. The last century of the Republic

Caucasus Mountains
Caspian Sea
Black Sea
THRACE
ONIA
Philippi
BITHYNIA
PONTUS
ARMENIA
Troy
Pergamum
CAPPADOCIA
Tigranocerta
MEDIA
Athens
CILICIA
Carrhae
R. Tigris
SYRIA
R. Euphrates
PARTHIAN EMPIRE
CYPRUS
THE LEVANT
PALESTINE
Jerusalem
Persian Gulf
Alexandria
ARABIA
EGYPT
Red Sea
R. Nile

in the eyes of many of his contemporaries he was in effect a king. Armed with this authority, Sulla turned on his enemies. For the first time in Rome, proscriptions appeared – long lists of names of those who could be eliminated without appeal to justice. At least 80 senators and 2,600 *equites* were killed or exiled, and the true figures were probably higher. Sulla used the property confiscated from the dead to acquire the land that he had promised to his loyal soldiers (the town of Pompeii was a Sullan military colony). His supporters likewise exploited the proscriptions to buy up cheap estates, and Crassus and Pompeius became two of Rome's richest men.

The revival of the dictatorship and the dreaded proscriptions made Sulla one of the most hated men in Roman history. Paradoxical though it may seem, however, Sulla was at heart a true republican. Once his position was secure, he set out to restore the Senate to its pre-Gracchan authority. In order to do so, it was essential to prevent the exceptional careers of warlords like Marius and himself which challenged the Senate's collective harmony. Sulla therefore enforced the minimum ages at which each magistracy could be held and the proper stages of progression from quaestor to consul. He increased the number of quaestors to 20 and praetors to 8 to ease the burden of government, and reorganized the law courts under senatorial control. He also crippled the tribunes of the plebs who had caused the loss of his command in 88 BC. The tribunes' veto was limited to protecting individuals not interfering in matters of state, and any law proposed by a tribune had to have senatorial approval. What is more, no man who became a tribune could ever hold another political office, ensuring that ambitious men would avoid the position. In theory at least, there would never be another Tiberius or Gaius Gracchus.

His reforms complete, Sulla then stunned the Roman world in 79 BC by voluntarily resigning all offices and retiring into private life. For modern scholars, as for his contemporaries, Sulla remains an enigma. Ambitious and ruthless, he drove noble competition for *gloria* to new heights, yet dedicated his final years to the restoration of Republican values. He died in 78 BC, leaving his own epitaph: 'no better friend, no worse enemy'. But his efforts to strengthen the Republic would be in vain. The man who would destroy Sulla's reforms had already emerged before the former dictator's death: Gnaeus Pompeius 'Magnus'.

When Pompeius marched his three legions into Sulla's camp in 83 BC, he was just 23 years old and had never held public office. What he did have was wealth, ability, and charisma in abundance, with the confidence to match. During his early campaigns Pompeius won the nickname *adulescentulus carnifex* (the teenage butcher), but his preferred title was *Magnus*, an honorific that he awarded to himself in deliberate imitation of Alexander the Great. Pompeius Magnus was the very personification of what Sulla had sought to prevent, a man who challenged the established order and ignored the traditional path of Republican politics. Yet the Senate seemed helpless to check Pompeius' growing popularity and prestige. As he is said to have told Sulla, 'more men worship the rising than the setting sun'.

The 20 years that separated Sulla's death from the First Triumvirate marked a crucial phase in the decline and fall of the Republic. Sulla's reforms had in fact strengthened the Senate's hand. The structures of government and justice had been improved, and a foundation had been laid that might have led to the restoration of senatorial rule. What was required was a period of peace and stability to allow the reformed Republican system to become firmly established. Between the demands of noble competition and the sheer scale of Rome's empire, that period would never arrive. The course of Republican history in the 70s and 60s has to be traced through an unfolding sequence of crises that played directly into the hands of the warlords who controlled Rome's military machine.

Immediately upon Sulla's death, the consul Marcus Aemilius Lepidus attempted to seize sole power. It was only a minor disturbance, but it exposed the Senate's weakness, for there was no army which the existing magistrates could rally against the rebels. Pompeius, who just happened to be nearby, employed his own soldiers to crush Lepidus. He then won senatorial approval to go to Spain, where an old follower of Marius, the one-eyed Quintus Sertorius, was causing trouble. The struggle was fierce, for Sertorius proved a master of guerrilla warfare, but gradually Pompeius gained the upper hand and Sertorius was murdered by a traitor within his ranks. Victory gave Pompeius *gloria*, and his reorganization of Roman Spain brought him wealth and clients, before he returned to Rome in 71 BC.

During Pompeius' absence Italy had been wracked by a new crisis, the most famous slave revolt of ancient times. In 73 BC a Thracian gladiator escaped from the gladiatorial school of Capua with perhaps 70 men. His name was Spartacus. Gathering displaced farmers and slaves, he trained a force that defeated the consuls of 72 BC and ravaged much of central Italy from bases on and around Mount Vesuvius. The man chosen to hunt Spartacus down in 71 BC was Crassus. Systematic and ruthless, Crassus ground the revolt into the dust. Spartacus was killed in battle, and 6,000 of his followers were crucified along the length of the Appian Way from Capua to Rome. One small group did escape, only to be destroyed by the returning Pompeius. Spartacus' revolt would be immortalized in legend, but the humiliation of senatorial armies by renegade slaves further weakened a Senate now confronted with two rival warlords.

After the defeat of Spartacus, neither Pompeius nor Crassus disbanded their armies. With their soldiers camped outside Rome, the two men came to an agreement and stood together for election to the consulship. Crassus was a legal candidate of sufficient age and prior experience as a magistrate. Pompeius was still barely 36 and had not held any official positions at all. Nevertheless, their joint election in 70 BC was a foregone conclusion, and so Pompeius entered the Senate as consul in open contempt of Republican tradition. In their term of office the full powers of the tribunes of the plebs were restored, another blow to Sulla's efforts to focus authority upon the Senate. And a new crisis had emerged from a long-neglected quarter to disturb the fragile balance of power.

Piracy had been a danger in the Mediterranean since the earliest Roman times. In the 1st century that danger neared epidemic proportions, not least because Rome had crippled the old naval states of Carthage and Rhodes that had previously kept the pirates in check. By the early 60s Italian coastal towns were under attack, and the food supply on which Rome's growing population depended was threatened. The young Julius Caesar was captured by one pirate band while travelling in the east, paid an inflated ransom, and then returned to crucify his captors. Other Romans were less fortunate, and in 67 BC a law was passed offering Pompeius the command to end the pirate menace. The powers Pompeius was given were extraordinary: 124,000 men and 270 ships was the largest Republican force ever allocated to one man, and he held complete *imperium* at sea which extended up to 80 kilometres inland. Armed with such powers, Pompeius took less than five months to sweep the Mediterranean clear and capture the pirate strongholds of Cilicia in southern Asia Minor. He commemorated the feat in typical fashion by renaming the main city of Cilicia as Pompeiopolis, on the model of his hero Alexander.

Fresh from his phenomenal success, Pompeius then proceeded to take control of the ongoing war with Rome's most obdurate foe, Mithridates of Pontus. This struggle had been waged off and on for more than 20 years, and when Pompeius seized command Mithridates was already a beaten man. The king was finally killed in 63 BC, following which Pompeius took upon himself the reorganization of Rome's eastern territories. The coastal regions of Pontus, Bithynia, Cilicia, and Syria were at last declared Roman provinces, over a century after Rome had first extended its dominion east of Greece. Beyond those provinces were client kingdoms whose rulers acknowledged Roman superiority, including Judaea and Armenia. The latter in particular provided an important buffer between Rome and the Parthian Empire of Iran which emerged in the 1st century BC as Rome's chief rival. Taxation from the newly created provinces more than doubled Roman state revenues, but Pompeius too received huge sums from the kings who had paid to retain their thrones, as well as an enormous body of clients across the eastern Mediterranean. He returned to Rome the richest man in Roman history, and in 62 BC celebrated the most stunning triumph ever seen.

> In front of the procession were carried placards with the names of the countries over which he was triumphing. These were: Pontus, Armenia, Cappadocia, Paphlagonia, Media, Colchis, Iberia, Albania, Syria, Cilicia, Mesopotamia, Phoenicia, Palestine, Judaea, and Arabia. There was also the power of the pirates, overthrown both at sea and on land. In the course of these campaigns it was shown that he had captured no less than 1000 fortified places, nearly 900 cities, and 800 pirate ships; he had founded 39 cities.

How could anyone compete with such a triumph? The bar for Roman noble competition had been raised almost out of sight, and many in the Senate feared Pompeius' pre-eminence. The result was a stand-off. Upon his return, Pompeius requested senatorial ratification of his eastern reorganization and that land should be granted as promised to his veteran soldiers. He was supported by his old rival Crassus, who wished to exploit the taxes collected in those eastern regions. But Pompeius was opposed by a bloc of conservative senators led by the formidable Marcus Porcius Cato the Younger, who modelled himself on his great-grandfather Cato the Elder both in his moral integrity and in his rigid refusal to compromise. Pompeius was not prepared to resort to violence, fearing that he would earn the hatred bestowed on Sulla, and he lacked the political skill to achieve his ends. It was this impasse that opened the way for a hitherto relatively minor figure to enter centre stage: Gaius Julius Caesar.

Caesar and Pompeius

Born in 100 BC, Caesar was a scion of the famous Julian clan that traced its descent back through Romulus to Aeneas and the goddess Venus. This was an enormous source of *dignitas*, but the family was not politically prominent, and Caesar's early career was far more conventional than that of Pompeius. He held the usual junior offices at the usual ages, and his most striking achievement was to gain election in 63 BC as *pontifex maximus*, the head of the Roman state religion. After winning several minor campaigns in Spain, Caesar came to Rome in 60 BC to celebrate a triumph and seek election to the consulship. Forced by Cato and the conservatives to choose between his triumph and standing for election, Caesar preferred the latter and through a potent blend of political talent and personal charisma united the rivals Pompeius and Crassus behind him. In return for Caesar's promise to secure their desires, they provided the money and influence required to elect Caesar as consul for 59 BC.

Thus was created the First Triumvirate, an informal alliance between the three men sealed by the marriage of Pompeius to Caesar's daughter Julia. Caesar was duly elected consul, although his colleague was Marcus Calpurnius Bibulus, a friend of Cato and resolutely hostile. Unable to secure senatorial approval, Caesar took his laws to the popular assembly where, with the support of Pompeius and Crassus, they were passed. Bibulus retired from public life after what may politely be described as 'filth' was dumped on him in the Forum, and he remained at home where he declared that he was watching for evil omens. This religious intervention technically rendered Caesar's laws illegal as they were passed without divine approval, a charge that would return to haunt Caesar in later years. For the moment, the First Triumvirate ruled supreme. Caesar's laws gave the required land to Pompeius' veterans and ratified the eastern settlement and tax contracts. His term in office complete, Caesar then set out for Gaul in search of wealth and *gloria* of his own.

> All Gaul is divided into three parts, inhabited respectively by the Belgae, the Aquitani, and a people who call themselves Celts, though we call them Gauls.

So Caesar began his *Commentaries on the Gallic War*, the narrative (written in third person) that he composed to justify and celebrate his conquest of Gaul. The popularity of the *Commentaries* has contributed to a romantic image of Caesar's conquests, notably his struggles with the Gallic chieftain Vercingetorix who defeated Caesar at Gergovia before succumbing at Alesia. Seen in a harsher light the Gallic War might accurately be described as genocide, for in the course of a decade Caesar killed and enslaved approximately one million people. His actions were also significant for marking the first penetration of Roman power across the Rhine into Germany and over the Channel into Britain, though with little practical effect. What the conquests did unquestionably confirm was Caesar's ambition and military prowess. He now had the *gloria*, the wealth, and the veteran army needed to challenge Pompeius' supremacy.

Back in Rome, trouble was brewing. Cicero, who had been driven into temporary exile due to his opposition to the triumvirs, worked together with the senatorial conservatives to split Pompeius from Caesar. As the First Triumvirate began to weaken, Caesar interrupted his Gallic campaigns to attend a meeting of the triumvirs at the Conference of Lucca in 56 BC. There they renewed their alliance. Caesar's command in Gaul was extended, while Pompeius and Crassus shared the consulship again before Crassus in his turn set out to win *gloria* in the east. But the cracks were beginning to show. The successful marriage of Pompeius and Julia was ended by Julia's tragic death in childbirth in 54 BC, breaking a vital bond between Caesar and Pompeius. Crassus, who provided the balance between his more ambitious colleagues, launched an assault upon the Parthian Empire, an enemy whose true strength the Romans were yet to comprehend. He and his army were massacred at Carrhae in 53 BC by the Parthian combination of

11. Portrait busts of (a) Pompeius and (b) Caesar

heavy cavalry and horse-archers. The Roman world began to divide into two camps, for even Rome's empire was not large enough to contain both Pompeius and Caesar.

The clash of the two warlords, which marked the beginning of the end for the Republic, was a very Roman civil war. It was not a war fought over patriotism or rival visions for Rome's future. It was a struggle for power, *gloria*, and *dignitas*, the selfish principles of the Roman elite, and marked the culmination of the self-destructive Roman competitive ethos. As Caesar's ten-year campaign in Gaul drew to a close, his enemies gathered to condemn him. Pompeius, fully aware of the threat that Caesar posed to his pre-eminence, allied with Cato and the conservatives to champion the 'Republican' cause. Like Sulla a generation before, when faced with the choice between war and political oblivion, Caesar chose war. Appealing to his soldiers to defend his *dignitas*, on 11 January 49 BC Caesar crossed the Rubicon River into Roman Italy with the immortal words *alea iacta est* ('the die is cast'). Looking back a century later under the emperor Nero, the Roman poet Lucan simply declared 'Caesar would accept no superior, Pompeius would accept no equal'.

Over the five years that followed, violence spread to all corners of the Mediterranean. Pompeius withdrew eastward to rally his supporters, and when Caesar came in pursuit the two men at last met in battle in 48 BC at Pharsalus in central Greece. Caesar was outnumbered two to one, but his troops were veterans and he personally led the flank attack that routed Pompeius' army. Among the prisoners who received Caesar's pardon were Cicero and Brutus. Pompeius fled to Egypt, where he was murdered on the beach at the orders of the king, the 13-year-old Ptolemy XIII. Caesar had the murderers executed and formed an alliance with Ptolemy's 17-year-old sister Cleopatra VII (who, according to legend, was smuggled into Caesar's tent inside a rolled carpet). Ptolemy XIII was killed, and Caesar left Cleopatra to rule Egypt with her younger brother Ptolemy XIV, who quickly died, and a newborn son whom she named Caesarion.

Although Pompeius was dead, Caesar still faced many enemies. Some posed little danger, such as Mithridates' son Pharnaces of Pontus who in 47 BC was crushed in less than a week, a feat Caesar commemorated with the laconic words *veni, vidi, vici* ('I came, I saw, I conquered'). Far more threatening were the surviving defenders of the Republican cause, now led by Cato the Younger. Caesar defeated one army at Thapsus in North Africa in 46 BC and Cato chose suicide rather than face Caesar's clemency, a martyr to the Republic which many Romans would later believe died with him. Even then Pompeius' former supporters rallied again in Spain, and the Battle of Munda in 45 BC was the hardest and bloodiest battle of the war. Caesar's victory finally confirmed his status as the sole ruler of the Roman world.

The Ides of March

The destruction of the civil war wreaked havoc on the Republic. The provinces were in disarray and the Senate had lost any authority as the governing body of Rome. It fell upon Caesar to rebuild what he had helped to destroy. During his surprisingly brief period of sole rule, he laid the foundations for a number of key developments in the subsequent history of the Roman Empire. Provincial administration and taxation were reorganized, and Roman citizenship was extended outside Italy to areas of Gaul, Spain, and beyond. Colonies were founded to revive derelict cities like Carthage and Corinth, and to settle Caesar's disbanded veterans. Within Rome, Caesar created a solar calendar of 365.25 days to replace Rome's inaccurate lunar calendar, and began a programme of public works to provide employment and glorify the city and himself.

Few of Caesar's reforms provoked direct opposition. It was the means by which he expressed his power that inspired hatred. In order to maintain control, Caesar insisted upon retaining the dictatorship even longer than had the despised Sulla. A decree that Caesar would hold the office for ten years in 45 was superseded in early 44 by the announcement that he would be dictator perpetual, an utterly un-Roman concept that suggests Caesar had lost touch with Republican feeling. Magistrates were no longer selected through election, but were nominated by Caesar up to five years in advance of their term in office. The Senate still voted on decisions, but Caesar had already made them, and Cicero complained that his name was added to decrees that he had never seen. The month Quinctilus became Julius (July), and the rumours that Caesar wished to become *rex* (king) could not be dispelled, even when Caesar publicly refused the crown offered to him by Marcus Antonius at the Lupercalia festival in February 44 BC. In a culture in which the title *rex* had been hated for centuries, Caesar was all too blatantly an autocrat.

In the opening months of 44 BC Caesar was preparing a great campaign against the Parthians to avenge Crassus and escape the tense atmosphere of Rome. His planned departure gave his enemies a date by which they had to strike. Caesar knew well that he was hated. His wife Calpurnia dreamed of his murder, and the soothsayer Spurinna told him to beware the Ides of March. On his journey to a Senate meeting on that fateful day (15 March), 'Caesar met the soothsayer and greeted him jestingly with the words: "the Ides of March have come". To which the soothsayer replied in a soft voice: "yes, but they have not yet gone"' (Plutarch). Caesar was surrounded in the Senate house and hacked to death, falling under a statue of Pompeius that he had restored.

Some 60 men or more knew of the conspiracy against Caesar, eloquent testimony to the depth of hostility he had aroused. Cicero, who feared Caesar as much as he admired him, hailed his death in a chilling letter as 'the most gorgeous banquet'. The figurehead of the 'Liberators', as they called themselves, was Marcus Junius Brutus, the son-in-law of Cato the Younger and a descendant of the Brutus who had expelled the kings in 510 BC. It was to him that Caesar addressed his last words, *kai su teknon* ('and you, my child'), replaced in Shakespeare's play by *et tu Brute.* Brutus had received Caesar's clemency after Pharsalus and was earmarked for future office, suggesting that he was not driven purely by ambition. This cannot be said of all his comrades, whose motives varied widely from personal hatred to a desire to compete for the offices and honours that Caesar now controlled. What none of the Liberators possessed, however, was any vision of what the future would hold once Caesar was killed. Possibly they simply hoped that the old Republic would return. But that Republic was already dead, and Caesar's murder merely left a vacuum of power for others to fill.

Caesar had accurately predicted that his death would begin another civil war. Brutus and the Liberators were driven from Rome by Marcus Antonius, Caesar's second in command. But

Antonius in turn was challenged by the appearance of Gaius Octavius, Caesar's 18-year-old grand-nephew, who by the terms of Caesar's will was adopted as Caesar's son and heir, Gaius Julius Caesar Octavianus. Together with Marcus Aemilius Lepidus, Antonius and Octavianus formed the Second Triumvirate. Cicero was one of the victims of their rise to power in 43 BC, and in 42 the Liberators were defeated in two battles at Philippi in Greece and Brutus killed himself. Yet the Second Triumvirate was no more stable than its predecessor had been. The ineffectual Lepidus was pushed aside, and once again the Roman world became polarized, between Octavianus in Italy and Antonius with his new ally Cleopatra of Egypt. Defeated at the naval battle of Actium in 31 BC, Antonius and Cleopatra fled to Egypt where they too committed suicide. The ruler of the Roman world was Octavianus, who four years later took the title Augustus.

The Roman Republic spanned almost 500 years. A story that began with the expulsion of a king ended with the rise of an emperor. The city of Rome was transformed from a small town fighting for survival in Italy to the mistress of a vast Mediterranean empire whose dominion was only threatened by conflict from within. Yet the triumph and tragedy of the Republic are inseparably intertwined. The Republic's unique constitution gave Rome stability and direction under the collective authority of the Senate, while the social pressures of noble competition and desire for *gloria* drove Rome towards expansion. But expansion unleashed social, political, and economic forces that the Republic could not contain, and as the stakes of competition rose, power passed into the hands of warlords whose rivalry descended into civil war. Nevertheless, the Republic's story does not end with the futility and bloodshed of Pompeius and Caesar, Antonius and Octavianus. Rome's dominion over the Mediterranean would endure for centuries to come, an empire rooted in the achievements of the Republic. And even beyond Rome, the Republic's legacy has remained an ideal and a warning for later generations down to the present day.

Chapter 9
The afterlife of the Republic

Two millennia have passed since the Roman Republic fell, yet its legacy has endured. The Roman Empire which emerged from the ruins continued to draw upon Republican traditions, even as imperial autocracy replaced collective senatorial rule. The gradual conversion of the Empire to Christianity added a further element, with respect for Rome's antiquity balanced by condemnation of its pagan origins, a tension clearly visible in Augustine of Hippo's masterwork the *City of God*. Over the centuries that followed the Republic's influence faded, until the great revival of classical literature and art now known as the Renaissance. From the political philosophy of Machiavelli to Shakespeare's plays, the ideals and lessons, heroes and villains of Republican history were reborn for a new world. This new appreciation of the Roman past acquired greater significance in the turbulent 18th century as the great revolutions in America and France drew inspiration from visions of a Republican utopia. And still today the Roman Republic pervades modern Western culture from intellectual discourse to film and television, impacting on our lives in ways that many are not even aware.

From Republic to Empire

> At the age of nineteen on my own responsibility and at my own expense I raised an army, with which I successfully championed

the liberty of the republic when it was oppressed by the tyranny of a faction.

The opening words of the *Res Gestae*, the memorial inscription carved on Augustus' mausoleum, immortalized his self-image as the defender of the Republic. Augustus rejected any title that might suggest autocratic rule, and preferred the more traditional designation *princeps*, first citizen. In reality, Augustus was an emperor and the structures that had governed the Republic existed solely in name. The Senate no longer held authority but endorsed Augustus' requests, the annual magistrates were nominated by the *princeps* not elected by the assemblies, and the army answered to the emperor who represented the state. By Augustus' death in AD 14 imperial rule was firmly established and the Republic had given way to the Empire.

Yet Augustus' image, the so-called façade of the Principate, is itself confirmation of the ongoing hold the Republic retained on Rome. He had learned from the fate of Julius Caesar, whose openly autocratic leadership led directly to his assassination. Augustus treated the Senate with respect, defended Republican social values, and championed morality and religion. Thus he placated a people exhausted by a generation of civil war and prepared to accept power presented in traditional terms. Augustus' immediate successors were forced to make similar concessions. Every Roman emperor of the 1st century AD who aspired to naked autocracy was cut down, from Caligula and Nero to Domitian. A *princeps* could not rule without acknowledging Rome's Republican past.

In the patterns of everyday life, the transition from Republic to Empire wrought gradual but significant change. A time-traveller who passed from the early 1st century BC to the late 1st century AD might have been struck by the similarities as much as the differences. Styles of dress, housing design, and the distinctions of class and gender had altered little. Republican literature continued to be read, Republican art was adapted to imperial service. Yet there were also new elements, for what did change dramatically under the Empire was the definition of who was entitled to bear the name Roman. Under the Republic, Roman citizenship was granted to other Italians only after the Social War and to non-Italians only as a gesture of exceptional favour. Through the 1st and 2nd centuries AD Roman identity spread across the Mediterranean, until in the 3rd century citizenship was extended throughout the Empire. In this increasingly Romanized world, Republican traditions lacked relevance outside Rome itself. The newly Roman populations of Gaul and Spain or the Greek eastern provinces had no desire to celebrate their unsuccessful struggles with Republican armies. Knowledge of the Republic declined with the passing years, although important to members of noble families who as late as the 4th century took pride in claiming descent (however fictitious) from the great Republican heroes.

The City of God

By the 4th century, a new element had taken firm root within the Roman world. In the years following the conversion in AD 312 of Constantine, the first Christian emperor, Christianity expanded to become the dominant religion of the Empire. For the Christians, Rome's Republican history was both an attraction and a challenge. Many Christians took great pride in their Roman heritage, particularly those from the educated elite. But they had turned away from the ancient gods, who according to Roman tradition had given Rome dominion. The Gothic sack of Rome in AD 410, the first time that the city had suffered such a catastrophe in eight centuries, brought these tensions to a new height. Had Rome fallen to the wrath of the gods whom the Christians had abandoned? It was against this background that Augustine of Hippo (AD 354–430) composed what would become the most influential early Christian interpretation of the Roman Republic, which he incorporated within his *magnum opus*, the *City of God*.

Augustine's vision of Republican history was very different from that of Livy or Cicero. Against those who still attributed the rise and fall of the Republic to Roman morality and the ancient gods, Augustine condemned the early Romans and their gods alike. How could the demons whom those Romans worshipped reward their followers for virtue, when they themselves were renowned for vice? Jupiter was a serial adulterer, Venus abandoned her husband Vulcan to flirt with Mars. The myriad gods of Republican religion were no more than a laughing stock, and had failed to protect Rome from the disasters wrought by Pyrrhus and Hannibal. Nor did early Rome deserve its reputation as a golden age of virtue. Roman history began in blood, with Romulus' murder of Remus and the Rape of the Sabine Women. Lucretia killed herself out of pride not the humble modesty of a Christian woman. The Romans proclaimed their *fides* and yet brought destruction upon their allies, and obsession with *dignitas* and *gloria* drove the lust for power that plunged the later Republic into civil war. Augustine thus took the traditional values of the Republic and turned them back against the Romans, who only learned true virtue with the coming of Christ.

Nevertheless, Augustine did concede a certain pre-eminence to the Roman Republic. Like the Romans of earlier generations, he too attributed the conquest of Rome's empire to divine providence, that of the Christian God. Why had God allowed pagan Rome to hold authority over the ancient world? In Augustine's eyes, God entrusted dominion:

> To those men, in preference to all others, who served their country for the sake of honour, praise and glory, who looked to find that glory in their country's safety above their own and who suppressed greed for money and many other faults in favour of that one fault of theirs, the love of praise.

The Roman desire for *gloria*, if not in itself a virtue, kept more grievous vices in check and so earned God's favour. The Republic's heroes had qualities which Christians should learn from and excel. Cincinnatus came from his plough to take on the dictatorship and then returned to his poverty; Gaius Fabricius rejected the bribes of Pyrrhus.

> If we do not display in the service of the most glorious City of God the qualities of which the Romans, after their fashion, gave us something of a model in their pursuit of the glory of their earthly city, then we ought to feel the prick of shame. If we do display these virtues, we must not be infected with pride.

As just reward for their qualities, the Romans were exalted in the earthly realm. But they will not receive the highest reward that awaits Christians in heaven. The Roman Republic, like all worldly domains, was temporary, unlike the true and eternal kingdom of God.

Over the centuries that followed Augustine, knowledge of Republican history dwindled. In the east the Roman Empire survived as the Empire of Byzantium, and Byzantine writers continued to show interest in the Roman past whose traditions they claimed to preserve. But in the post-Roman west the heroes and stories of the Republic were superseded by those of the Old and New Testaments, just as the writings of Augustine and other Church fathers took the place of Plautus, Catullus, and Cicero. The Vatican Library in Rome preserves a manuscript originally held in the Bobbio monastery in northern Italy. There, probably in the late 7th century, an anonymous monk over-wrote what is now the only extant copy of Cicero's *De Re Publica* with one of countless versions of Augustine's *Commentary on the Psalms*. The fragmentary survival of Cicero's great political treatise, and the loss of so many Republican works beyond recall, is a sad testimony to the reduced state into which the Republic's memory fell in the medieval age.

Machiavelli and Shakespeare

Revival of Western interest in the Roman Republic and the world of the ancients came with the beginning of the Renaissance in the

14th century. For the Italian city-states like Florence in which admiration for classical art and literature first took hold, the rise of Rome had a special resonance. Italian scholars like Petrarch (1304–74) set out to collect the scattered remnants of Republican culture, and Republican ideals were adapted to serve new social and political models. As the Renaissance spread throughout Europe, ancient Rome was reinterpreted in many different forms to fill widely varying needs. The sheer diversity of that process of adaptation is embodied in the writings of two men from contrasting extremes of the Renaissance: the political philosophy of the Florentine Niccolò Machiavelli and the plays of the Englishman William Shakespeare.

The name of Niccolò Machiavelli (1469–1527) is usually associated today with the cynical and devious exercise of authority encapsulated by the word 'machiavellian'. *The Prince*, his most famous work, advises a ruler on how to achieve and maintain power. Machiavelli was also a leading thinker on the nature of republican government, particularly in regard to his own city of Florence, and his search for a model republic inevitably drew him to ancient Rome. As he declared near the beginning of his *Discourses on the First Ten Books of Livy*:

> Those who read how the city of Rome had its beginning, who were its founders, and what its ordinances and laws, will not be astonished that so much excellence was maintained in it through many ages, or that it grew afterwards to be so great an Empire.

Despite its title, Machiavelli's work covers the whole span of the Republic, not merely Livy's early books, and through Republican examples offers practical guidance on how states and statesmen should act. Those examples range from the Conflict of the Orders and the tension between aristocratic and popular government to military advice drawn from the careers of Hannibal and Scipio Africanus. Seen through the pragmatic eyes of Machiavelli rather than the religious vision of Augustine, the Roman Republic acquired a new significance as a source of inspiration amidst the complex politics of Renaissance Italy.

Of course, Machiavelli was fully aware of the flaw in upholding Rome as a model Republic. Rome's success had brought its own downfall, its social and political structures unable to cope with the conquest of an empire. For Machiavelli, the explanation was straightforward.

> If we examine well the course of Roman history, we shall find two causes leading to the break-up of that republic: one, the dissensions which arose in connection with the agrarian laws; the other, the prolongation of military commands.

From these causes, the Republic faced conflict with the people and lost control over the nobles and their armies. Machiavelli mourned Rome's loss of freedom with the rise of the emperors but offered no cure, for such was the price Rome paid for its triumphs. A republic, he argued, had to choose whether like Rome its aim was expansion or whether it preferred self-preservation like ancient Sparta or contemporary Venice. Machiavelli's choice was clear. Perhaps those states that rejected expansion might last a little longer and avoid the conflicts that beset the Roman Republic. But this was not the path to glory. All states either rise or fall, and it is better to accept the challenge of dissension and ambition, 'looking on them as evils which cannot be escaped if we would arrive at the greatness of Rome'.

The theatres of Elizabethan England were a very different world from the political councils of Machiavelli's Florence. Yet the Roman Republic proved no less an attraction for William Shakespeare (1564–1616), whose plays have been as influential as any modern media in bringing ancient Rome to life. Shakespeare's Roman interests reflected the currents of his time (the earliest known play of his rival Christopher Marlowe was *Dido, Queen of Carthage*, a work inspired by Virgil's *Aeneid*). But it is Shakespeare's works that best preserve the Elizabethan vision of the Roman past. Three Shakespearean plays are based on events from Republican history: *Julius Caesar* (1599), *Antony and Cleopatra* (1606), and *Coriolanus* (1608). All three drew heavily on Plutarch's *Lives*, translated into English by Sir Thomas North in 1579, although Plutarch was not Shakespeare's only source. *Titus Andronicus* (1592) and *Cymbeline* (1610) likewise take place in Roman contexts but are set after the Republic's fall, while *The Comedy of Errors* (1594) unfolds in Greek Asia Minor but is based upon the Roman comedies of Plautus. In addition to his plays, Shakespeare also depicted the events that led to the creation of the Republic in a narrative poem: *The Rape of Lucrece* (1593–4).

Unlike Machiavelli, Shakespeare had little interest in the Republic as an ideal state. England was a monarchy and its kings lent their names to many of Shakespeare's finest historical plays. The social and political tensions of Republican Rome, however, struck a powerful chord in contemporary debates over popular representation, aristocratic privilege, and autocratic power. Shakespeare's choice of subject for his Republican plays reflected those debates as well as the poet's keen eye for character and dramatic potential. The centuries of Roman expansion and relative political stability were ignored. Instead, Shakespeare concentrated his efforts around the two poles of the Republic's birth and its decline and fall.

Shakespeare first explored the Republic's origins in poetic form in *The Rape of Lucrece* (Lucretia), concluding with Brutus' oath of vengeance and the revolt against Tarquin Superbus. Almost two decades later, Shakespeare returned to that theme by exploiting the probably legendary figure of Gaius Marcius Coriolanus. Exiled from Rome by his rivals, Coriolanus allied with Rome's enemies to exact revenge. His attack upon Rome was only averted by the appeals of his mother and wife, after which he was killed by his new allies as a traitor to all. Shakespeare set his *Coriolanus* amidst the opening stages of the Conflict of the Orders, and the contrast between the arrogant aristocracy and the fickle favour of the masses had an obvious resonance for his audience. Rather than the historical issue of debt enslavement, the poor in Shakespeare's version are angered by the nobility's hoarding of grain, a complaint that had provoked bloody riots in the so-called Midland Revolt shortly before *Coriolanus* was composed. The tragic hero himself is trapped between the different factions and his own pride, the tensions exposed by his actions left unresolved by his death.

To modern audiences *Coriolanus* is one of Shakespeare's less memorable plays. This can hardly be said of *Julius Caesar* and *Antony and Cleopatra*. Taken together, the two plays narrate the period from the dictatorship of Caesar to the triumph of Octavianus (the future Augustus). Shakespeare again had no abiding interest in the underlying causes that led to the Republic's fall. But the murder of Caesar raised the twin questions of political succession and the legitimacy of tyrannicide which were the focus of great controversy in Tudor and Stuart England. For Shakespeare those questions intertwined with the humanity of his characters, whose complex motives are not Roman or Elizabethan as much as they are universal. His achievement is encapsulated in the opening of Antony's famous speech at Caesar's funeral.

> Friends! Romans! Countrymen! Lend me your ears.
> I come to bury Caesar, not to praise him.
> The evil that men do lives after them;
> The good is oft interred with their bones:
> So let it be with Caesar. The noble Brutus
> Hath told you Caesar was ambitious.
> If it were so, it was a grievous fault,
> And grievously hath Caesar answered it.
> Here, under leave of Brutus and the rest –
> For Brutus is an honourable man,
> So are they all, all honourable men –
> Come I to speak in Caesar's funeral.
> He was my friend: faithful and just to me.

12. Marlon Brando as Mark Antony in the 1953 film adaptation of Shakespeare's *Julius Caesar*

> But Brutus says he was ambitious,
> And Brutus is an honourable man.
> (*Julius Caesar*, Act 3, Scene 2)

It is a tribute to Shakespeare's genius that audiences have never agreed on whether *Julius Caesar* is more favourable to the character of Caesar or Brutus. Caesar's ambition is a very Roman quality, as too is the obsession with Brutus' honour or *dignitas*. But these are also universal values, no less than Antony's loyalty to his friend and later the crowd's horror at the sight of Caesar's mutilated body. Brutus *is* an honourable man, praised on his death as 'the noblest Roman of them all'. Yet his honour drove him to the murder of a man who had treated him like a son. Shakespeare's Brutus is a far more ambiguous and human figure than that of Plutarch. The same can be said of the protagonists of *Antony and Cleopatra*, although neither the passionate luxury-loving couple nor the calculating Octavianus are as appealing or tragic as Brutus. Whatever complaints a purist lacking in romance might level against his historical accuracy, Shakespeare brought his ancient

Romans to life in a manner that few have ever rivalled and in this lies the secret to the enduring popularity of his Roman plays.

Republic and revolution

The Renaissance's impact upon the memory of the Roman Republic was profound. Nowhere was this more apparent than in the dramatic years of the Age of Revolutions in the 18th and 19th centuries. The revival in knowledge of the Roman past helped to fuel the rising tide of hostility to absolute monarchy that spread across Europe and the New World. The Roman Republic offered an ideal for government without kings, a state where (it was believed) freedom had been safeguarded by the rule of law under a sovereign people and their elected magistrates. Thomas Hobbes in his *Leviathan* (1651) already associated the English Civil War with the influence of Cicero and 'the opinions of the Romans, who were taught to hate monarchy'. In the 18th century republican ideas drawing upon Roman models gathered force in the United States and France, with vastly contrasting fortunes.

A 21st-century visitor to Washington, DC may still behold the influence of the Roman Republic on the Founding Fathers of the United States of America. When the new federal capital was founded in 1791, the very landmarks of the city were renamed in honour of Rome. Goose Creek became Tiber Creek, Jenkins Hill became Capitol Hill, and the meeting place of the United States Congress was the Capitol itself, recalling Rome's Temple of Jupiter Optimus Maximus. Such references were familiar to all those who had taken part in the debates that accompanied the framing of the United States Constitution. Many had published their arguments under Republican pseudonyms like Brutus, Cato, and Cincinnatus. The *Federalist Papers* (1787–8) of James Madison and Alexander Hamilton, the two men chiefly responsible for drafting the Constitution, were written under the name Publius in invocation of Publius Valerius Publicola, who had stood alongside the original Brutus when the Republic was founded.

These allusions were more than mere rhetorical flourishes. For the men who first shaped the United States, the Roman Republic offered a practical model to which they could turn for guidance. One such man was John Adams, who in 1787 published his great treatise, the *Defence of the Constitutions of Government of the United States of America*. Adams, who succeeded George Washington as the second president of the United States (1797–1801), believed strongly in a balanced constitution for which Rome provided the historical archetype. His favoured spokesman was Cicero, whose vision of republican government Adams hailed in his preface:

> As all the ages of the world have not produced a greater statesman and philosopher united in the same character, his authority should have great weight. His decided opinion in favour of three branches is founded on a reason that is unchangeable; the laws, which are the only possible rule, measure, and security of justice, can be sure of protection, for any course of time, in no other form of government: and the very name of a republic implies, that the property of the people should be represented in the legislature, and decide the rule of justice.

The three branches of government in Cicero's Republic were the magistrates, the Senate, and the popular assemblies. In Adams's constitution, those branches became the president (who held the executive power of the consuls), the Senate (which ratified treaties and acted as a check on the other branches), and the House of Representatives (which approved laws and declarations of war). Like Machiavelli, Adams and his contemporaries knew that the Roman Republic had ultimately failed. Their solution was twofold. For reasons of practicality and to avoid what many regarded as the tyranny of simple majority democracy, the elected House of Representatives replaced the assemblies. The general populace were thus excluded from any collective role in government, a measure that the senatorial elitist Cicero would have heartily approved. Secondly, and again in accordance with Cicero's ideals, the checks and balances of the system were strengthened. If any one branch or person gained excessive power, as had occurred in the fall of Republican Rome, the other branches could combine to contain them. The new United States thus learned the lessons of the past, and achieved the stability that Rome itself had won and then lost.

Republicanism in France never acquired the same coherence or stability as in the United States, but nevertheless drew on many of the same classical models. In the years before the Revolution broke out in 1789, there was strong French interest in the Roman Republic. The Baron de Montesquieu's *De l'esprit des lois* (*The Spirit of the Laws*) was published in 1748 and exerted considerable influence on the American Founding Fathers, particularly for his insistence on the separation of the executive, legislative, and judicial functions of government. The lessons that he drew from Roman history, however, were very different. According to Montesquieu, 'the government of Rome, after the expulsion of the kings, should naturally have been a democracy'. Yet this did not occur. The senatorial nobility continued to hold authority and, as Rome's empire expanded, individual wealth and ambition led to tyranny. 'It is natural', Montesquieu concluded, 'for a republic to have only a small territory; otherwise it cannot long subsist'. A large republic such as Rome must inevitably become corrupt and fall into despotism, abandoning the love of virtue that Montesquieu defined as the principle upon which all republican government must rest.

Montesquieu's vision of Republican Rome was adopted and refined in the work that more than any other inspired the ideals of the French Revolution: *Du contrat social* (*The Social Contract*) of Jean-Jacques Rousseau (1762). In his search for the ideal state, Rousseau looked to Rome to understand 'how the freest and most powerful people on earth exercised their supreme power'. His emphasis upon liberty secured through the rule of law closely paralleled the arguments of his American contemporaries. But Rousseau placed a far higher value on popular sovereignty and on the need to maintain public morality to avoid the decline into despotism prophesied by Montesquieu. Rousseau's chief aim in *Du contrat social* was therefore to encourage citizens to live the lives of virtue that his vision of republican government required. It was on these terms that Rousseau held up the Roman Republic as a symbol that his own times might aspire to emulate. Under the Republic, Rousseau believed:

> The people were then not only Sovereign, but also magistrate and judge. The Senate was only a subordinate tribunal, to temper and concentrate the government, and the consuls themselves, though they were patricians, first magistrates, and absolute generals in war, were in Rome itself no more than presidents of the people.

This popular sovereignty was in turn preserved by Roman morality. The primary characteristic that Rousseau ascribed to the Romans was virtue, just as the ancient Jews were characterized by religion and the Carthaginians by commerce. Even the Republic's decline into anarchy and tyranny failed to compromise Rousseau's exaltation of the Roman people, who 'never ceased to elect magistrates, to pass laws, to judge cases, and to carry through business both public and private'. Blame for the Republic's fall Rousseau placed squarely on 'the abuse of aristocracy' which led to civil war.

Neither Rousseau's interpretation of Roman politics nor his admiration for Roman virtue can stand up to serious historical criticism. But his influence was profound, his vision of ancient Rome no less compelling for French audiences than that of John Adams for the Founding Fathers. Indeed, Rousseau and Adams reveal through their contrasting interpretations of Rome the diverging paths of American and French republicanism that would play out in the French Revolution. Rather than Adams's Ciceronian pattern of checks and balances, the French revolutionaries followed Rousseau in championing popular sovereignty and public morality. The attempt to create the 'republic of virtue' culminated in the Terror of Robespierre, and in barely ten years France re-enacted five

13. Jacques-Louis David, *The Intervention of the Sabine Women* (1799)

centuries of Roman history. The overthrow of the monarchy was succeeded by a Republic that disintegrated into anarchy and eventually autocracy. Nevertheless, Rome's appeal still endured, immortalized in Jacques-Louis David's *The Intervention of the Sabine Women* (1799), unveiled in the year that Napoleon Bonaparte seized power as the First Consul of France.

From Roman emperors and Church fathers to the Renaissance and the Age of Revolutions, different generations reinterpreted the memory of the Republic to serve the needs of a changing world. It was an ongoing process that has continued without interruption down to the present day. In the 19th century, the prevailing interpretation of Republican expansion focused around the idea of 'defensive imperialism'. Rome's recurring wars were not attributed to aggression or greed, but were fought to protect Rome and its allies. Such an interpretation found support in Livy and other Roman sources. But 'defensive imperialism' also justified the imperial powers of contemporary Europe, who represented the conquest of their overseas empires in similar terms. The collapse of those empires was followed in the second half of the 20th century by an increasing emphasis upon Roman militancy and the pressures that drove Rome to expand. More recent commentators have likewise shown a greater interest in Republican life outside the traditional spheres of politics and war. Roman family ties, gender roles, and social and religious values all hold new relevance to observers from the early 21st century.

The Roman Republic continues to pervade Western culture. Some of the influences are so deeply rooted that they can easily be ignored. The networks of Roman roads and cities that spread across much of Europe during the imperial centuries first took shape under the Republic, as too did the spread of Latin as the foundation for the later Romance languages. Republican terms and concepts feature prominently in our political debates, Republican words and images inspire modern authors and artists. And the drama of Republican history has never ceased to strike a chord in our imagination, be it the Gallic Sack of Rome and Hannibal crossing the Alps or Julius Caesar on the banks of the Rubicon and the Ides of March.

14. Ciarán Hinds as Julius Caesar in the HBO/BBC series, *Rome*

Every subsequent generation that has turned to the Roman Republic for inspiration has revealed something of their own character in the lessons they have sought to learn. Today, looking back across over two millennia, it is the fall of the Republic that once again captures the public eye. The triumphant years of Roman expansion feature only rarely in film and television, producers and audiences alike favouring the Republic's violent and tragic end. From the classic Kirk Douglas film *Spartacus* (1960) to the BBC series *Rome* (2005), the attraction of the final years of the Republic to those who aspire to bring the Roman past to life is obvious. Yet it may also be that in a world where change comes ever more rapidly, we still seek our own lessons from the failure of the Republic and Rome's transformation into Empire.

Chronology

c. 1220??	Trojan War
c. 1000	Cremation graves in the Roman Forum
c. 800	Foundation of Carthage
753	Traditional date for the foundation of Rome
c. 750	Iron-Age huts on the Palatine Hill
753–510	The seven kings of Rome
	Romulus
	Numa Pompilius
	Tullus Hostilius
	Ancus Marcius
	Lucius Tarquinius Priscus
	Servius Tullius
	Lucius Tarquinius Superbus
510–509	Rape of Lucretia; expulsion of the last king Lucius Tarquinius Superbus; creation of the Republic
499/496	Rome defeats the Latins at Lake Regillus
494	First Secession of the Plebs
c. 450	The Twelve Tables
390/387	Sack of Rome by the Gauls
280–275	War with Pyrrhus
264–241	First Punic War

241	Sicily becomes the first Roman province
237	Rome seizes Sardinia
218–202	Second Punic (Hannibalic) War
211	Sack of Syracuse
200–196	Second Macedonian War; The 'Freedom of Greece'
191–188	War with Antiochus III (the Great) of Syria
186	Suppression of the Bacchanalia
184	Censorship of Marcus Porcius Cato the Elder
172–168	Third Macedonian War
149–146	Third Carthaginian War
149–148	Revolt of Andriscus; Macedonia becomes a province
146	Sack of Corinth and Carthage; Africa becomes a province
133–121	Tiberius and Gaius Sempronius Gracchus
113–101	Germanic Wars with the Cimbri and Teutones
112–105	Jugurthine War
104–100	Gaius Marius' five successive consulships; Marian reforms
91–89	Social War
88	Lucius Cornelius Sulla marches on Rome
82–79	Dictatorship of Sulla
73–71	Revolt of Spartacus
70	Consulship of Gnaeus Pompeius Magnus and Marcus Licinius Crassus; Marcus Tullius Cicero convicts Gaius Verres
67	Pompeius defeats the pirates
66–63	Pompeius' reorganization of the east
60	Formation of the First Triumvirate of Pompeius, Crassus, and Gaius Julius Caesar
59	Consulship of Caesar; marriage of Pompeius and Julia
58–49	Caesar in Gaul
54	Death of Julia
53	Crassus defeated and killed by the Parthians at Carrhae
51	Cicero completes the *De Re Publica*

49–45	Civil War
44	Murder of Caesar on the Ides (15th) of March; adoption of Gaius Octavius as Gaius Julius Caesar Octavianus
43	Second Triumvirate of Marcus Antonius, Marcus Aemilius Lepidus and Octavianus; death of Cicero
42	Battle of Philippi; suicide of Marcus Junius Brutus
31	Battle of Actium, Octavianus defeats Antonius and Cleopatra
27	Octavianus receives the title 'Augustus'

Further reading

Primary sources

Livy (59 BC–AD 17) composed his *History of Rome* during the age of the first emperor Augustus. Not all of the 142 books of the *History* have survived, but we do possess Books 1–10 (covering Rome's legendary past and the early years of the Republic) and Books 21–45 (the Second Punic War and Roman expansion down to 167). In his Preface, Livy expressed his pride in 'putting on record the story of the greatest nation in the world'. He attributed Rome's rise to the morality and *pietas* of the early Romans, and mourned the moral decline that he believed led to the Republic's collapse and 'the dark dawning of our modern day when we can neither endure our vices nor face the remedies needed to cure them'. For an introduction, see P. G. Walsh, *Livy: His Historical Aims and Methods*, 2nd edn. (Bristol, 1989), and J. D. Chaplin and C. S. Kraus, *Livy* (Oxford, 2009). On Livy's contemporary Virgil (70–19 BC), whose epic poem the *Aeneid* to a degree expresses similar views, see P. Hardie, *Virgil's Aeneid: Cosmos and Imperium* (Oxford, 1986).

Polybius of Megalopolis (c. 200–c. 118 BC) was one of the Greek hostages taken to Rome in 167 and there wrote the *Histories*. His intention was to explain the dramatic rise of Roman power and to warn his fellow Greeks to avoid provoking Rome's wrath. Polybius' work survives in extensive fragments covering the years 264–146, and in critical skill and proximity to events he is superior to Livy, who used Polybius as a source. See further F. W. Walbank, *Polybius* (Berkeley, 1972).

Under the Roman Empire, the biographer Plutarch (AD c. 46–120) wrote *Parallel Lives* that compared leading figures of ancient

Greece and Rome. Some of the Roman *Lives* are lost, notably that of Scipio Africanus, but the extant works include Coriolanus (used by Shakespeare), Fabius Maximus Cunctator, Cato the Elder, the Gracchi, and the warlords of the 1st century. Plutarch was a biographer rather than an historian and so focused on moral character more than factual detail, but his *Lives* are highly valuable especially for years for which we lack historical narratives. On Plutarch, see C. P. Jones, *Plutarch and Rome* (Oxford, 1971), and T. Duff, *Plutarch's Lives: Exploring Virtue and Vice* (Oxford, 1999).

Cicero (106–43) and Caesar (100–44) both appear below in the chapter bibliographies. For the modern historian the most valuable of Cicero's numerous writings are his letters, on which see G. O. Hutchinson, *Cicero's Correspondence: A Literary Study* (Oxford, 1998). For Caesar's writings, above all his *Commentaries on the Gallic War*, see K. Welch and A. Powell (eds.), *Julius Caesar as Artful Reporter: The War Commentaries as Political Instruments* (London, 1998).

Accessible English translations of all these sources are readily available through the Penguin Classics series and the Loeb Classical Library. Many can also be found online, particularly through LacusCurtius: A Gateway to Ancient Rome (http://penelope.uchicago.edu/Thayer/E/Roman/home.html) and the Perseus Digital Library (www.perseus.tufts.edu).

General works

The bibliography on the Roman Republic is vast. For further reading on all aspects of Republican history, see the articles collected in H. I. Flower (ed.), *The Cambridge Companion to the Roman Republic* (Cambridge, 2004), and N. Rosenstein and R. Morstein-Marx (eds.), *A Companion to the Roman Republic* (Oxford, 2006). Older introductions to the Republic can be found in M. Crawford, *The Roman Republic*, 2nd edn. (London, 1992), and M. Grant, *The World of Rome* (London, 1960), while the story of Rome is continued in C. Kelly, *The Roman Empire: A Very Short Introduction* (Oxford, 2006).

Chapter 1: The mists of the past

On the much debated early history of Rome, see T. J. Cornell, *The Beginnings of Rome: Italy and Rome from the Bronze Age to the Punic Wars (c. 1000–264 BC)* (London, 1995), and G. Forsythe,

A Critical History of Early Rome: From Prehistory to the First Punic War (Berkeley, 2005). On the Roman legendary past, see also M. Fox, *Roman Historical Myths: The Regal Period in Augustan Literature* (Oxford, 1996), and on Rome's Etruscan background, G. Barker and T. Rasmussen, *The Etruscans* (Oxford, 1998).

Chapter 2: The Republic takes shape

In addition to Cornell and Forsythe above, the early expansion of Rome is described in J.-M. David, *The Roman Conquest of Italy* (Oxford, 1996). An introduction to Republican political structures is provided by A. W. Lintott, *The Constitution of the Roman Republic* (Oxford, 1999), while on the Conflict of the Orders, see R. E. Mitchell, *Patricians and Plebeians: The Origin of the Roman State* (Ithaca, 1990), and K. A. Raaflaub (ed.), *Social Struggles in Archaic Rome: New Perspectives on the Conflict of the Orders*, revised edn. (Oxford, 2005).

Chapter 3: Men, women, and the gods

The pressures that the demands of *dignitas* and *gloria* placed on the Roman aristocracy are a central theme of W. V. Harris, *War and Imperialism in Republican Rome 327–70* BC (Oxford, 1979). See also H. I. Flower, *Ancestor Masks and Aristocratic Power in Roman Culture* (Oxford, 1996), and M. Beard, *The Roman Triumph* (Cambridge, Mass., 2007). Roman society below the elite is explored in J. P. Toner, *Popular Culture in Ancient Rome* (Cambridge, 2009), and R. C. Knapp, *Invisible Romans: Prostitutes, Outlaws, Slaves, Gladiators, Ordinary Men and Women… the Romans that History Forgot* (London, 2011). For more detailed studies of the crucial institution of Roman slavery, see K. R. Bradley, *Slavery and Society at Rome* (Cambridge, 1994), and S. R. Joshel, *Slavery in the Roman World* (Cambridge, 2010).

Roman family life is described in K. R. Bradley, *Discovering the Roman Family: Studies in Roman Social History* (New York and Oxford, 1991), and B. Rawson (ed.), *Marriage, Divorce, and Children in Ancient Rome* (Canberra and Oxford, 1991). On the political and religious status of Roman women, see R. A. Bauman, *Women and Politics in Ancient Rome* (London, 1992), and A. Staples, *From Good Goddess to Vestal Virgins: Sex and Category in Roman Religion* (London, 1998), while one famous Roman matron is brought to life in S. Dixon, *Cornelia: Mother of the Gracchi* (London, 2007).

J. Scheid, *An Introduction to Roman Religion* (Edinburgh, 2003) is a good starting point on the diverse Roman religious world. For more in-depth analysis, see J. Rüpke (ed.), *A Companion to Roman Religion* (Oxford, 2007), and M. Beard, J. North, and S. R. F. Price, *Religions of Rome*, 2 vols (Cambridge, 1998).

Chapter 4: Carthage must be destroyed

R. Miles, *Carthage Must Be Destroyed: The Rise and Fall of an Ancient Civilization* (London, 2010), and S. Lancel, *Carthage: A History* (Oxford, 1995) provide accessible introductions to the Republic's greatest enemy. On the Punic Wars, see A. Goldsworthy, *The Fall of Carthage: The Punic Wars 265–146 BC* (London, 2003), and for an evocative reading of Hannibal's most famous victory, see G. Daly, *Cannae: The Experience of Battle in the Second Punic War* (London, 2002).

Chapter 5: Mistress of the Mediterranean

Rome's encounter with the Greek east is described in detail in E. S. Gruen, *The Hellenistic World and the Coming of Rome*, 2 vols. (Berkeley, 1984). See also A. N. Sherwin-White, *Roman Foreign Policy in the East, 168 BC to AD 1* (London, 1984), and, from a rather different perspective, S. E. Alcock, *Graecia Capta: The Landscapes of Roman Greece* (Cambridge, 1993). A. E. Astin, *Cato the Censor* (Oxford, 1978) presents the career of the great critic of Roman philhellenism, while the documentary evidence for Roman–Greek relations is collected in R. K. Sherk (ed.), *Rome and the Greek East to the Death of Augustus* (Cambridge, 1984).

Chapter 6: The cost of empire

The social and economic crises of the 2nd century are well presented in N. Rosenstein, *Rome at War: Farms, Families, and Death in the Middle Republic* (Chapel Hill, 2004). D. Stockton, *The Gracchi* (Oxford, 1979) remains an excellent introduction, while on Marius and Sulla, see R. J. Evans, *Gaius Marius: A Political Biography* (Pretoria, 1994), and A. Keaveney, *Sulla: The Last Republican*, 2nd edn. (London, 2005). On the military developments that played such a crucial role in the Republic's collapse, see also L. De Blois, *The Roman Army and Politics in the First Century BC* (Amsterdam, 1987), and A. Keaveney, *The Army in the Roman Revolution* (London, 2007).

Chapter 7: Word and image

For an overview of Roman literary culture, see S. J. Harrison (ed.), *The Blackwell Companion to Latin Literature* (Oxford, 2005). On the early comic playwrights, see D. Konstan, *Roman Comedy* (Ithaca, 1983), and T. J. Moore, *Plautus and His Audience* (Austin, 2000), and on the 1st century T. P. Wiseman, *Catullus and His World* (Cambridge, 1985). A sympathetic introduction to Cicero's life and writings is given by E. Rawson, *Cicero: A Portrait*, revised edn. (Bristol, 1983), and his political career is set in context in T. Wiedemann, *Cicero and the End of the Roman Republic* (London, 1994).

Accessible surveys of Republican art and architecture are provided by N. H. Ramage and A. Ramage, *Roman Art: Romulus to Constantine*, 5th edn. (Upper Saddle River, 2009), and M. Beard and J. Henderson, *Classical Art: From Greece to Rome* (Oxford, 2001). On the archaeology of Rome itself, see A. Claridge, *Rome: An Archaeological Guide* (Oxford, 1998), and on the transformation of Roman material culture under Augustus, see still P. Zanker, *The Power of Images in the Age of Augustus* (Michigan, 1988).

Chapter 8: The last years

Overviews of the dramatic events of the Republic's final years are provided by D. Shotter, *The Fall of the Roman Republic*, 2nd edn. (London, 2005), and M. Beard and M. Crawford, *Rome in the Late Republic: Problems and Interpretations*, 2nd edn. (London, 1999), and from a more popular perspective, by T. Holland, *Rubicon: The Triumph and Tragedy of the Roman Republic* (London, 2004).

For biographies of the last generation of Roman warlords, see among many others P. Southern, *Pompey the Great* (Stroud, 2002), and R. Seager, *Pompey: A Political Biography*, 2nd edn. (Oxford, 2002); B. A. Marshall, *Crassus: A Political Biography* (Amsterdam, 1976); C. Meier, *Caesar* (London, 1995), and A. Goldsworthy, *Caesar: The Life of a Colossus* (London, 2007).

On the transition from Republic to Empire, one should still read R. Syme, *The Roman Revolution* (Oxford, 1939), and also K. Raaflaub and M. Toher (eds.), *Between Republic and Empire: Interpretations of Augustus and His Principate* (Berkeley, 1990).

Finally, the period between Gaius Marius and Augustus is brought to life in great detail in the *Masters of Rome* series of novels by Colleen McCullough.

Chapter 9: The afterlife of the Republic

Very Short Introductions already exist for the Roman Empire, Augustine, Machiavelli, Shakespeare, Rousseau, and the French Revolution.

For an overview of the Republic's enduring influence as a political ideal, see F. Millar, *The Roman Republic in Political Thought* (Hanover, 2002).

On Augustine's vision of history, see R. A. Markus, *Saeculum: History and Society in the Theology of St Augustine*, revised edn. (Cambridge, 1988), while for an introduction to his greatest work, read G. O'Daly, *Augustine's City of God: A Reader's Guide* (Oxford, 1999).

Machiavelli's vision of Rome and Republicanism is explored in J. A. Pocock, *The Machiavellian Moment: Florentine Political Thought and the Atlantic Republican Tradition* (Princeton, 1975), and V. Sullivan, *Machiavelli's Three Romes: Religion, Human Liberty, and Politics Reformed* (DeKalb, 1996). There are a number of recent studies of Shakespeare's relationship to ancient Rome, which include W. Chernaik, *The Myth of Rome in Shakespeare and His Contemporaries* (Cambridge, 2011), and G. Wills, *Rome and Rhetoric: Shakespeare's Julius Caesar* (New Haven, 2011).

The significance of the Roman Republic in the creation of the United States of America is discussed in C. J. Richard, *The Founders and the Classics: Greece, Rome, and the American Enlightenment* (Cambridge, 1994), and M. N. S. Sellers, *American Republicanism: Roman Ideology in the United States Constitution* (New York, 1994). For Rome and the French Revolution, see R. L. Herbert, *David, Voltaire, 'Brutus' and the French Revolution: An Essay in Art and Politics* (London, 1972), and L. Althusser, *Politics and History: Montesquieu, Rousseau, Hegel and Marx*, 2nd edn. (London, 1977). For an overview of Rome's influence on the 17th and 18th centuries, see now E. G. Andrew, *Imperial Republics: Revolution, War and Territorial Expansion from the English Civil War to the French Revolution* (Toronto, 2011).

Perceptions of ancient Rome in more modern times can be traced through C. Edwards (ed.), *Roman Presences: Receptions of Rome in European Culture, 1789–1945* (Cambridge, 1999), P. Bondanella, *The Eternal City: Roman Images in the Modern World* (North Carolina, 1987), and M. Wyke, *Projecting the Past: Ancient Rome, Cinema and History* (London, 1997).

“牛津通识读本”已出书目

古典哲学的趣味
人生的意义
文学理论入门
大众经济学
历史之源
设计，无处不在
生活中的心理学
政治的历史与边界
哲学的思与惑
资本主义
美国总统制
海德格尔
我们时代的伦理学
卡夫卡是谁
考古学的过去与未来
天文学简史
社会学的意识
康德
尼采
亚里士多德的世界
西方艺术新论
全球化面面观
简明逻辑学
法哲学：价值与事实
政治哲学与幸福根基
选择理论
后殖民主义与世界格局
福柯
缤纷的语言学
达达和超现实主义
佛学概论
维特根斯坦与哲学
科学哲学
印度哲学祛魅
克尔凯郭尔
科学革命
广告
数学
叔本华
笛卡尔
基督教神学
犹太人与犹太教
现代日本
罗兰·巴特
马基雅维里
全球经济史
进化
性存在
量子理论
牛顿新传
国际移民
哈贝马斯
医学伦理
黑格尔
地球
记忆
法律
中国文学
托克维尔
休谟
分子
法国大革命
民族主义
科幻作品
罗素
美国政党与选举
美国最高法院
纪录片
大萧条与罗斯福新政
领导力
无神论
罗马共和国
美国国会
民主
英格兰文学
现代主义
网络
自闭症
德里达
浪漫主义
批判理论

德国文学	儿童心理学	电影
戏剧	时装	俄罗斯文学
腐败	现代拉丁美洲文学	古典文学
医事法	卢梭	大数据
癌症	隐私	洛克
植物	电影音乐	幸福
法语文学	抑郁症	免疫系统
微观经济学	传染病	银行学
湖泊	希腊化时代	景观设计学